光明社科文库
GUANGMING DAILY PRESS:
A SOCIAL SCIENCE SERIES

·政治与哲学书系·

中国古代政府公共关系研究

黄晓洪 | 著

光明日报出版社

图书在版编目（CIP）数据

中国古代政府公共关系研究 / 黄晓洪著．-- 北京：光明日报出版社，2024.1
ISBN 978-7-5194-7726-4

Ⅰ.①中… Ⅱ.①黄… Ⅲ.①国家机构—公共关系—研究—中国—古代 Ⅳ.①D691.2

中国国家版本馆 CIP 数据核字（2024）第 012967 号

中国古代政府公共关系研究
ZHONGGUO GUDAI ZHENGFU GONGGONG GUANXI YANJIU

著　　者：黄晓洪

责任编辑：杨　娜　　责任校对：杨　茹　李佳莹
封面设计：中联华文　　责任印制：曹　净

出版发行：光明日报出版社
地　　址：北京市西城区永安路 106 号，100050
电　　话：010-63169890（咨询），010-63131930（邮购）
传　　真：010-63131930
网　　址：http://book.gmw.cn
E - mail：gmrbcbs@gmw.cn
法律顾问：北京市兰台律师事务所龚柳方律师

印　　刷：三河市华东印刷有限公司
装　　订：三河市华东印刷有限公司
本书如有破损、缺页、装订错误，请与本社联系调换，电话：010-63131930

开　　本：170mm×240mm
字　　数：283 千字　　印　　张：15.75
版　　次：2024 年 1 月第 1 版　　印　　次：2024 年 1 月第 1 次印刷
书　　号：ISBN 978-7-5194-7726-4

定　　价：95.00 元

前　言

早在周朝之前的夏商时期，统治者就已经十分重视调整、改善和巩固种种关系，但中国古代公共关系的萌芽应该是在周朝的春秋战国时代，因为周王室衰败，礼崩乐坏之际，诸子百家才开始著书立说，针对日益紧张的“君民”“君臣”“民族”“诸侯”关系，提出众多谋略和对策，《尚书》《春秋》《左传》《战国策》等文献的出现，能够间接证明中国古代公关理论的诞生是在周朝衰败之后，所谓理论来源于实践，正因为“礼崩乐坏”“诸侯争霸”，才会让众多的政治家、军事家、思想家都认识到社会关系、人际关系和君臣关系的重要性，才会催生诸子百家去构建新的理论去协调、处理和稳固各种关系。无独有偶，现代公共关系理论也是在实践中诞生的，19 世纪 90 年代以来，随着美国现代工业的蓬勃发展，资本和社会财富迅速地集中到少数人手中，形成了洛克菲勒、摩根等一批垄断财团，它们控制了铁路、矿石、石油、钢铁等重要工业部门，由于这些垄断企业的胡作非为，遭到了工人阶级和社会公众的强烈抵制，一时间美国劳资双方的矛盾到了不可调和的境地。这时候，美国的精英们认识到了处理企业和公众关系的重要性，艾维·李顺应这一历史潮流不断地参与劳资双方的调停工作并取得良好成效，于是，现代公共关系事业迅速崛起，爱德华·L. 伯内斯在完善公关理论之后，现代公共关系学便正式诞生了。

由于现代意义的“公共关系学”诞生于美国，学术界对中国古代公关实践和理论的认识都出现了偏差，中国古代社会是否存在丰富的公关实践？西方的理论界由于视角的问题，可能忽略了中国传统社会存在丰富的公关实践这个事实，在他们的印象中，中国仅存的公关实践仅仅零星散落在屈指可数的公关案例中，如商鞅的“徙木立信”、冯谖的“市义于民”、刘邦的“秋毫无犯”等。其实，在君臣关系（过去的君臣关系本质上是国家与民众关系的问题）处理、民族关系处理、人与自然关系处理、国家与国家关系处理、组织与民众关系处理等方面，中国传统社会都存在丰富的公关实践。不仅如此，在中国漫长的封建王朝时期，统治者尤其注重处理上述关系，在证明皇权的合法性方面，诸多帝王的“明堂祭祀”“求雨礼”“祈谷礼”等都是古代常见的公关实践。在处理国家与国家关系问题上，众多的“和亲”事件和“人质”事件都是很好的公关实践。在处理社会舆论问题上，“子产不毁乡校”事件也是典型的公关实践，不仅如此，统治者还善于利用舆论传播规律，引导民心向背。在提高诸侯地位、塑造主人形象等方面，“战国四公子”门下的“士人”策划了诸如“刎颈宫门”“焚烧债券”等公关事件。在提高国家形象方面，宋朝的宋真宗策划的“天书”事件绝对是人类历史上的最大公关策划案例之一。在信息传播方面，为了达到政府决策能够反映民众的诉求，并及时地将政府决策的信息快速准确地传送到基层组织，政府不仅设置了信息“自下而上”的传递渠道和途径，比如“视朝”或“常朝”活动的开展，而且设置了“四通八达”的信息传递网络系统——邮驿系统，还独创了“邸报”这一特殊的信息传播媒体，虽然中国传统社会的“邸报”不是现代意义上的报纸，但它对中国古代政府信息的传播还是起到了非常重要的作用。当自然灾害来临的时候，古代政府能够及时地启动“危机公关”策略，到明清时期，这一策略或政策已经非常成熟，从灾害发生到灾害结束政府都有一系列常规的行政措施，在整个灾害时期还会推出一些特别公关政策，如启动“奢靡消费”增加灾区的就业机会，启动“捐纳赈灾”为灾区筹集资金等。总之，在中国古代社会，所有需要处理的公共关系方面，公关实践无处不在。

学术界还有一种认识，不否认中国古代社会公关实践的存在，但否认中国公关理论的存在。中国古代社会公关实践是否有理论支撑？国外学者否认古代中国大量公关实践的存在，遑论有公关理论存在，中国的学者也有相当一部分认为，中国古代社会的大量公关实践都是支离破碎的存在，即使有一定的理论支撑，也是不成系统的，而西方的公关理论有坚实的理论基础，如现代西方的公共关系，是建立在“说真话”和“投公众所好”的“基石”之上，而中国古代社会的公共关系似乎没有类似的“基石”存在，事实真的如此吗？本书的作者从八个方面进行观察，在考察了大量历史文献的基础上，终于发现所谓中国古代社会的公关实践没有理论支撑是不能成立的。其实，中国古代所有的公关实践都有传统文化支撑，或者是儒家的思想，或者是道家的思想，或者是法家的思想，或者是墨家的思想，或者是纵横家的思想，有的是一个思想在支撑，有的是多个思想在支撑。政府与民众的关系主要是“民本”和“仁政”在支撑，民族关系主要是“大一统”思想在支撑，企业与民众的关系主要是“舍利取义”思想在支撑，国家与国家的关系主要是“合纵连横”思想在支撑，人与自然的关系主要是“天人合一”思想在支撑。古代的信息传播、形象策划和危机公关等都和传统文化有千丝万缕的联系，一言以蔽之，中国古代社会的公关实践都是在传统文化的相关理论的指导下进行的。

中国古代社会有如此之多的理论支撑下的公关实践，为何没能发展成现代意义上的公共关系？要回答这个问题，我首先要对现代的公共关系有一个准确的把握，什么是现代意义上的公共关系？按照美国学者雷克斯·F. 哈洛博士的观点："公共关系是一种特殊的管理职能。它能够帮助一个组织建立并保持与公众之间双向的交流、理解、认可与合作；它参与处理各种问题与事件；它帮助管理者及时了解公众舆论，并对之做出反应；它确定并强调管理部门为公众服务的责任；它作为社会发展趋势的检测系统，帮助管理者掌握，并有效地利用社会变化，保持与社会变动同步；它运用健全的、正当的传播技能和研究方法作为主要的工具。"从上述定义我们得知，它是为现代组织，特别是为现代企业服务的，从20世纪艾维·李的公关实践我们得知，公共关系尤其是要解决现代企业与普通消费者的矛盾冲突，而由于众所周知的原因，中国传统社会组织，特别是企业组织，由于商品经济不发达的原因，没能成为影响到国计民生的社会化的组织，所以不需要处理与消费者之间尖锐的冲突，因此，在传统社会中国产生不了现代意义的公共关系学。

虽然古代中国没有现代意义上的公共关系，但传统意义上的公共关系一直存在，而且在理论上自成体系，这种公共关系不是为组织（或企业）服务，而是为国家服务，它要解决与政府有关的所有公共问题，这也是困扰所有传统政府的诸多问题，如政府与民众关系问题（即政府的合法性问题）、政府内部的民族关系问题（民族团结问题）、国与国关系问题（外交问题）、基层组织与民众的关系问题（基层自治问题）、信息沟通问题、政府形象问题、危机处理问题等。

时代已经进入21世纪，中国古代政府处理公共关系的手段和方法不能完全复制用于现代中国社会，但探究古代社会处理公共关系的思维方式对现代社会仍然有借鉴意义，现代社会与古代社会的性质完全不同，环境也发生了不可逆转的变化，但要处理的主要问题本身依然没有大的变化，现代社会依然要处理好下列问题：政府的合法性问题、民族团结问题、外交问题、基层自治问题、信息沟通问题、政府形象问题、危机处理问题。现代意义的公共关系诞生于西方，我们在运用这一理论处理国内和国际问题的时候，应该基于本国的历史和传统文化，而不是以西方的视角来处理上述问题，这就是时至今日我们还要探索古代公共关系的意义所在。

目　录
CONTENTS

第一章

中国古代政府处理与民众关系的基本理念与社会实践

本章提要：

中国古代社会的统治者处理与底层民众的关系是其处理公共关系中的“重中之重”，这也是其统治地位是否具有合法性的重大问题，“水能载舟，亦能覆舟”，如果统治者能够理顺与底层民众的各种关系，则其统治会非常稳固，反之，其统治地位会岌岌可危，随时有被民众推翻的可能。有鉴于此，古代社会历朝历代的君主们都非常重视与底层民众的各种关系的处理，在古代社会早期，古代社会的统治者利用民众对自然的敬畏心理和对上天的崇拜意识，特别重视以“天命观”和宗教仪式来证明其统治的合法性。在古代社会中后期，随着民众逐渐认识到“天视自我民视，天听自我民听”（上天所看到的来自我们老百姓所看到的，上天所听到的来自我们老百姓所听到的），践行儒家“民本”和“仁政”思想成为统治者证明自身统治合法性的唯一方式。

第一节　“天命观”与宗教仪式证明君王统治的合法性

一、“天命观”是古代社会统治者证明自身统治合法性的理论基础

在中国封建社会的君主理论（立君为民）尚且没有完善之前，由于生产力和认知水平的低下，人们产生了朴素的“天命观”，这种天命观源于人们对自然的敬畏心理，由于敬畏心理进而对上天产生了崇拜意识。统治者为了证明自身统治的合法性，便开始利用这一点，将自身的统治说成是奉天命而来，由于这时候君主理论尚且没有出现，因此统治者只是模糊地宣称君王的统治是上天的旨意，这就为君王的统治披上了一层合法的外衣，换言之，上天是主宰人世间万事万物的存在，而统治者对人们宣称自己是奉上天之命来统治世界的，“天命观”由此与政治产生联系。

商朝最后一位统治者商纣王曾说："我生不有命在天?"① 这是商纣王为其王位的永恒维系提供的合法性依据。武王伐纣，推翻了商朝的残暴统治。在商朝时期，周朝只是一个小国，实力与商朝悬殊。但由于商朝内部的权力斗争，加上连年的暴政使民众苦不堪言，周朝最终取得了军事上的胜利，建立了周王朝。但军事上的胜利从来就不是政权的终点，周朝统治者此时面临着巨大的压力，这种压力，一方面来自商朝遗老的反抗，另一方面来自其内部的权力斗争，而当务之急是要为其政权的取得找到合法性依据，以回应商纣王"我命在天"的挑战。周朝的著名政治家、思想家周公提出了选拔统治者的标准："皇天无亲，惟德是辅。"② 其大意是，上天是不亲近谁的，只会辅佐有德之人。所以，上天会根据德的标准来随时更换统治天下之人，如果有德则可以继续治理天下，如果失德则失去了治理天下的资格。商纣王已经失德无道了，故"惟不敬厥德，乃早坠厥命"③。而上天发现周王是有德行之人，"天乃大命文王殪戎殷，诞受厥命越厥邦厥民"④。所以改变之前的任命，任命周文王为新的统治者。周朝"天命观"的创新之处不是全盘推翻"天命观"，而是创新地提出新的天命标准，上天不是永远亲近谁的，它随时会根据统治者的德行来改变任命的对象，即认为天命并非永恒不变，而是会随时改变的，《诗经》中提到的"天命靡常"⑤，就是该思想的体现。周公"天命观"的另外一个创新之处是赋予"德行"独一无二的地位。上天选拔统治者的唯一标准便是德行，谁有德行保护人民的利益，谁就有资格做天下的统治者。因此，统治者要克己奉公、夙兴夜寐、勤政爱民，如果统治者怀有私心，不能做到以上诸条，其统治地位便不再具有合法性。

如果将皇权继承的"天命观"视作自然朴素的"天命观"的话，德行"天命观"无疑是更加高级的"天命观"，它一方面为周朝推翻前朝的残暴统治提供了合法性依据，另一方面又为其后的统治者上位提供了客观的评价标准。德行"天命观"强调敬德保民，这实际上是以看得见的民意来推测天意的思维路径，避免了迷信色彩的盲目崇拜，前者的"天命"民众不能直接看见，但是后者的"天命"民众可以通过民意来感知。通过具体的民意来推测"天命"毋庸置疑要比抽象的"天意"更加容易获取对统治效果的评价。这样一来，《尚书》中

---

① 王世舜，王翠叶．尚书［M］．北京：中华书局，2012：130.
② 王世舜，王翠叶．尚书［M］．北京：中华书局，2012：462.
③ 王世舜，王翠叶．尚书［M］．北京：中华书局，2012：224.
④ 王世舜，王翠叶．尚书［M］．北京：中华书局，2012：181.
⑤ 周振甫．诗经译注［M］．北京：中华书局，2010：436.

"天视自我民视，天听自我民听"① 的说法就体现着天命和民意的高度一致，有了这一客观标准，统治者就很难欺骗底层的民众，因为他所谓的"奉天承运"不是由他（君王）的空口说辞就能证明，而是要问底层民众认不认可。既然如此，君王为了维系自己的统治，就必须重视民意，只有重视民意才能赢得民心，最终获得真正的"天命"。

政治思想家们以"天命观"为基础，提出众多保民、敬民、爱民和重民的学说。儒家学说的创始人孔子创立了"仁"的学说，主张为政以德，劝导统治者爱民、重民，《论语》中强调："为政以德，譬如北辰，居其所而众星共之。"② 孟子在孔子的基础上形成了更加完善的民本思想体系，是民本思想之集大成者。他在君民关系上有一个著名的观点："民为贵，社稷次之，君为轻。"③ 在孟子看来，民众、国家和君王三者间的轻重关系是民众最重、国家次之、君王最后，把民众看得最重是孟子民本思想的基点，这其实是一种古代的"以人民为中心"的政治思想，后世的人们总结孟子的民本思想可以用"民贵君轻"来描述。孟子之所以会把民众的地位提到一个前所未有的高度，是因为他对民心向背在政权中举足轻重的作用有深刻的理解和认识："桀纣之失天下也，失其民也；失其民者，失其心也。得天下有道：得其民，斯得天下矣。"④ 不仅如此，孟子还提出了另一个著名的观点：如果统治者昏庸无道，民则有权将其废除，甚至是将其处死，这不是弑君而是为民除害。正可谓"贼仁者谓之贼，贼义者谓之残，残贼之人谓之一夫。闻诛一夫纣矣，未闻弑君也"⑤。孟子的这一"君无道则臣民可杀之"的观点，确实"指导"过后来的王朝政治实践。南朝刘宋第六个皇帝刘子业凶残暴虐，滥杀大臣，违背人伦，公元 466 年，终被湘东王刘彧所杀；五代十国后梁皇帝朱温肆意残杀唐朝大臣，在朝中大搞白色恐怖，在家中乱伦儿媳，终被其子朱友珪所杀。在孟子看来，凡是违背"道"的都是残贼之人，民有民道，臣有臣道，君有君道，臣民杀死违背"君道"的天子不算造反，只是顺应天理，诛杀一夫而已，这一思想和孟子的"民贵君轻"是一脉相承的。孟子的这一政治思想和现代西方的政治"契约论"非常相似，在现代西方政治制度中，民众可以选择自己认为称职的人做国家统帅，如果统帅称职，则其可以在规定的期限内继续履职，如果统帅失职，则可以弹劾甚至

① 王世舜，王翠叶．尚书［M］．北京：中华书局，2012：369.
② 杨伯峻．论语译注［M］．北京：中华书局，2016：20.
③ 朱熹．四书章句集注［M］．北京：中华书局，2012：375.
④ 朱熹．四书章句集注［M］．北京：中华书局，2012：285-286.
⑤ 朱熹．四书章句集注［M］．北京：中华书局，2012：221-222.

判其死刑，但在孟子的理论中，臣民如何杀无道的昏君，又怎样继续后面的政道，都语焉不详。

儒家在战国时代的杰出代表人物荀子，在君民关系的论述上更加完善，影响也更加深远。“传曰：‘君者，舟也；庶人者，水也；水则载舟，水则覆舟。’”① 荀子把君民关系比作水和舟的关系，这一比喻非常贴切，且对后世影响深远，这一贴切的比喻后来成为中国古代统治者的公关名言。尤其是魏徵在《谏太宗十思疏》中引用了这个比喻后，荀子的“舟水论”更是广为流传，成为妇孺皆知的民间谚语。

春秋战国时期的民本思想与西周德政论相比，内容不尽相同，侧重点也有所不同。西周时期，“敬天保民”的重点在“敬天”，不在“保民”，其政治主张与其说是对民的重视，不如说是在为统治者提供合法性依据，或者是在为统治者获得民众认可进行的公关，本质上是政府合法性的公关。而春秋战国时期的民本思想的重点才是真正的“保民”，“它反映的是在礼坏乐崩的情势下，对社稷存亡的忧患意识，是封建领主阶层的贤达明哲之士面对现实政治压力的思想选择”②。

从以上论述中我们得知，在中国传统社会，多数哲学家或学者对“天命”还是表现出了某种程度上的认可，其中道家、儒家就是两个十分突出的例子。虽然“天命观”最初的表现形式是民众对神明的崇拜和尊敬，但是，我们对“天命”的理解不应该只局限于宗教信仰的追求，此种明显带有消极意义的理解是不客观的，我们应该用一种思辨性的眼光来理解天命观。不论是从宗教，还是从学术角度来看，古代“天命观”都是人类社会的一种精神寄托，或者可以理解为一种异化——人类自然特征的异化。而该种异化对整个古代中国社会有着特殊的价值和意义。③

传统社会的统治者是有利用“天命”思想为自己的统治具有合法性辩解的动机，但我们不能简单地认为这种政治行为毫无诚意或者毫无责任心，一方面，统治者利用学术界在民间的威望为自己统治的合法性正名；另一方面，学术界也为皇权的合法性做了真正合乎道义的设计。如在皇位的设计上，统治者利用学者们的“天命说”为自己的统治合法性自证清明，学者们（包括孔子、孟子、

① 《法家著作选读》编辑组.《荀子》选注［M］. 北京：人民出版社，1976：33-34.

② 王泽民. 春秋民本思想述论［J］. 西北民族学院学报（哲学社会科学），1999（2）：18-27.

③ 皇甫谧，宋翔凤，钱宝塘. 帝王世纪·山海经·逸周书［M］. 沈阳：辽宁教育出版社，1997：52.

荀子等学者）则顺便把皇权设计成真正的不辱天命，将“天命观”与德政联系起来，将“天命”与民意联系起来，如《尚书》的“天意的民意论”（天视自我民视，天听自我民听），孟子的“天命可推翻论”，如果统治者无德失道，民则有权把其杀掉，可以称得上是为民除害，而非弑君，“贼仁者谓之贼，贼义者谓之残，残贼之人谓之一夫。闻诛一夫纣矣，未闻弑君也”。这有点类似西方政权的“契合论”：民众给予一届政府某些契约的权力，如果政府不违反契约，民众则支持政府继续执政，如果政府违背契约，民众则有权推翻这届政府，不服从它的领导。其实中国的每一个王朝都是在这样的周期中度过的，起初统治者如履薄冰，小心翼翼，顺应民意，到后来统治者腐败到无可救药，最后被民众抛弃，王朝土崩瓦解。

二、祭天仪式是古代社会君王证明自身统治合法性的公关实践

祭天仪式中“明堂祭祀”和“封禅大典”是历代君王孜孜以求地证明自身“帝位天成”和“文治武功”的祭祀仪式。

“明堂祭祀”。“明堂”一词最早见于《逸周书》：“明堂者，明诸侯之尊卑也，故周公建焉。”① 明堂的主要功能在于借神权以布政，宣扬君权神授。一般明堂都建于城南，即所谓“布政之宫，在国之阳”②。虽然目前学术界对“明堂”的诸多问题都没有统一认识，但总体而言是三方面的问题没有达成一致：一是明堂制度的起源有多种说法，目前哪一种起源说是正统的不得而知；二是“明堂制度”的性质有多种版本，到底那种版本是正确的尚且没有结论；三是明堂的形制如何目前没有定论。上述三方面的问题都很重要，但鉴于明堂的形制与本文的关系不大，因此本书只对明堂的起源和明堂的性质进行讨论，下面对这两个问题逐一进行论述。

明堂制度的起源及其在各个朝代的实施情况。明堂制度的起源在古代和现代都有争论，在古代有“自古有之”论、“在神农时”论、“在黄帝时”论、“在夏代”论、“在殷代”论、“在周文王”论、“在武王时”论、“在周公时”论、“在周代”论等多种说法；在现代，则有“在远古”论、“在周公时”论、“在春秋战国时”论、“在汉武帝时”论、“在汉平帝时”论等多种说法。古代的说法我们不比较，我们比较一下现代的五种说法，借以得出结论。

“在远古”论有点粗枝大叶，这时候的远古自然是暗示在夏、商、周很久以

① 徐坚．初学记［M］．北京：中华书局，1962：327.

② 杨伯峻．孟子译注［M］．北京：中华书局，1960：26.

前的存在，那么是在夏、商、周的多久以前存在明堂制度？由于夏朝以前的文明带有神话性质，因此，说在远古就有明堂制度就好像是在“故事里面说故事”，夏、商、周以前的所谓“黄帝明堂”“帝尧明堂”“神农明堂”“舜明堂”“禹明堂”仅仅是一些学者想象出来的概念而已，因为在周朝以前，礼制尚且不很成熟，而作为礼制中的精华是不可能出现在周朝以前的，所以，“在远古”论很难成立。

“在春秋战国时”论、“在汉武帝时”论、“在汉平帝时”论这三种说法也不能成立。先说“在春秋战国时”论为什么不能成立。到了春秋战国时期，诸侯各国开始争霸称雄，天下秩序大乱，周王室名存实亡，其所谓的“周礼”自然也是名存实亡。西周留下来的明堂建筑大概已经消失殆尽，或许只有远在泰山脚下的明堂还在由齐国的统治者继续使用。《孟子·梁惠王下》中有这样一段对话：“齐宣王问曰：‘人皆谓我毁明堂，毁诸？已乎？’孟子对曰：‘夫明堂者，王者之堂也。王欲行王政，则勿毁之矣。’”孟子与齐宣王的这段对话证明，在春秋战国中期齐国的明堂还没有被废，保存完好且在使用中。明堂原来是天子祭天的主要场所，诸侯国国君理论上没有资格建立明堂制度，但在战乱时期似乎没有人争论这一问题，因为当时有明堂制度且在使用明堂的三个诸侯国（齐、鲁、越）都是周王室的近亲，他们或许曾经获得了周王室的许可才使用由周朝建起的明堂。从以上分析中我们得知，在春秋战国时代确实有明堂制度和明堂建筑，但这些都是周王朝的产物，自然，明堂起源的“在春秋战国时”论明显不能成立。既然“在春秋战国时”论不能成立，“在汉武帝时”论、“在汉平帝时”论也就更加不能成立，从时间的序列看，春秋战国时期是公元前770年到公元前221年，汉武帝时期是公元前156年到公元前87年，汉平帝时期是公元前9年到公元6年，汉武帝时期在春秋战国时期将近70年后，汉平帝时期在战国210多年后，一言以蔽之，“在春秋战国时”论、“在汉武帝时”论、“在汉平帝时”论三种说法都不能成立。

本书认为“在周公时”论是成立的，基于如下几点理由。一是西周是中国古代历史上最有作为的时代之一，贯穿了三千多年的中国封建礼仪制度在周公时代日趋完善；二是有完整的明堂制度记载，如明堂制度中系统的礼仪程序和祭祀内容；三是周公的成周洛阳明堂有形制流传下来，外观特征明显，尽管立面的形制资料流失，但平面的形制资料得以保存下来。

《礼记明堂位》清晰地描述了“周公朝诸侯于明堂”的场景：

> 昔者周公朝诸侯于明堂之位，天子负斧依，南乡而立。三公，中

> 阶之前，北面东上。诸侯之位，阼阶之东，西面北上。诸伯之国，西阶之西，东面北上。诸子之国，门东，北面东上。诸男之国，门西，北面东上。九夷之国，东门之外，西面北上。八蛮之国，南门之外，北面东上。六戎之国，西门之外，东面南上。五狄之国，北门之外，南面东上。九采之国，应门之外，北面东上。四塞，世告至。①

对于“周公朝诸侯于明堂”的真实性，有学者持否定态度，理由看起来非常充足，在等级森严的封建礼制中，周公没有资格到明堂去僭行天子之礼。但是，以周公的贤能和才干，代行天子之职是完全有可能的，既然能够代行天子之职，那么在明堂朝诸侯就顺理成章。

明堂制度在周朝初步确立之后，在其后的各个朝代都有所发展。秦汉时期，秦国的历史太短，还没有来得及实施明堂制度就已经消亡了，但也不是一事无成，吕不韦《吕氏春秋》中的《明堂月令》能够流传下来，一定程度上弥补了秦朝的历史遗憾。汉朝是明堂制度的恢复时期，不仅在理论上有所建树，还在明堂建筑上有所作为，汉文帝和汉武帝都没能在都城长安建立明堂，但汉武帝封禅泰山之后，在泰山脚下建起了汶上明堂，汉武帝之后的诸多皇帝来此行明堂礼，王莽篡权之后，为了显示自身帝位的合法性，曾经在长安南郊大修规模宏大的礼制建筑群，其中明堂建筑也位列其中。

东汉是明堂制度的繁荣期，包括光武帝在内的大部分东汉皇帝都多次举行明堂礼，在理论上有所建树的是这一时期的著名学者蔡邕，他提出著名的“明堂万能论”，这一观点对后世的明堂制度产生了深远的影响。

魏晋南北朝是明堂制度的维持期，南朝宋、齐、梁、陈继承了西晋制度，南朝的第一个朝代南朝宋对明堂制度有所创新，在礼仪上有所变革，在形制上也有所创新，如创造了“殿屋十二间”等样式。北朝仅有北魏继承了汉族的文化传统，目前考古的证据表明，北魏至少建有一座明堂，北魏的明堂建筑史还有一个空前绝后的特征——明堂、辟雍和灵台是三位一体。

隋唐的明堂制度。隋朝的历史太短，它在明堂实践上没有太大的作为，仅遗留了礼部尚书牛弘和建筑工艺家宇文恺的明堂著作。唐朝是明堂制度的再繁荣期，无论是明堂制度的理论还是明堂的建造都有重大突破。理论上，对明堂制度的源流变化进行了有益的理论分析和探索，使之成为唐朝政治生活中的一项重要内容。明堂的建造上，武则天一改过去君王拖沓的陋习，她“独与北门

---

① 郑玄，孔颖达．礼记正义［M］．上海：上海古籍出版社，2008：1487-1488.

学士议其制，不问诸儒”①，建明堂之事遂成。武则天之所以对重建明堂如此重视，是因为她想借助明堂实现与神灵的沟通，从而彰显其篡夺李氏江山是天命所归。据《旧唐书》记载：“永昌元年正月元日，始亲享明堂，大赦改元。其月四日，御明堂布政，颁九条以训于百官。文多不载。翌日，又御明堂，飨群臣，赐缣纁有差。自明堂成后，纵东都妇人及诸州父老入观，兼赐酒食，久之乃止。吐蕃及诸夷以明堂成，亦各遣使来贺。”② 明堂落成之时，武则天改明堂为“万象神宫”，允许平民百姓进入紫薇城参观明堂，武则天的上述一系列举动都是古代帝王政府公关的经典之作，又是大赦，又是改元，又是建造明堂，无非是想通过这些举动宣示自己统治的合法性，正所谓“天子造明堂，所以通神灵，感天地，正四时，出教化，崇有德，重有道，显有能，褒有行者也”。

宋朝的明堂制度处于停滞状态。宋朝立国之初甚至都无明堂建筑，频繁举行的明堂礼都要在其他宫殿中进行，宋徽宗继任之后，觉得长此以往不是办法，才授权蔡京处理明堂建设事宜。宋王朝不是中国历史中真正意义上的大一统王朝，从国土面积上看，不到前朝（唐朝）的四分之一（宋朝鼎盛时期的国土面积为 280 万平方公里左右，而唐朝鼎盛时期的国土面积有 1230 万平方公里），北宋和南宋两个朝代都时刻处于危险之中，虽然经济和文化非常发达，但孱弱的军事实力使宋朝的统治者毫无前朝天子的气度，这使其皇权的合法性明显不足。越是处于这种状态，宋朝的统治者就越是希望借助明堂祭祀来提高其皇权的合法性，具体表现为明堂祭祀次数特别多，明堂祭祀的内容更加庞杂，明堂祭祀的仪式越发讲究，但明堂建筑毫无创造力，宋朝的士大夫也对明堂理论的研究毫无历史厚重感。

明清的明堂制度。明代的明堂制度已经开始进入调整期和衰亡期。明代初年甚至都没有建造专门的明堂建筑，亦没有举行单独正式的明堂礼，尽管明堂制度的内容仍然存在，但明堂礼的主体与祭天礼合二为一，明堂建筑也与圜丘建筑合二为一。到了嘉靖二十四年，明世宗为争正统，改造“大祀殿”为“泰享殿”，“祭天”“祭地”“配祖”之礼是“三礼合一”，都合并到了“郊天大礼”里，没有了传统意义上的明堂大礼，只能勉强称之为“后明堂礼”，这明显是明堂制度大幅度弱化并且开始走向消亡的标志。到清代之后，干脆不再举行“祭天配祖”之礼，改而举行祈谷礼，这一现象意味着明堂制度主体最终消亡。

明堂制度的性质。事物的性质决定事物的功能，明堂制度的性质直接决定

---

① 司马光. 资治通鉴［M］. 北京：中华书局，1956：6647.

② 刘昫. 旧唐书［M］. 北京：中华书局，1975：864.

其功能。明堂制度的功能是什么？这是学术界争论的第二个焦点。关于这一问题也有多种观点，如果把明堂看作一般的会所，它应该具有如下八个功能：第一，举行祭祀及其他盛典；第二，议事；第三，处理公共事务；第四，青年的教育和训练；第五，作为保卫乡土的戍所；第六，养老；第七，招待宾客；第八，明确和提醒社会成员各自的身份。

从古籍记载的明堂制度看，明堂也确实有上述八大功能。明堂是天子祭祀上帝（天帝）、祭祀祖先的地方，这就是"祭天配祖"之谓，这体现的是明堂举行祭祀和其他盛典的功能。明堂还是天子发布十二月政令的地方，正所谓"天子布政之宫"，统治者行"听朔"之礼，然后在此发布政令，这体现的是明堂议事和处理公共事务的功能。在古籍记载中，明堂常常与辟雍、太学相连，这说明明堂曾经是进行青年训练和教育的地方，这体现的是明堂青年的教育和训练的功能。李尤《明堂铭》记载明堂是"秋厉武人，冬谨关梁"之地，这说明明堂曾经是武士戍所或训练之所，这体现的是明堂作为保卫乡土的戍所功能。《汉书·王莽传》记载王莽曾于明堂行"养三老五更之礼"，《白虎通·乡射》也曾有"享三老五更于太学"的记载，正所谓"礼三老于明堂"，这证明明堂曾经是养老之所，这体现的是明堂的养老功能。明堂又是朝会诸侯的地方，天子会见诸侯时，各种等级的人在明堂中站在何处有严格的规定，《逸周书·明堂解》准确地描述了"周公朝诸侯于明堂"的情景："昔者周公朝诸侯于明堂之位，天子负斧依，南乡（向）而立。三公，中阶之前，北面东上。诸侯之位，阼阶之东，西面北上。诸伯之国，西阶之西，东面北上。诸子之国，门内之东，北面东上。诸男之国，门内之西，北面东上。"① 这体现的是明堂招待宾客和明确与提醒社会成员各自的身份的功能。

以上论述明堂共有八项功能，那么哪项功能才是明堂的核心功能？从以上诸项功能看，有三项比较重要分别是祭天配祖、朝觐诸侯（或外宾）和发布政令，那么上述三项中的哪一项才是明堂"重中之重"的功能？毋庸置疑是祭天配祖。明堂制度的本质是打通人间与神界的关系，即通过所谓的祭天仪式来证明统治者的统治地位是天命所归，其核心功能是祭天配祖，其表现的意义是君权神授，祭天仪式在政权更迭的过程中有着重大的公关意义，它借托与神界发生紧密关系（"奉天承运"是常见的托词），然后"皇帝诏曰"，对天下诸侯和臣民发布政令。

---

① 黄怀信，张懋镕，田旭东．逸周书汇校集注［M］．上海：上海古籍出版社，2007：715.

朝觐诸侯是明堂的次级功能，在明堂之上，天子在“祭天配祖”之地朝觐诸侯，不仅有借天威来展示自己皇权的合法性、权威性的目的，而且有正告、威慑诸侯的作用，相当于是在正式场合正告诸侯，我的王位是上天赐予的，你是我的臣子，不得觊觎王位。因此，“祭天配祖”才是明堂核心功能，而朝觐诸侯仅仅是明堂的次级功能，至于发布政令更不能与“祭天配祖”相提并论，天子发布政令的场所很多，明堂仅是场所之一，而且不是天子发布政令的主要场所。

“封禅大典”。何为“封禅”?《史记·封禅书》曰，“此泰山上筑土为坛以祭天，报天之功，故曰封”。此泰山下小山上除地，报地之功，故曰禅”①。司马迁曰：“自古受命帝王，曷尝不封禅?盖有无其应而用者矣，未有睹符瑞见而不臻乎泰山者也。虽受命而功不至，至梁父矣而德不洽，洽矣而日有不暇给，是以即事用希。”② 司马迁曾经提出帝王封禅的四个必要条件是：功至、德洽、符瑞、受命。这等于宣布“封禅大典”是帝王“文治武功”的祭祀仪式，中国古代帝王到泰山封禅的帝王一共有六位，他们又是否都满足了司马迁提出的四个必要条件呢?

第一位是秦始皇嬴政。秦国虽然运用法家理论通过战争手段实现了吞灭六国统一天下的目标，但是，按照儒家观点，皇位正统和“大一统”是封禅的核心观念，因而只有平定天下、有大功于天下的君王才有资格封禅。所以，秦始皇用封禅典礼显示自己统一全国的“不世之功”，这是秦始皇泰山封禅的第一个目的，但秦始皇封禅典礼的目的远不止显示其文治武功那么简单，他还有其他目的。

秦始皇泰山封禅的第二个目的是震慑六国余威。秦始皇虽已一统天下，但六国余威依然强大，对于帝国政权的威胁时时存在。在被秦国吞灭的六国之中，唯东方诸侯不宁。尤其是齐国，虽不再是“地方数千里，带甲数百万”的大国，但实力犹存，对秦始皇而言，绝对是一处不容忽视之地。而矗立于齐鲁大地上的泰山，乃群山之宗，天下之宗。秦始皇封禅泰山，不仅可以威慑齐国，而且可以达到威震天下的作用。所以泰山自然就成为秦始皇巡行天下的第一站，他要借“封禅”之名，震慑天下反叛余威，顺便治理齐国。

秦始皇泰山封禅的第三个目的是传以后继者的治国之道，这又可以视作一次政府的形象公关。受命于天是政权的合法性公关，秦始皇在泰山的石头上刻下文字：“皇帝临立，作制明法，臣下修饬。廿有六年，初并天下，罔不宾服。

---

① 司马迁．史记［M］．北京：中华书局，1959：1355.

② 司马迁．史记［M］．长沙：岳麓书社，2001：160.

亲巡远黎，登兹泰山，周览东极。从臣思迹，本原事业，祗诵功德。治道运行，者产得宜，皆有法式。大义箸明，垂于后嗣，顺承勿革。皇帝躬听，既平天下，不懈于治。夙兴夜寐，建设长利，专隆教诲。训经宣达，远近毕理，咸承圣旨。贵贱分明，男女体顺，慎遵职事。昭隔内外，靡不清净，施于昆嗣。化及无穷，遵奉遗诏，永承重戒。"①

有人将这段文字当作秦始皇对自己的歌功颂德，其实不然，秦始皇既得天下，便希望自己的事业长存于世，所以，希望后面的皇帝治理国家要"不懈于治""皆有法式""夙兴夜寐""建设长利""贵贱分明""大义箸明"。与其说秦始皇是在歌颂自己的功德，不如说秦始皇是在教给后继者治国之道。

第二位是汉武帝刘彻。汉武帝封禅前南征北讨，北击匈奴、西扩西域、统一两越等，也是为了追求一种天下晏然、四夷宾服的一统景象，元封元年（公元前 110 年），汉武帝的中央集权和文治武功都趋臻高峰。于是开始了声势浩大的首次泰山封禅活动。其封禅铭文曰："四守之内，莫不为郡县；四夷八蛮，咸来贡职。"② 而汉光武帝封禅的碑文曰："舟舆所通，人迹所至，靡不贡职。"③这些都是儒家"大一统"、以夏变夷思想文化的高度体现。

第三位是汉光武帝刘秀。光武帝刘秀为了强调自己光复汉室的显赫功绩，特意撰写了近 700 字的封禅碑文，刻石于泰山之上，叙述了自己"至于岱宗，柴望秩山川"的封禅盛况，来表明是受天命而行，并夸耀其开创光复汉室、重现太平之功业。

第四位是唐高宗李治。唐高宗是唐朝的第三位皇帝，在有些史学家眼里，李治生性懦弱，理由是在其任内出现了历史上罕见的"二圣"现象，他去世后不久，武则天就篡夺帝位，自立"周"朝，因此从某方面来说，唐高宗其实是一位亡国之君。但实际上李治并非是"昏懦"的君主，其谨记太宗教诲，广纳群言，大力发展生产，唐朝的国力在他手中上升了多个台阶，在维护国家疆域的"大一统"方面，他也颇有建树，出现了"自是北方无寇三十余年"④ 的景象。因此，有史学家这样评价唐高宗："故永徽之政，百姓阜安，有贞观遗风。"⑤ 唐高宗李治登泰山封禅有两个非常重要的原因，一是为了完成太宗的遗愿，二是为了彰显"二圣"治下的盛唐景象。高宗李治登泰山封禅实现了其既

---

① 司马迁．史记［M］．长沙：岳麓书社，2001：44.

② 应劭．风俗通义校释［M］．吴树平，校释．天津：天津人民出版社，1980：55.

③ 范晔，司马彪．后汉书：下［M］．长沙：岳麓书社，1994：1403.

④ 王溥．唐会要［M］．北京：中华书局，1955：1690.

⑤ 司马光．资治通鉴［M］．北京：中华书局，1956：6270-6271.

定目标，通过封禅仪式弘扬了唐朝的国威，也大大地增强了大唐各民族的荣誉感和凝聚力，成为唐朝由初步繁荣走向高度繁荣的助力。

第五位是唐玄宗李隆基。若从司马迁的泰山封禅的四个基本条件看，李隆基有资格登泰山封禅，自从唐玄宗接管掌权以来，勤于政事、任用贤能、革除弊政、安边保疆土、发展生产，国力快速提升，开启了唐朝的第二个盛世，历史上称之为“开元盛世”。开元初期，唐玄宗本来是没有泰山封禅的意愿，但经不住张说、源乾曜等臣子接二连三的上奏，使得唐玄宗“不得已而为之”，开元十三年（725 年）李隆基率领百官、贵戚、四夷酋长至泰山举行封禅大典。唐玄宗开诚布公地提出泰山封禅是“为苍生祈福，更无秘请”①。为了标榜功德，唐玄宗亲自撰写了《纪泰山铭》碑文，碑文分成五个段落，其实只有三层意思：第一，论述了李家王朝王位合法性来源；第二，回顾了从唐高祖到他这里唐朝历代君王的道德和功业；第三，感谢上苍的眷顾，“报玄天之眷命，为苍生而祈福”，天赐皇位于本人，本人将“报玄天之眷命，为苍生而祈福”，做有德之君，行仁政惠民。让自己时刻铭记，只有德行功业而不是皇权本身才是政权的依据，这其实是一种公关式的对民誓言：李氏天下的皇帝要为其治下的百姓负责，都做有德之君，行仁政惠民，唐朝的君王要坚持“德凉者灭，道高斯起”的儒家政治道德标准和政治竞争观念。言下之意是，如果唐朝的君王不能为其治下的百姓谋福祉，上天则有权力让唐氏江山自取灭亡。

第六位是宋真宗赵恒。宋真宗赵恒因上泰山封禅而饱受争议，因为宋真宗没有具备司马迁泰山封禅的四个基本条件，功至、德洽、符瑞、受命似乎一个都不具备，当然，功至、德洽和受命都是虚的，似乎只有符瑞是实物的存在，于是宋真宗赵恒策划了“天书事件”，“天书事件”的策划与当代公关中组织美誉度的策划非常相似，一个企业和组织为了提高其自身的美誉度，策划一两个对其声誉有极大好处的公关事件，然后让媒体大肆宣传，企业或者组织的美誉度便会直线上升。古代的泰山封禅也是提高政府形象的著名的公关活动，封禅的举行一般是在“主好名于上，臣阿旨于下”② 的情况下完成的，但是，泰山封禅作为一种罕见的礼仪，在客观上也具有重大的公关功能，这些公关功能包括：宣誓政权的合法性并进一步加强权力的正统地位，宣誓政府的道德和功业进一步凝聚人心，做出继续为万民谋福祉的郑重承诺。这些功能在历次封禅活动都有过体现。北宋的疆域本来就不宽广，甚至可以用“偏安一隅”来形容，

---

① 李继生．古老的泰山［M］．北京：新世界出版社，1987：103.

② 姚思廉．梁书［M］．北京：中华书局，1973：987.

景德元年（1004 年），北宋在战争胜利的情况下，与辽国签订了《澶渊之盟》，这一条约的签订大大削弱了中原政权的中心地位，也让宋真宗的声誉受损，宋真宗无力通过战争的形式重新树立中原的中心地位，转而去寻求他法来扭转这一不利形势，最终他选择通过泰山封禅来挽回自己的声誉并树立国家在中原的正统地位。

宋真宗泰山封禅虽然有点不合时宜，但是仍然得到当时众多官员的狂热支持，甚至在封禅仪式结束后，这种狂热依然没有停止："帝自东封还，群臣献贺功德，举国若狂。"① 但狂热之后，封禅活动给宋初经济带来了极大的消极影响，后来的史学家认为，宋真宗应该在百废待兴的时刻抓住时机大力发展经济和军事，而不是以封禅的形式去做加强政权合法性的公关活动，这种错误决策浪费了北宋政府大量的人力、物力、财力，也阻碍了北宋社会经济发展，为北宋的灭亡埋下了伏笔。

总之，中国古代帝王的封禅行为，虽然文化背景和制度方式各有差异，但是至少有两点是相同的：一是证明其皇权"受命于天"的合法性和权威性；二是巩固"大一统"局面。从这一角度看，封禅活动就是一种政府的政权合法性公关行为，帝王通过封禅活动告诉天下的百姓和政权的反对者（或者觊觎者），要向顺从天意一样顺从当今帝王的统治。

是不是所有满足司马迁四个封禅条件（功至、德洽、符瑞、受命）的君王都到泰山去进行了封禅大典呢？未必！被称为"天可汗"的李世民就与泰山封禅擦肩而过。

李世民的泰山封禅计划最终夭折有以下几点原因：一是魏征的极力反对，二是彗星的出现震慑了唐太宗，三是事故频频发生。但总体来说是李世民体恤民情，不愿意增加百姓的经济负担，所以最终在多种因素叠加的情况下放弃了泰山封禅的计划。

第二节　践行诸子百家的"民本思想"

一、诸子百家的民本思想

春秋战国时期是我国古代历史上的大变革阶段，周王朝衰败，诸侯争霸频

---

① 毕沅．续资治通鉴［M］．上海：上海古籍出版社，1987：589.

繁，民族融合加速，分封制逐渐崩溃，封建生产关系产生，封建社会慢慢建立，中国历史进入了一个新的时期。在这个阶段，民本思想开始涌现，许多思想大家——孔子、孟子、老子、墨子等，他们的思想都含有相当一部分的民本因素。而许多诸侯国为了谋图霸业，不断变革，经济基础和政治制度发生了较大变化，因此，从君主到一些大臣也对“民”的认识有了新的提高——国之兴亡与民心向背紧密相连。这一时期，政治家、思想家们重民保民的理念已经成为政治思想领域内的主流意识，“以民为本”的主张已渐渐成为百家共识。这里主要阐述儒、墨、道三家的民本思想。

儒家“重民生”民本思想。儒家的民本思想主要体现为“仁爱”。孔子“仁”的思想为长期受压迫、受忽视的普通民众带来了第一道曙光，“仁”的精神核心在于爱人与推己及人，它倡导国家的统治者对治下之民要怀有仁爱之心，在具体的国家政策中要实行德政，就是为政以德，以“仁”爱民，主张养民和教民。孔子的“重民生”民本思想最重要的是他的“富民”思想。他曾说过，要是百姓富足，君王不会不富；百姓如果不富足的话，君王又怎么能够真正富足呢？他还表示，君王为政最紧要的事就是使百姓生活富足且长寿安乐。因此，孔子提倡君王在财政方面要节用，在税收方面要轻、薄，他认为这样自然而然就能实现民富。但是孔子的主张还是具有其局限性，他的“富民”“仁爱”思想都是为了稳固君王统治，而且他偏向于“兴灭国继绝世”①，主张用礼制约束国家和社会，君臣、父子、贵贱、尊卑都有严格的区别，虽然孔子的礼制思想注入了“富民”和“仁”的内容，但他仍然认为人们要遵守严格的社会等级制度，从而恢复他理想中的西周旧制度。

儒家的另一位代表人物“亚圣”孟子，他的“重民生”民本思想则更加充分。孟子主张“民为贵，社稷次之，君为轻。是故得乎丘民而为天子，得乎天子为诸侯，得乎诸侯而为大夫”。他把“仁”的思想由伦理角度向政治领域扩展，所谓“民贵君轻”如是也。② 孟子还继承并丰富了孔子的“富民”思想，他认为君王在推行仁政和节制税赋的同时，还要重视发展生产。孟子认为要实现民富国强，就要让百姓积极地从事农业生产，再加之轻徭薄赋，就可让国家壮大。③ 但是我们要知道，孟子的“重民生”思想主张的并不是以人民为本位，仍是以天子为主体。孟子依然强调礼义，也不许紊乱纲常等级的名分。他提倡

① 张文超．孔子政治伦理思想初探［D］．上海：上海师范大学，2006.

② 王园园．孟子民本思想及其当代价值研究［D］．北京：首都师范大学，2014.

③ 陈贻汉．试析中国历代富民思想［J］．财会月刊，2000（2）：40-41.

统治者要“得民心”，安其心，从而“得天下”。孟子的民本思想是孔子“仁”的思想的发展进步，虽然不能从根本上解决中国古代社会的基本矛盾，却可以在一定程度上制约专制君权的肆意发展，对历史的发展起到了非常重要的作用。

墨家的“重民生”民本思想。我们从孔孟二人可以看到，儒家的“重民生”民本思想侧重于统治者的角度，而墨家的“重民生”民本思想则更多侧重于社会底层民众。为什么墨家的思想更为贴近普通民众呢？这与他的出身有很大的关系。墨子是平民出身，小时候做过牧童，做过木匠，但是他是一个没落的贵族后裔，虽说到他这里早已是平民，但墨子仍然接收到了必不可少的文化教育。他早年师从于儒家，因不满儒家学说，舍弃了儒学，建立了自己的墨家学派。墨子学说反映了他对民众的重视和民众最想表达的社会要求，其中，最具代表性的有“兼爱”“非攻”“尚贤”“尚同”“非命”等。墨子的“兼爱”和“非命”思想正是对儒家的“天命”与“爱有等差”的抨击，墨子认为为官者没有谁是永远高贵的，普通老百姓也没有终身低贱的，谁有才能就选拔谁，谁无才能就罢免谁。官员责在施政，施政要有才能，谁有才能谁就可以做官，民亦可以为官；谁没有才能就罢免谁，官亦可以为民。墨子认为君臣上下、父子兄弟都要相互友爱，大家都是平等的地位，爱别人要像爱自己一样，并认为社会上出现“强执弱”“富侮贫”“贵傲贱”的现象，就是天下人不相爱所致。

墨子的“富民”思想相比于孔孟二人则更为丰富。他的“富民”思想主要体现在三个方面。第一，君王要实行对百姓有利的政策。他提倡君王要做对天下苍生有利的事，而要根除对天下苍生有害的事，也就是“兴天下之利，除天下之害”。只有这样天下百姓才会对君王归心。第二，君王要克己节俭。墨子主张君王不能随便凭自己的意愿行事，不能贪图享乐，而应该节俭度日，节省不必要的花费，减少百姓负担。第三，君王应轻徭薄赋，百姓应努力劳动。墨子主张君王要给百姓生产创造更好的环境，而沉重的徭役会挤压生产时间，还会给百姓带来身体上的负担，不利于农业生产。同时，百姓自己也应该辛勤劳动，不要只相信天命，要靠自身劳动让自己生活富足。墨子还说：“夫岂可以为命哉？故以为其力也。”其认为只要努力劳作就能改变命运。[①] 在墨子的心中，爱不分阶级，而是倡扬“爱利万民，爱利百姓”，即“兼相爱，交相利”。墨子反对有高低贵贱之分的差等之爱，主张平等互爱。墨子的“兼爱”观念代表了下层劳动人民追求政治民主和人格平等的朴素道德观念，强调了对人的生存与发

① 刘雪河，涂筱辉．墨子富民思想初探［J］．广州大学学报（社会科学版），2003（6）：5-9，95.

展权利的尊重，体现了他理想主义的色彩和追求人类和谐平等共处的光辉。[①]

道家的“重民生”民本思想。在很多人看来，道家的“自然无为”与“民本”思想是没有什么联系的，但其实，以老子、庄子为代表的道家学派同样对基层的普通民众有着不容忽视的关注。老子、庄子在面对春秋战国时期民不聊生的现象时，同样对“民”的问题做出了深刻的思考，而且他们的民本思想深度并不亚于其他学派。“无为”是老子最重要的思想主张之一，老子指出君主应该无为而治，并不是让他们无所作为，而是要求君主顺应民众，不与民争，不要肆意妄为，不能以自己的主观意愿和想象行事。“无为”的思想深刻体现了老子的“重民生”理念，老子极力反对君主对人民横征暴敛，同时还奉劝统治者不要参与争霸，强迫治下民众参与战争。他认为国家之所以难以治理，正是由于君主和贵族违背人民的利益和愿望，毫无休止地榨取民力，才让百姓难以生存，国家难以为继。老子提倡统治者要“无为而治”，节俭、无争而治天下，只要君主无为无欲，无事好静，那么人民自然会拥有良好的道德，自己慢慢教化自己，自己慢慢富裕起来。

如果说老子的“重民生”民本思想主要体现在统治者如何处理与民众的关系方面，那么庄子的“重民生”民本思想则更为直接，他继承了老子的思想，并对“民”的认识有了更多内涵。他说：“贱而不可不任者，物也；卑而不可不因者，民也。”[②] 自然万物虽然低贱，但是必须要听任；百姓民众虽然卑微，但是必须要顺随。合适地顺从民事，就如同遵循天地自然一样，可以让统治者巩固自己的地位。庄子还认为不管是天子还是平民，在自然面前人人平等。所以在《庄子·人间世》中，庄子也表达出：在自然面前，我们和国君都是上天的子女。在治国治世方面，庄子主张“天放”，就是说放任自然，释放人的天性，让人自由生长，不被世俗规则所约束。《庄子》认为“至德之世”中人民没有礼仪规范，他们按照自己的本性过着自然而然的生活：“彼民有常性，织而衣，耕而食，是谓同德；一而不党，命曰天放……夫至德之世，同与禽兽居，族与万物并。恶乎知君子小人哉！同乎无知，其德不离；同乎无欲，是谓素朴。素朴而民性得矣。”[③] 庄子极其反对儒家所提倡的礼乐制度，认为这践踏了人的本性，只有抛弃这些仁义礼智信，人类的本性才能得到彻底解放。当然，庄子的

---

① 何芳．墨子“民本”平等思想的现代审思［J］．枣庄学院学报，2009，26（1）：127-131.

② 王园园．孟子民本思想及其当代价值研究［D］．北京：首都师范大学，2014.

③ 王保国．老庄民本思想发微［J］．甘肃社会科学，2006（4）：193-195，208.

这一思想从人类和社会发展的角度来看，自然是不符合文明的发展规律的，但是庄子是在战火纷飞、世道凋零的战争时期，看到人们利用文明发展的成果，来扼杀人民的性命才孕育出这一理念，从这点来看，庄子的“天放”思想是有“民本”意味的。

二、民本思想在古代社会历朝历代的社会实践

我国传统的民本思想是在封建专制制度的条件下形成的，因此，传统民本思想所倡导的爱民、重民，甚至说以民为本，都是思想家基于封建专制社会的稳定而考虑的。也就是说，传统的民本思想之所以能够不断发展，也是依靠了专制君主至高无上的皇权，因此，历朝历代的民本思想都在历朝历代的封建社会中有所体现，封建社会的最高统治者为了赢得民心并加固其独裁统治，在民生问题上都是非常重视的，即使不能达到理想中的效果，也会尽力而为，因为民生问题对百姓而言是安身立命，对君王而言是王位永固，对国家而言是社稷安康。

春秋战国时期“重民生”民本思想的实践。春秋战国时期，周王室逐渐衰微，分封制瓦解，贵族把土地视为私有财产，随着铁器牛耕的出现和推广以及水利建设的发展，井田制遭到破坏，土地私有制逐渐确立。受到各种民本思想的影响以及为了争霸的需要，统治者、政治家们开始重视底层民众对国家经济发展和国家实力提升的作用，像鲁国的“初税亩”制度，秦国的商鞅变法，管仲的齐国改革采取“相地而衰征”，这些政策都表明土地私有制已是大势所趋，它适应了生产力的发展，促进了小农经济的形成，形成了我国传统农业社会生产的基本模式，这个时期农民有较高的生产积极性，不受官府垄断的民间手工业也在这个时期产生。但是春秋战国时期的小农经济十分脆弱，其中主要的原因是土地兼并严重，地主们依靠他们的政治经济特权，大量兼并农民的土地，因此为了巩固统治，历代政府采取各种措施抑制土地兼并，维护小农经济，并采取重农抑商的政策，强调农业为本，脱离农业生产的工商业为末，鼓励农业生产，生产粮食和布匹多的人可以免除徭役，限制工商业的发展。这些政策在一定程度上保障了农民的利益，体现了“重民生”的民本思想。

汉、唐、宋时期“重民生”民本思想的实践。先秦的民本思想在汉、唐、宋时期得到了进一步的丰富和发展。汉、唐、宋三朝初期的统治者都经历过或者深刻了解过前朝因为暴政而民不聊生、国不成国的现实，因此他们以及大臣都会认识到民生建设的重要性，有着“重民生”的民本思想，并将其予以实践，在治国理政的策略上更偏向于宽民、爱民，休养生息、发展生产。

汉朝初期，由于刚经历了秦末的农民战争动乱，楚汉之争，而且在与北方匈奴军事力量对比也不占优势的情况下，亟需时间休养生息，重建家园。贾谊在汉初的历史条件下，深刻总结了秦朝二世而亡的历史教训，为了维护汉帝的统治和封建统治阶级的利益，提出了以"民为政本"为核心内容的民本思想，主张有一个与民休息的安定的社会局面。贾谊在总结了前朝历代兴亡的历史教训后，指出社稷的根本在于民众，民众是决定国家命运的力量，提出为政应当实行以民为本的统治策略。[①] 而汉朝初期的统治者也十分注重民生，尤其是汉文帝和汉景帝，推崇黄老之术，在他们统治期间都实行了与民休息、轻徭薄赋的"重民生"政策，对外也尽量维持和平相处，不轻易动兵。同时汉文帝以身作则，节俭度日，使贵族官僚们也不敢奢靡无度，甚至不让治下郡国上贡奇珍异宝，大大节约了国家的开支。汉文帝和汉景帝同样十分重视农业的生产，设置了三老、孝悌、力田等，给予赏赐，鼓励农民发展生产，同时多次减轻赋税，实行了各种税收优惠政策，文景时期农业得到快速发展，民众生活也比较富足，国家经济也得到了很好的发展，中国古代历史上第一个盛世——文景之治也应运而生。

到了唐朝时期，唐太宗李世民继承皇位时，唐朝还处在隋炀帝留下的烂摊子之中，人口稀少、社会疲敝、民生凋敝。他曾亲身经历过隋朝因为穷兵黩武，过度消耗民力而走向灭亡，因此唐太宗十分注重下层民众的生产生活，他将"君舟民水"当作自己的座右铭，并在《贞观政要》中得出"为君之道，必须先存百姓，若损百姓以奉其身，犹割股以啖腹，腹饱而身毙"，"君依于国，国依于民"[②] 的结论。政治上，唐太宗任用贤才，励精图治，维护了国家稳定；法律上，唐太宗注重法治，修订律法，减轻刑罚，天子犯法与庶民同罪，做到了执法公正公平；经济上，强调以民为本，轻徭薄赋，奖励垦荒，重视民众的生活，同时还注重商业的发展，兴起了多个商业城市，促进了经济发展；民族上，唐太宗尊重所依附民族的生活习俗，曾说四海之内就是一家，都是我的衷心之子。因为唐太宗善政爱民，大唐政治清明、社会安定、人民富足，国力大大提升，故史称贞观之治。

宋朝时期商品经济发展繁荣，产生了许多思想大家。北宋李觏主张"安民"和"足食"，有利于广大劳动人民的利益；南宋朱熹认为"生民之本，足食为

---

① 刘彤，张等文．论中国共产党民本思想对传统民本思想的传承与超越［J］．马克思主义研究，2012（12）：104-109，154.

② 吴兢．贞观政要集校［M］．谢保成，集校．北京：中华书局，2003：11.

先”，只有农民富裕了，国家才能富裕，他主张轻赋体民；南宋陈亮认为天下之事，人民的心和生命是最大的，在他看来，天下是民众的天下，而不是少数君王的天下。宋朝的民本思想才真正把商人纳入为“民本”中的“民”。宋朝开了鼓励民众经商的先河，宋朝商人的经商自由、人身自由与社会地位得到了空前提高。在这个时期，政府经济政策开明，商业“坊”和“市”的限制被打破，并出现了夜市，各种店铺随处可见。宋朝宽松开明的政策极大地促进了商业发展，然而北宋不抑兼且田制不立，使土地集中越来越严重，后来民众生活慢慢变得十分困苦，因此便有了王安石变法。王安石实行“方田均税法”，在减轻民负的同时，也调整了纳税的种类，不仅使民众在一定程度上得以休息，还大大提高了国家税收。但可惜，“方田均税法”损害了官僚地主阶级的利益，遭到了他们的强烈反对，不久就被迫废止。后来王安石又大力推行“募役法”，把从前民众要固定参与的职役，改为可以出钱雇用他人充役，这样以银钱代替募役，加上“方田均税法”的田亩、财产分摊，使税收征收范围扩大，增加了国家财政收入，还减轻了百姓沉重的徭役负担，让百姓有更多时间和精力从事农业活动，在一定时期内推动了宋朝经济发展。由此可见，王安石变法注重解放民众负担，开源节流，以求民富国强，体现出了他特有的民本思想。王安石变法在一定程度上保障了农民阶级的利益，但由于其部分政策不合时宜，变法更加触犯了地主阶级的利益，因此遭到他们的强烈反对，变法在推行过程中困难重重，甚至出现地方官员阳奉阴违的现象，反而使百姓负担更重。再加之后期变法的最大支持者宋神宗信念动摇，变法已经举步维艰，随着变法派内部的分裂和宋神宗的去世，王安石变法基本以失败落下帷幕。

明清时期“重民生”民本思想的实践。明清时期，封建君主专制开始走向顶峰，社会阶级矛盾日益尖锐，封建制度开始慢慢走向衰弱。另外，由于生产力的发展、租佃制的普及、纸币的广泛应用和水陆交通的便利等，商品经济得到了充分发展，资本主义萌芽开始出现。在这种情况下，明清时期的思想家们对民本思想又有了新的认识，中国古代的民本思想也发展到了顶峰。虽然明清时期的思想家们仍未摆脱传统儒家的民本思想，但是他们已经有了反对专制的民主思想的萌芽。黄宗羲提出“天下为公”原则，深刻批判了君主专制制度，同时他也认为天下“不在一姓之兴亡，而在万民之忧乐”，这表明他已经认识到了社会变更的原因在于人民。顾炎武认为“天下兴亡，匹夫有责”，认为每一个人都是国家兴亡的责任主体。王夫之则说“君以民为基，无民而君不立”，对几千年来的家天下传统提出了质疑，他指出“一姓之兴亡，私也；而生民之生死，公也”，不能“以天下私一人”。①

经济方面，明朝初期，因为前朝徭役繁重和连年战争，加之纸币发行不当导致的通货膨胀，经济面临崩溃，民生凋敝。明太祖朱元璋十分看重民生建设，在洪武年间推行种种休养生息、发展生产的政策。他鼓励移民垦荒，对垦荒者予以奖励，还实行屯田制度，“军屯”使军队粮食实现了自给自足，减轻了民众和国家负担，“商屯”使边疆得到了开放，同时又发展了经济。朱元璋还注重水利建设，推动了农、商业发展。此外，他还开放了食盐专卖制度，解决了边防军需难题。同时，他编修律法，大力整治贪官污吏。这些措施从多方面入手，使满目疮痍的大明有了勃发向上的生气，明朝的经济开始迅速发展。明朝中后期，商品经济繁荣发展，商人的地位也得了空前提高，政府设立了商籍，让商人子弟有了科举取士的机会，甚至还有一些士大夫认为经商成功与读书有为在价值上是相同的。此外明朝的“一条鞭法”也体现出了一定的民本思想。明朝初年的赋税制度非常繁杂。当时的赋税主要为粮，辅之银绢，并分为夏季秋季征收。除此之外，明初的农民还要按照政府规定服各种徭役。所以“一条鞭法”出现了，它的主要内容为：“总括一县之赋役，量地计丁，一概征银，官为分解，雇役应付。”② 就是把全国各地的赋役合并，按照田粮和人丁数量来征收赋税，并且赋役统一转为银两折算缴纳，实行官收官解。这样不仅使征收的手续大大简化，还让地方的官员、大地主难以在赋税上作弊。“一条鞭法”的推行使有田地的农民能有更多时间和耕种土地，减轻徭役负担，使农民的人身自由得到了一定程度上的解放。同时，有了更多时间和精力的农民可以去参与多样的生产，给手工业、工商业带来了更多的劳动力，促进了商品经济的发展。

清朝康熙时，三藩被平定，台湾被收复，国家政局稳定。康熙帝继续采取重视民生、轻徭薄赋的政策。他以多年免税来鼓励垦荒，多次蠲免钱粮，这也是有名的仁政措施。康熙帝还注重漕运兴修，为国家增加了许多良田，也推动了商业发展。他还多次微服私访，体察民情，增进对民生的真实了解。这些措施使康熙年间的经济得到迅速发展，为康乾盛世打下了坚实的基础。到了雍正年间，清朝赋税的征收依然遵循着“一条鞭法”，但由于人口增长过快，土地面积没得到相应的增加，土地又逐渐集中到了大地主们的手里，土地兼并矛盾尖锐。农民没有土地，国家又要赋税，农民无力承担，只能四处逃逸，成为流民。这使国家财政收入受到打击，社会稳定性也遭受到威胁。为了改变这一现状，

① 徐靖诗．中国传统民本思想及启示［D］．重庆：西南大学，2009.

② 王德礼．“一条鞭法”与农村税费改革［J］．经济研究参考，2003（64）：34-35，48.

雍正年间开始实行“摊丁入亩”赋税改革，将丁银分摊入田赋进行征收，并把丁银数量固定，规定之后生的人口不再需要征赋，实现“地丁合一”。“摊丁入亩”让一些少地和无地的农民减轻了丁役的沉重负担，让农民获得了更多的人身自由，也减轻了手工业者的赋税压力，民生状况得到了一定程度的改善，进一步推动了商品经济的发展和资本主义萌芽。但在乾隆后期，由于实行闭关锁国政策、人口数量激增、土地兼并严重以及贪腐成风，清朝的经济开始走向衰弱。闭关锁国断绝了清朝与西方工业革命的联系，清朝发展开始落后于其他国家，与时代脱轨。到了清末，国力衰微，各种矛盾持续激化，人民生活苦不堪言，即使晚清政府进行了各种改革，然而封建腐朽王朝的灭亡不可避免。终于，随着辛亥革命的爆发，这个统治了中国276年的封建王朝轰然崩塌，同时也宣告着中国彻底告别了封建君主专制制度，开始了新的道路的摸索。

第三节 践行儒家的“仁政”思想

一、“仁政”思想的发轫与内涵

以“人道”为基础的伦理思想。孔子是否讲“人道”，要看他是否尊重人的生命价值。“人道主义”思想原本是西方的思想家提出来的，16世纪以前，神学在西方占统治地位，封建统治阶级则利用神权来维护其专制，而西方资产阶级思想家们则需要摆脱神学的束缚，于是，他们以复古古希腊和古罗马文化为旗号，提出“不以神而以人为中心”的人道主义。该理论的基本主张是，人生来就有追求幸福的权利，所以，要尊重人、关怀人，要将人当人看，珍惜人的生命价值，统治者不能因为个人的私利视人为草芥。孔子出生于中国古代的春秋战国期（公元前551—公元前479），古代中国没有诞生“神学”，所以，其统治者不会以“神”为借口对“人”进行压迫，但古代中国有“殉葬”的传统，中国古代的王侯将相们为了彰显其生前的权利，大肆推行殉葬制度，《墨子·节丧》记载：“天子杀殉，众者数百，寡者数十人；将军、大夫杀殉，众者数十，寡者数人。”① 对于这种毫无人道的殉葬制度，孔子极力反对，即使是以俑代替真人殉葬他也是不赞成的。“孔子谓‘为刍灵者善’，谓‘为俑者不仁’，不殆

① 吴毓江．墨子校注［M］．孙启治，点校．北京：中华书局，1993：259.

于用人乎哉?"① 故此，孟子又曰："仲尼曰：'始作俑者，其无后乎!"② 孔子赞同用"刍灵"殉葬，不赞同活人殉葬，也不赞同陶俑殉葬，这足以证明孔子的"人道"思想。

"人道"是相对于"鬼道"或"神道"而言的，孔子在"人道"和"鬼道"（或"神道"）之间如何选择？孔子对于"鬼神"是否存在不置可否？他从做人应该有的权利和享受这一理念出发，反对不"事人"而"事鬼"，所以，当季路问他如何"事鬼神"之事时，他回答："未能事人，焉能事鬼?"接着又在回答"死"的问题时说："未知生，焉知死?"③ 从以上对答我们可以看出，孔子认为"人"的事情都没有处理好，又怎么去处理"鬼"的事情，由此可见，他朴素的人道主义是以"人"为本位。④ 判断是否"人道"，还要看在物质利益与生命价值之间做出何种选择。生命价值至上才"人道"理念，物质利益至上是拜金主义的体现，是典型的"物道"思想。孔子家的马厩失火，他退朝（朝见君主）回来首先就问："伤人乎?"⑤ 不问马，孔子在人身安全和物质利益之间选择人身安全，说明他非常人性化，符合"人道"标准。

孔子的"人道"思想固然不是现代社会真正意义上的人道主义思想，但他重视人、尊重人、将人当人看待的"人道"思想毋庸置疑包含了现代人道主义思想的成分，也为人类探求真正意义上的人道主义思想积累了有益的经验。

以"仁"为核心的王者之道。孔子学说的核心是"仁"，所以，在孔子的作品中，出现最多字也是"仁"字，《论语》一书解说"仁"的地方最多，该书有109次提到"仁"字。《论语·里仁》4次提到"仁"。子曰："唯仁者能好人，能恶人。"意思是，只有有仁心的人才会爱憎分明，喜欢有仁德的人，厌恶没有仁心的人。子曰："苟志于仁矣，无恶也。"意思是，仁者立志于行仁德，就不会作恶、干坏事。子曰："仁者安仁，知者利仁。"意思是，有仁德之人安于仁道，有智慧之人知道仁德对自己有利才去行仁。子曰："我未见好仁者，恶不仁者。好仁者，无以尚之；恶不仁者，其为仁矣，不使不仁者加乎其身。有能一日用其力于仁矣乎？我未见力不足者。盖有之矣，我未之见也。"⑥ 意思是，我真没见过真正仁德之人厌恶不仁德之人。好仁德之人是品德高尚之人，

---

① 陈戍国．礼记校注［M］．长沙：岳麓书社，2004：66.
② 杨伯峻．孟子译注［M］．北京：中华书局，1960：9.
③ 杨伯峻．论语译注［M］．北京：中华书局，2006：129.
④ 钟鸿业．孔孟的仁政思想与现代民主政治［J］．国学论衡，1998（0）：15-33.
⑤ 杨伯峻．论语译注［M］．北京：中华书局，2006：120.
⑥ 杨伯峻．论语译注［M］．北京：中华书局，2006：38-39.

厌恶不仁德的之人是为了不让不仁德之人影响到自己。有能够一天把自己的力量用在实行仁德上吗？我还没有看见力量不够的，这种人可能有，但我还没有见过。《论语·宪问》2次提到“仁”，“仁者必有勇，勇者不必有仁。”① 意思是，有仁德的人必定勇敢，而勇敢的人不必有仁德。“仁者不忧。”② 意思是，有仁义的人不会忧愁。《论语·学而》提到“巧言令色，鲜矣仁”③。意思是，花言巧语之人是很少有仁心的。《论语·子路》提到“刚、毅、木、讷近仁”④。意思是，一个刚毅、果敢、朴实且言语谨慎之人就是一个有仁德的人。《论语·雍也》提到“知者乐水，仁者乐山；知者动，仁者静；知者乐，仁者寿”⑤。意思是，聪明的人喜爱水，仁德的人喜爱山；聪明的人爱好活动，仁德的人爱好沉静；聪明的人活的快乐，仁德的人活得长寿。孔子与弟子对话，谈论最多的也是“仁”字。但他每次在解释“仁”字时往往都是根据弟子的不同个性给出了不同的回答，但他每次回答都围绕两方面展开，一是爱人，二是克己善己。颜回问孔子什么是“仁”，子曰：“克己复礼为仁。一日克己复礼，天下归仁焉。为仁由己，而由人乎哉？”⑥ 意思是说，按照礼的要求克制自己去做，就是仁，一旦按照这个要求去做了（克己复礼），天下一切便归于仁义了，施行仁德当然是要靠自己，难道还靠的了别人吗？樊迟问孔子什么是“仁”，子曰：“仁者先难而后获，可谓仁矣。”意思是，仁德的人先付出艰苦的努力，而后有所收获，这样才称得上有仁德。樊迟又问孔子怎样做才算是“仁”，子曰：“居处恭，执事敬，与人忠。虽之夷狄，不可弃也。”⑦ 意思是，在家生活恭谦庄重，在外做事兢兢业业，与人交往诚实守信。即使到了文化落后的地区，继续坚持这么做，这就是仁德。子贡问孔子：“如有博施于民而能济众，何如？可谓仁乎？”子曰：“何事于仁，必也圣乎！尧舜其犹病诸！夫仁者，己欲立而立人，己欲达而达人。能近取譬，可谓仁之方也已。”⑧ 意思是，这样做岂止是仁德，简直是圣德啊！即使是尧舜也未必做得到，所谓仁德的人，就是自己想立足，也要让别人能立足，自己想顺达，也要让别人能顺达，由己推人，这才是实行仁的办法。子贡又问孔子怎样做才算是“仁”，子曰：“工欲善其事，必先利其器。居是邦

① 杨伯峻．论语译注［M］．北京：中华书局，2006：164.
② 杨伯峻．论语译注［M］．北京：中华书局，2006：109.
③ 杨伯峻．论语译注［M］．北京：中华书局，2006：3.
④ 杨伯峻．论语译注［M］．北京：中华书局，2006：161.
⑤ 杨伯峻．论语译注［M］．北京：中华书局，2006：69.
⑥ 杨伯峻．论语译注［M］．北京：中华书局，2006：138.
⑦ 杨伯峻．论语译注［M］．北京：中华书局，2006：157.
⑧ 杨伯峻．论语译注［M］．北京：中华书局，2006：69-72.

也，事其大夫之贤者，友其士之仁者。”① 意思是，（工匠）要想把事情做好，先要使做事情的工具锋利才行，你住在哪个国家就要侍奉那个国家大夫中有贤德的人，与这个国家中有仁德的人做朋友。

以“性善论”为出发点。在孟子看来，“人之初，性本善。”“仁”是人的最根本的属性，也是“性善”最基本的内容。“恻隐之心，人皆有之；羞恶之心，人皆有之；恭敬之心，人皆有之；是非之心，人皆有之。恻隐之心，仁也；羞恶之心，义也；恭敬之心，礼也；是非之心，智也。仁义礼智，非由外铄我也，我固有之也!”② 人之有“四端”犹人之有四体（四肢），人皆有“不忍人之心”，君主也是人，也有“不忍人之心”。“孟子言仁政，是从他的性善说而来的，性既善，所以，‘人皆有不忍人之心’，‘以不忍人之心，行不忍人之政’，就是仁政。”③

“仁政”又是相对于“暴政”和“苛政”而言的，孟子处在一个动荡的年代，礼坏乐崩、兼并之风日盛，诸侯为了自己的利益恣意妄为，对治内百姓施以“暴政”和“苛政”已是司空见惯，孟子认为，要重建新的社会秩序，君主必须以天下黎民为念，广施“仁政”，才能平治天下。

“仁政”的理想蓝图：“大同世界”。“大道之行也，天下为公。选贤与能，讲信修睦。故人不独亲其亲，不独子其子，使老有所终，壮有所用，幼有所长，矜、寡、孤、独、废疾者皆有所养。男有分，女有归。货恶其弃于地也，不必藏于己。力恶其不出于身也，不必为己。是故谋闭而不兴，盗窃乱贼而不作，故外户而不闭，是谓大同。”④ 儒家“仁政”的理想蓝图是“天下为公”的“大同世界”，所谓“天下为公”，就是天下不是某个人的天下，也不是某家人的天下（“家天下”就认为天下是某家人的天下），天下是所有天下人的天下。这一理念和现代社会国家“共和”之义有相似之处，也有第16任美国总统林肯（Abraham Lincoln）所提“民有”之义。

“仁政”的政治纲领：“民贵君轻”。“民为贵，社稷次之，君为轻。是故得乎丘民为天子，得乎天子为诸侯，得乎诸侯为大夫。诸侯危社稷，则变置，牺牲既成，粢盛既洁，祭祀以时，然而旱干水溢，则变置社稷。”⑤ 这段话包含三层含义：其一，人民、国家和君主的关系是，人民第一，国家第二，君主第三；其

---

① 杨伯峻. 论语译注［M］. 北京：中华书局，2006：184.

② 杨伯峻. 孟子译注［M］. 北京：中华书局，1960：259.

③ 杨东莼. 中国学术史讲话［M］. 北京：东方出版社，1996：58.

④ 陈戍国. 礼记校注［M］. 长沙：岳麓书社，2004：154.

⑤ 杨伯峻. 孟子译注［M］. 北京：中华书局，1960：328.

二，君主和人民的关系问题上，人民是决定性力量，换言之，是人民决定君主，而不是君主决定人民；其三，君主的合法性建立在人民认可的基础上，人民认可君主的地位，君主可以继续为君，“君有过则谏，反复之而不听，则去。”①

“仁政”的经济纲领：“制民之产”。孟子之所以要将“制民之产”作为行“仁政”的经济纲领，是因为，如果百姓的物质条件没能得到满足，他们就可能会犯罪，更不可能会听从君主的建议，讲求礼义，这样仁政就不可能实施。“是故明君制民之产，必使仰足以事父母，俯足以畜妻子，乐岁终身饱，凶年免于死亡；然后驱而之善，故民之从之也轻。”② 如果百姓的物质条件得到了充分的满足他们便会安居乐业，并听从君主的建议，讲求礼义，仁政就可以实施。那么从哪种途径去实现“仁政”呢？孟子认为应该从“井田制”以论“仁政”，孟子曰：“夫仁政，必自经界始。经界不正，井地不钧，谷禄不平。是故暴君污吏必慢其经界。经界既正，分田制禄可坐而定也。夫滕，壤地褊小，将为君子焉，将为野人焉。无君子，莫治野人，无野人，莫养君子。请野九一而助，国中什一使自赋。卿以下必有圭田，圭田五十亩；余夫二十五亩。死徙无出乡，乡田同井。出入相友，守望相助，疾病相扶持，则百姓亲睦。方里而井，井九百亩，其中为公田。八家皆私百亩，同养公田。公事毕，然后敢治私事，所以别野人也。此其大略也，若夫润泽之，则在君与子矣。”③

“仁政”的教育纲领：“教而化之”。孔子非常重视“教化”对治国理政的重要作用，这一点，可以从他与冉有的对话中看出，“子适卫，冉有仆。子曰：‘庶矣哉！’冉有曰：‘既庶矣，又何加焉？’曰：‘富之。’曰：‘既富矣，又何加焉？’曰：‘教之。’”④ 孔子主张“有教无类”，他是一位将教育、道德和政治融为一体的思想家，通过“教化”民众，培养他们的“仁德”，以便君主顺利实施“仁政”。孟子也是一位非常重视“教化”作用的思想家，孟子认为，人固然有“四端”，但“四端”未必就一定会转化为“四德”，要使“四端”顺利转化为“四德”，就必须经过后天的学习、教育和环境培养，换言之，“教化”对“四端”转化为“四德”起到关键性的作用。

“仁政”的行动（思想）纲领：“与民同欲”。孔子的两句话非常准确地表达了其“爱人行仁”的思想，“己欲立而立人，己欲达而达人”⑤，“己所不欲，

① 杨伯峻．孟子译注［M］．北京：中华书局，1960：252.

② 杨伯峻．孟子译注［M］．北京：中华书局，1960：17.

③ 朱熹．四书章句集注［M］．北京：中华书局，1983：256-257.

④ 杨伯峻．论语译注［M］．北京：中华书局，2006：153.

⑤ 杨伯峻．论语译注［M］．北京：中华书局，2006：72.

勿施于人”①，该思想也最终成为“仁政”思想的起始点与落脚点。自己想立足，也希望别人立足，自己希望达到，也希望别人达到，这是“爱人”的表现；自己不喜欢的也不要强加给对方，自己不愿意承受的事情也不要强加在别人身上，这是“行仁”的表现。孟子曰：“得天下有道：得其民，斯得天下矣；得其民有道：得其心，斯得民矣；得其心有道：所欲与之聚之，所恶勿施尔也。”②孟子的这句话是在告诫封建君王，要得天下首先要得到民众的支持，而要获得民众的支持要获得民心，而获得民心的方法是，老百姓需要的（积累起来）给他们，老百姓不需要的不要强加给他们，概括起来也就是“与民同欲”。

“仁政”的组织纲领：“选贤与能”。孔子曰：“故为政在人，取人以身，修身以道，修道以仁。”③ 孔子认为，国家的良好治理全靠优秀的人才来实现，而优秀的人才的标准是品德修养，品德修养取决于其是否遵循正道，而遵循正道又取决于其是否有仁心。为什么“选贤与能”是治国理政的首要条件，孟子认为，“尊贤使能，俊杰在位，则天下之士皆悦，而愿立于其朝矣。”④ “不信仁贤，则国空虚；无礼义，则上下乱；无政事，则财用不足。”⑤ 这些都充分说明，“选贤与能”是实现“天下为公”仁政蓝图的必要条件。

二、古代君王行“仁政”社会实践

中国古代王朝都将“仁政”当作理想来追求，因为现实的原因，君主们都很难真正做到行“仁政”，一般而言，历史上每个朝代都有开国的君王和守国的君王，一般的规律是，开国的君王往往明君居多，他们要杀伐果断，开疆拓土，为后世君王打江山，而守国的君王则要大力发展本国经济，这时候往往有一些仁君会出现，他们逐步提高本国的综合国力，中期的时候，王朝的综合国力往往会达到巅峰，然后帝国的君王们开始骄傲自满，这时候暴君和昏君层出，最终导致王朝消亡。

仁君的涌现往往伴随着治世和盛世的到来，由此推断，中国历史上称得上是盛世的朝代，君王治理国家的理念都会是接近“仁政”思想的，如“成康之治”的周成王、周康王，“文景之治”的汉文帝、汉景帝，“贞观之治”的李世民，“开元盛世”的唐玄宗，“仁宗盛治”的宋仁宗，“弘治中兴”的明孝宗，

---

① 杨伯峻．论语译注［M］．北京：中华书局，2006：188.

② 杨伯峻．孟子译注［M］．北京：中华书局，1960：171.

③ 陈戍国．礼记校注［M］．长沙：岳麓书社，2004：419.

④ 杨伯峻．孟子译注［M］．北京：中华书局，1960：77.

⑤ 杨伯峻．孟子译注［M］．北京：中华书局，1960：328.

“大德之治”的元始祖，“康乾盛世”的康熙、雍正、乾隆，等等。他们都是封建社会君王“施仁政”的典范，在他们的统治下，人民的生活有充足的保障，国家的综合国力也相对有了较大的提升。

（一）周朝君王行“仁政”社会实践

西周初年，在武王伐纣、周公东征和平定四方的叛乱之后，在周成王、周康王执政的阶段，有一个太平盛世时期，历来的史学家称它为“成康之治”。创造这一太平盛世的君王是周成王和周康王。历史上歌颂“成康之治”的记载相当多，《诗·大雅·下武》歌唱道：“成王之孚（诚信），下土之式（榜样）。永言孝思，孝思维则（效法）。……昭兹来许，绳（继承）其祖武。于万斯年，受天之祜（福）。”有学者称此诗“颂美成王为天下法式”，又“颂及康王顺祖德，受天祜”①，可见诗人对“成康之治”太平盛世发出由衷的赞美。

说到周朝的仁政，必须提到一个历史人物，虽然他不是君王，但其影响力超过众多君王，他就是周公。周公作为周初统治的实践者和经营者，不仅自律，还不断地告诫身边的人一定要努力地推行仁德政策。民心，是大力施行德政的核心，统治者审视自己的行为是否符合民心所向的准则，上天考察统治者是否执行了仁德之治的唯一参考也就是民心所向。所以执行仁德之治的一个核心内容就是“保民”。在周王朝保民的思想动力下，周公又提出了“敬德”的思想。他的敬德思想贯穿在整个礼制之中，下施教化，上施礼教，兢兢业业。把生活中的典章融入宗教色彩礼教中，并通过这种教育手段让人们深刻认识到其中的用意，以实现巩固社会的重要目的。周公的敬德思想也是非常广泛的，上至天子下至百姓都应该受道德的约束。统治者尤其要德治，慎于用刑，即以德治国。统治者还要有德行，统治者必须勤奋处理政事，检点自己的一言一行，加强道德修养，普通老百姓也要有道德修养，要靠教育的手段实现。除此之外，周公还提倡“明德慎罚”，反对乱用刑罚，滥杀无辜。

在周公的影响下，周成王和周康王都做到了以礼治国、崇尚道德教育、实施惠民政策和严格执行法治，人民安居乐业，生活得到极大的改善，国家一派繁荣的景象。周成王在位22年，周康王在位25年，两人执掌周朝朝政共47年，周朝在他们的领导下能够迎来“成康盛世”有以下诸多方面的仁政。

第一，“礼制教化”政策。周公“制礼作乐”，以礼的形式建立一种制度，将道德教育制度化。以礼治国，用礼制来教化万民，约束和规范周朝民众的行为，以维护国家的长治久安，尤其难能可贵的是周公亲自担负起教育周成王、

---

① 陈子展．诗经直解［M］．上海：复旦大学出版社，1983：899-900.

官吏和民众的责任，后来周成王和周康王也同样担此重任。建明堂，周文王、周武王、周成王、周康王一脉相承，把明堂作为最重要的教育基地，对周朝诸王的道德建设起着不可替代的作用。总之，成康太平盛世的出现，首先是周初诸王以礼（德）治天下、重视道德教育的结果。

第二，惠民政策。赈济贫困的民众，使一般民众丰衣足食；给民众授田，保证他们的生活；对民众减少用刑，以教化为主；对前朝贵族中的贤顺者任以官职，顽固者给以出路。

第三，执法严明，决不手软。如在《酒诰》中周公又告诫康叔："群饮，汝勿佚，尽执拘以归于周，予其杀。"可知当时的刑法规定，酗酒如现在的吸毒一样，是严重的犯罪。谨慎执法，量刑恰当。如"人有小罪"，但他不悔过，始终作恶，如此"乃不可不杀"；再如"人有大罪"，但他是偶然失误，且知悔过，如此"乃不可杀"。区别对待罪犯，惩罚为了劝勉，因为殷商原来就有酗酒的嗜好，一时难以根绝，宜劝导教育，使其改掉恶习，即惩罚和赦免都是为了劝勉百姓，这是一种多么高明的法律思想！

（二）汉唐君王行"仁政"社会实践

秦朝非常短暂，仅有二世，还来不及出仁君便消亡了。但其后的两个"大一统"汉朝和唐朝都出现了不少的治国仁君，他们的出现是历史的必然。大汉王朝经过建国之后的短暂休整，就出现了"文景之治"和"汉武盛世"。唐朝先后出现了"贞观之治"和"开元盛世"。

"文景之治"的创造者汉文帝和汉景帝的仁政政策。汉文帝的统治是汉初历史的拐点，汉高祖刘邦仅仅是打天下，汉惠帝治理西汉的时间不长，到了汉文帝政治才算彻底稳定下来。经过汉文帝 23 年的治理，西汉王朝才初步实现经济繁荣，百姓安居乐业，历史上的"文景之治"由此开始。司马迁对他的评价是："孔子言'必世然后仁。善人之治国百年，亦可以胜残去杀'。诚哉是言！汉兴，至孝文四十有余载，德至盛也。廪廪乡改正服封禅矣，谦让未成于今。呜呼，岂不仁哉！"① 从司马迁的评价我们可以判断，其对汉文帝的盛赞是有十分的事实根据的。

按照传统的"仁政"标准，首先，汉文帝的"仁政"体现在其本人的道德品行是比较高尚的。一是其有谦逊承让的君子风度，做皇帝是不得已而为之，既符合古代仁君的礼仪，又有敢于担当天下宗庙之重任的勇气，其举止行动得体；二是其有以天下社稷为重的操守，有不自私自利、不贪恋皇位的品德；三

---

① 司马迁．史记［M］．北京：中华书局，1959：136.

是其有严于律己，以身作则的高尚品质。

其次，汉文帝的“仁政”体现在敬天、保民上。一是减免租赋。为了吸引农民“归农力本”，汉文帝以减轻田租税率的办法，改变背本趋末的社会风气，用来激发农民的生产积极性，汉文帝二年（公元前 178 年）和汉文帝十二年（公元前 168 年），曾两次减免租赋。二是减轻徭役。汉文帝推出“丁男三年而一事”的政策，“丁男三年而一事”即成年男子的徭役减为每三年服役一次。这样的减免，在中国封建社会史上是独一无二的。三是推出“偃武兴文”政策。“偃武兴文”是指停止武事，振兴文教之意，汉文帝为了友好邻邦，慎用武力，与匈奴和亲达到稳定边疆的目的。四是关心照顾社会弱势群体。照顾鳏寡孤独穷困之人是“仁政”的重要标志之一，汉文帝从上位开始就一直致力于照顾鳏寡孤独穷困之人，要求有关部门协商解决。

汉景帝的“仁政”体现在经济上是，继续执行汉文帝的重农抑商这一既定国策，他多次下令政府官员以劝勉农桑为首要政务。继续执行汉文帝轻徭薄赋、与民休息的公共政策，恩威并施，恢复了多年战争带来的破坏，使人民负担得到进一步减轻。前元元年（公元前 156 年），汉景帝上位之初就将田租减掉一半，也就是将十五税一降到了三十税一。从此，这一新的田租税率成为西汉定制。一年之后（公元前 155 年），汉景帝又推迟了男子开始服徭役年限（三年），且缩短了服役的时间。

汉景帝的“仁政”体现在法律上是，继续实行汉文帝轻刑慎罚的政策：其一，继续减轻刑罚，对汉文帝肉刑改革中一些不妥当之处给以适当的修正；其二，强调用法要谨慎，增强政府在司法过程中的公平性；其三，对特殊罪犯给予适当的照顾。

汉景帝的“仁政”体现在文化上是，从上至下都重视文化事业的发展，在思想上兼收并蓄，不再严厉禁止其他学派的发展。西汉初期，朝廷流行的黄老学派，主张无为而治，轻徭薄赋，汉景帝不仅提倡黄老学派，而且也让包括儒家学说的其他各派同时存在和发展，这为后来董仲舒学说的发展创造了条件。

唐太宗对“仁政”的理解超出一般君王，他深深懂得唯有广施仁政，统治者的统治时间才能延长的道理。唐太宗曾说过：“朕看古来帝王以仁义为治者，国祚延长；任法御人者，虽救弊于一时，败亡亦促。既见前王成事，足是元龟。今欲专以仁义诚信为治，望革近代之浇薄也。”① 他还知道：“为君之道，必须先存百姓。若损百姓以奉其身，犹割股以啖腹，腹饱而身毙。若安天下，必须

① 吴兢．贞观政要［M］．上海：上海古籍出版社，1978：345.

先正其身，未有身正而影曲，上治而下乱者。”① 他更知道：“凡事皆须务本，国以人为本，人以衣食为本。”② 学者黄仁宇指出：“在中国帝王之中，李世民可算是最具人身上的吸引力……他有恻隐之心而又好奇心重，不惧危难也不辞劳瘁。”③ 并因为这位旷世明君的治国理念与实践提升到“人本主义”的高度而对其倍加赞赏。

唐太宗不仅有“仁政”理论，还尽量将这些思想变成制度设计与具体实践。采取“以仁恩结庶类”的多项利国利民政策切实减轻百姓负担，不扰民，不误农时，牢记“朕每一食，便念稼穑之艰难；朕每一衣，则思纺绩之辛苦”，把民本思想落到实处。唐太宗先后把绞刑50条改为加役流，减去大辟者92条，减去流放犯人的条例71条。对死刑的判决特别的慎重，规定死罪除了由刑部仔细审查外，还要求由中书门下四品以上官员及尚书、九卿议定并须多次复奏才能施行。正因为如此，贞观四年（630年），全国判处死刑不足30人。这种体现民本思想的德主刑辅的治国仁政，创造了历史上少有的政治清明与社会安定。

在民族关系上，唐太宗认为：“夷狄亦人耳，其情与中夏不殊。人主患德泽不加，不必猜忌异类。盖德泽洽，则四夷可使如一家；猜忌多，则骨肉不免为仇敌。”④ 这体现了唐太宗朴素的人本主义思想。在君臣关系上，唐太宗开创了广纳群言之风尚，许多旧史学家一致认为唐太宗开创的“贞观之治”是“振古以来，未之有也”。这一盛世局面的形成与唐太宗虚心纳谏或者说专制下的开明分不开。难能可贵的是，唐太宗为人称道的善于纳谏的明君风范之所以能形成，是因为其纳谏行为出于真心而非求虚名，并且其还开创了运转有效的谏议制度，这种谏议制度的设计，保证了其能够接纳群臣的进言，而不必承担太大的政治风险。

唐玄宗的选贤任能，励精图治十分符合“仁政”的组织标准。执政之初，唐玄宗深知皇位来之不易，于是任命有应变能力且积极改革的姚崇为宰相，后来又任命刚正不阿、敢于直谏的宋璟为宰相。唐玄宗所任命的宰相都是有卓越才能的贤才，他们积极发挥自己的才能，为唐朝的繁荣昌盛做出了杰出的贡献。唐玄宗在选贤任能的同时，还全力整顿吏治，裁汰冗官，这不仅起到清明政治的作用，而且提高了官员的办事效率，节省了国家的财政开支，减轻了百姓的

---

① 吴兢．贞观政要［M］．上海：上海古籍出版社，1978：289.
② 吴兢．贞观政要［M］．上海：上海古籍出版社，1978：467.
③ 黄仁宇．中国大历史［M］．北京：生活·读书·新知三联书店，1997：110.
④ 司马光．资治通鉴［M］．北京：中华书局，1956：4576.

经济负担。经过唐玄宗的励精图治，“大革奸滥，十去其九”①。

唐玄宗兴修水利工程，促进农业生产十分符合“仁政”的经济纲领。孟子将“制民之产”作为行“仁政”的经济纲领，但在古代，水利工程的缺乏严重制约了农村经济的发展，所以，唐玄宗对症下药，大力兴修水利工程来促进农村经济的发展。唐玄宗执政期间，他在全国共建了五十六项农田水利工程。相当于唐朝所建农田水利工程总数的20%以上，这为“开元盛世”的到来奠定了坚实的基础。

唐玄宗关心民间疾苦，赈灾免税完全符合“仁政”的理性蓝图。开元三年（715年），山东、河南、河北等地出现蝗灾，唐玄宗立即派遣官员到现场处理此事，由于处理得当，虽收成略有下降，但不至于闹饥荒。开元十五年（727年），唐朝管辖的州县多处出现水灾或霜旱，唐玄宗从江淮租出百万石大米来赈灾。面对当时因土地兼并而出现的“天下户口，亡逃过半”② 的危险局面，唐玄宗出台相关政策加以应对，政策落实到位之后抑制了土地兼并的进一步发展。

唐玄宗的“仁政”还体现在其关注科学文化的发展。他在科学文化方面所采取的一系列政策大大地促进了科学文化事业的繁荣。如开元五年（717年），唐玄宗下令建丽正书院，召集一批文学之士，“或修书，或侍讲”③，在唐玄宗相关政策的指引下，开元时期的诗歌、舞蹈、音乐、绘画、雕塑等都出现了空前繁荣的局面，特别是在开元时期出现了李白、杜甫等一批享誉世界的杰出诗人，他们对中国文化的影响至今还在。

（三）宋元君王行“仁政”社会实践

在宋朝，宋仁宗被称为“千古第一仁帝”，他何以被称为“仁帝”？范祖禹在给宋哲宗的札子里写道：“仁宗皇帝在位四十二年，丰功圣德固不可得而名言，所可见者，其事有五：畏天、爱民、奉宗庙、好学、纳谏。仁宗能行此五者于天下，所以为仁也。”④ 清人王夫之在论宋仁宗时说：“仁宗之称盛治，至于今而闻者羡之。帝躬慈俭之德，而宰执台谏侍从之臣，皆所谓君子人也，宜其治之盛也。夷考宋政之乱，自神宗始。神宗之以兴怨于天下，贻讥于后世者，非有奢淫暴虐之行，唯上之求治也亟，下之言治者已烦尔。乃其召下之烦言，以启上之佚志，则自仁宗开之。而朝不能靖，民不能莫，在仁宗之时而已

① 杜佑．通典［M］．北京：中华书局，1984：107.
② 王钦若．册府元龟［M］．北京：中华书局，1960：5928-5929.
③ 司马光．资治通鉴［M］．北京：中华书局，195：6756.
④ 范祖禹．范太史集［M］．上海：上海印书馆，1935：456.

然矣。"①

厚农桑，采取措施发展农业生产，是仁宗行"仁政"的经济基础。在爱民方面，减徭役是仁宗行"仁政"的基本表现。据《宋人笔记中的宋仁宗形象》一书的作者张晓红统计，《仁宗本纪》记载了宋仁宗36次"减"百姓之税、贡、租、赋役、刑罚，23次"蠲"税、田租，15次"免"税、租、科徭，9次"罢"税钱、岁贡、科徭。仁宗以实际行动利民惠民，这是对其庙号（仁宗）的完美诠释。在这点上，宋人笔记与正史完全相同，宋人笔记材料同样展现了仁宗之仁民。②

仁宗"仁政"的行动纲领是"与民同欲"。庆历七年（1047年）那场旱灾，出宫做祈雨礼之前，仁宗已经写下了《罪己诏》，并且还多次修改诏草，唯恐不能表达愧歉之意。在《罪己诏》中，他向上苍祷告："咎自朕致，民实何愆？与其降疾于人，不若移灾于朕！"这不是虚伪的政治表演，而是他"上祈苍天""下告百姓"的真诚诉求，是典型的"与民同欲"。虽然此举不能真正减轻百姓的损失，但它会让受灾百姓在心理上得到极大安慰。

在元朝，元世祖被认为是少数能够重视汉文化、推崇儒术的蒙古统治者之一。在治理国家政策上，元世祖借鉴儒家"仁政"方略，具体表现在以下几个方面：一是历代明智的统治者都十分重视轻徭薄赋，轻徭薄赋是使社会安定，迅速恢复和发展农业生产的一项重要的政治措施。元世祖忽必烈也不例外，元代的税制是征田赋，根据南北方地区经济体制差异的不同制定了两种不同的征税方式，南方征夏秋两税，北方主要征税粮科差。二是大力发展农业经济，劝农，劝桑，"制民之产"。中统元年（1260年）置十路宣抚司，命各路宣抚通晓农事者担任各地劝农官，以监督和指导农业生产，中统二年（1261年）任命八位劝农使。三是兴修水利，发展生产。水资源的开发利用，是社会文明进步的一个重要标志，在我国古代，农田水利是农业的重要组成部分。忽必烈也是非常重视水利的发展，他认为，水利发展直接影响着农业发展。元代建立以后，忽必烈十分重视水利的兴修与管理。规定凡是有可以兴建水利的地方，地方官员都要派有水利经验的人去勘察，如果工程比较小，就自己组织民力兴建，如果工程较大就上报给上级官员，等到上级审查合格后兴建。

---

① 王夫之．宋论［M］．舒士彦，点校．北京：中华书局，1964：245.

② 张晓红，谢云．宋人笔记中的宋仁宗形象［J］．兰州工业学院学报，2021，28（6）：85-90.

（四）明清君王行“仁政”社会实践

明朝在经过明成祖朱棣的“靖难之役”后，迎来了一个稳定的发展时期，明仁宗和明宣宗两位皇帝开创了历史上有名的“仁宣之治”，明仁宗仅十个月，但他以“仁”治天下，为政开明，发展生产，与民休息，废除了许多苛政，停止了朱棣时期的大规模用兵制度，使天下百姓得到了休整，文化得到了复兴，后世对他的评价甚高。明宣宗在位十年，上位不久即遇汉王朱高煦谋反，顺利平定汉王谋反之后，在明成祖、明仁宗的基础上进一步改革政治机构，继续实行明仁宗安民、爱民的仁政。在他统治期间，体恤民情，实行与民休息的政策，继续推行洪武朝以来的招人垦荒的政策，发展农业生产，减免了不少灾区的赋税，轻刑措，重教化，广开言路。在这些仁政的指引下，出现了继“文景之治”“贞观之治”“开元盛世”之后著名的“仁宣之治”的盛世局面。

明孝宗是明朝的第九位君王，《明史》对他的评价是八个字：“恭俭有制、勤政爱民。”他的勤政、宽容、体恤民生，使其赢得了儒家士大夫的一致好评，被视为有明一代以来最符合儒家伦理的君主。朱国桢对他的赞誉是：“三代以下，称贤主者，汉文帝、宋仁宗与我明之孝宗皇帝。”甚至有人将他称为“中国历史上最完美的一个皇帝”。

明孝宗对刑罚运用十分慎重。洪武时期，皇帝没有完全按照《大明律》来执法，往往出现皇帝以个人喜怒好恶来决定“生杀刑赏”，还出现了许多大臣没有罪名的死亡，明孝宗上位后基本很少发生这种情况，他很少以微小的罪行为由杀戮朝臣，他反复告诫司法官：“务存心仁恕，持法公平，详审其情罪所当。”①

明孝宗1500年制定《问刑条例》，1502年编成了《大明会典》，删除了原来《大明律》中多项非常残暴的法令。他对刑狱的运用也非常谨慎，任用的执法官吏也都比较公正贤明，这样能够减少案件审理过程中错判和漏判情况的发生。

明孝宗在位期间还努力减免赋税，减轻人民负担，采取与民休养生息的政策。孝宗在位期间正式推广均徭法，努力减免杂役赋税。弘治元年至十七年（1488—1504年），减免数额在700万石以下的有一年，减免700万石到800万石的有五年，减免800万石到900万石的有十年，减免900万石以上的有两年。明孝宗朝所免赋税的数额，为前后朝所不及。除了减免赋税以外，明孝宗还非常注意节俭，他曾多次下令要对贪赃枉法的官员严惩不贷。明孝宗勤俭节约的作风，客观上起到了减轻人民负担、缓和阶级矛盾的作用。

---

① 张廷玉．明史［M］．北京：中华书局，1974：578-379.

明孝宗在发展经济上最重要的措施就是大力兴修水利，发展农业以繁荣经济。明孝宗在位期间最重要的社会问题便是黄河的水患。明代的漕运，自永乐年间（1403—1424 年）疏通后，一直是明朝南粮北运的依靠，黄河发生水患，也就阻断了明朝南北运输的生命线。明孝宗下令百官推荐治水的人选，吏部尚书王恕等人便推荐了浙江左布政使刘大夏，孝宗命他为右副都御史，前往治理黄河。

中国封建王朝史上最后一个盛世是“康乾盛世”，这是清朝在康熙、雍正和乾隆时期出现的政治、经济和文化的高峰时期。他们在社会治理上基本上贯彻执行了儒家仁政思想，具体表现在以下几个方面。

重民、爱民、利民、富民是民本思想的基本内容，而“民本内容”又是儒家仁政的核心。历代的明君为了贯彻儒家的仁政思想，无不自觉地把民本思想落实到国家治理之中。具体到清朝而言，康熙、雍正、乾隆三帝在国家治理方面，都较为彻底地贯彻了儒家的民本思想。其一，他们反复向群臣宣讲重民、爱民、利民、富民的道理，要他们施仁政、公正守法、清正廉洁，切不可对民施暴政和苛政。其二，豁免百姓钱粮，真正做到减轻人民负担。发展经济是贯彻民本理念的政策基石，为了发展好经济，康熙、雍正、乾隆三帝都采取了许多措施，如停止圈占汉人土地、鼓励垦荒、政府加大对河流的治理，这些政策的实施有力促进了经济发展，使人们的生活水平有了很大的提高，其中很多方面都达到了当时世界的先进水平。据《清实录》记载：康熙帝时期，全国耕地有 6 亿亩；雍正帝时期，耕地增加到 8.9 亿亩；乾隆帝时期，耕地则达到了 10 亿亩。耕地面积从康熙到乾隆呈稳步递增之态势。康熙时期人口为 1 亿，雍正时期增加到 1.4 亿，乾隆时期则达到 3 亿，居世界首位，经济总量也位居首位，人均拥有粮食达 340 公斤之多。财政方面，康熙时期有 800 万银两，雍正时期增加到 5000 万银两，乾隆时期突破到 8000 银两。市场方面，粮食、布匹和棉花等关系到国计民生商品的流通值达 3.5 亿银两。①

德治是儒家仁政的另一个重要内容，故此，康熙、雍正、乾隆三帝将德治作为治国的根本指导思想，其具体表现在以下四方面。其一，以“正君心”为治国的首要任务，康熙说：“人君论天下，但能居敬，终身行之足矣。”② 这就是说，通过修养与躬行，做到“内圣外王”，践行仁义，达到德治的目的。其

① 许涤新，吴承明．中国资本主义发展史：第 1 卷［M］．北京：人民出版社，1985：284.

② 中国第一历史档案馆．康熙起居注：第 1 册［M］．北京：中华书局，1984：59.

二，把“为政要在得人”的理论视为治理国家和社会的基本方略，正所谓“民生不遂，由于吏治不清，长吏贤则百姓安，崇尚清节乃国家为治之要务”①。换言之，官员的道德水平高低决定了社会治理水平的高低。其三，主张为政以宽，与民休息，施惠于民。正所谓“人君成天子民，时育万物，自当以宽厚为本，始可成教裕之治”②。其四，以教化作为国家政治思想教育的主要手段，以儒家的纲常伦理与道德规范人心，纯正风俗，以达到维护政治稳定的目的，正所谓“治天下者，莫亟于正人心，厚风俗，其道在尚教化以先之。学校者，教化所从出，将以纳民于轨物者”③。

但是“康乾盛世”也有不符合仁政思想的社会治理，文字狱规模的扩大就是它最大的败笔。文字狱不是首先出现在清朝，也不是中国封建社会独有的现象，但在清朝，统治者不仅没有取消文字狱，而且变本加厉。纵观世界历史，统治者对民众自由言论的容忍度越高，则这个社会的创造力越大，反之，则越小。尽管清政府在康熙、雍正、乾隆三个朝代取得了不俗的社会治理成就，但文字狱规模的扩大，严重制约了中国古代后期思想文化的发展，由于没有新思想的出现，也不接受世界新潮流，这使中华民族的发展在近代史上出现了被西方远超的景象，从这一视角看，清朝的文字狱是中国近代落后于西方的思想根源，它在客观上大大地延缓了中国近现代化的进程。

本章小结：

中国古代政府与民众关系的历史经验告诉我们，任何与民众福祉无关的“祭神拜天”都无助于政府与民众关系改善，只有“重民生”“施仁政”可行，施“暴政”和“苛政”的王朝毫无例外都是短命王朝，不体恤百姓、不顾及百姓利益的君王往往被历史无情抛弃，暴君的下场无一例外都很悲惨。“重民生”“施仁政”的重要标志是发展好本国的经济，轻赋税薄徭役，慎用刑罚，不轻启战争，让民众休养生息，国家才能长治久安。反之，统治者为了奢华享受而横征暴敛，为了所谓的“千秋霸业”而开疆拓土，最终都会导致民怨沸腾而致使王朝覆灭。

---

① 中国第一历史档案馆．康熙起居注：第1册［M］．北京：中华书局，1984：63.

② 康熙．清圣祖仁皇帝御制文集［M］．上海：上海古籍出版社，1987.

③ 康熙．清圣祖仁皇帝御制文集［M］．上海：上海古籍出版社，1987.

第二章

中国古代政府处理民族关系的基本理念和社会实践

本章提要：

在多民族的传统社会，民族关系是非常重要的公共关系，能够顺利地处理一个国家内部的民族关系，这个国家的内部团结就有保证，整个国家将从此走向繁荣和稳定。反之则民族分裂，国家衰落。有鉴于此，古代社会历朝历代的君主都非常重视民族关系的处理，他们不断地从“华夷一体”“大一统”等理论出发，积极开展维护民族团结的社会实践，借此维护好多民族的和谐关系。司马迁在《史记》中的中华民族“共同祖先说”，为“中华民族统一体”的最终形成做出了不可磨灭的贡献。在司马迁的意识里，黄帝不仅是中华民族的人文始祖，而且是第一个实现“大一统”的上古圣王。在这一思想的指引下，“自在的中华民族”发展成为“自觉的中华民族”，最终形成了“中华民族共同体”意识。“中华民族共同体”意识的形成标志着中华民族大团结的最终实现。

第一节　以“华夷之辨”思想融合民族关系

一、“华夷之辨”思想的理论基础

何为“华夷之辨”？所谓的“华夷之辨”是古代中国分辨“华夏”与“蛮夷”的思想观念，中国古代对“华夏”与“蛮夷”的分辨在西周末期开始出现，在春秋战国时期非常流行，从此之后，“华夷之辨”便一直延绵持续在整个中国历史的进程中，每一个王朝都会提及“华夏”与“蛮夷”的思想观念，因时代不同，“华夏”与“蛮夷”的思想观念都能获得新的阐释。

“华夏”和“夷狄”的区分和融合是我国古代社会的核心论题之一，在儒家学者中，孔子和孟子都对“华夷之辨”有所讨论。先秦时期，一般对“华夷之辨”有两种观点，一种是“华夷之辨”源于自然差异，也就是双方因为地域、种族、风俗习惯等存在差异而有所不同。《礼记·王制》曰：“中国戎夷，五方之民，皆有性也，不可推移。东方曰夷，被发文身，有不火食者矣；南方曰蛮，雕题交趾，有不火食者矣；西方曰戎，被发衣皮，有不粒食者矣；北方曰狄，衣羽毛穴居，有不粒食者矣。中国、夷、蛮、戎、狄，皆有安居、和味、宜服、利用、备器。五方之民，言语不通，嗜欲不同。”① 古人认可“华夏”与“蛮夷”的不同是由于地域和风俗习惯的不同所导致的，而且肯定了双方都有其特有的衣食住行等方面的习俗传统和规范。这种“华夷之辨”观念是客观的并且不带任何歧视色彩的。

另一种“华夷之辨”则是从文化角度，对两者进行区分。钱穆先生认为：“在古代观念上，诸夏与四夷确实存在另外一个区分的标准，这个区分的标准，当然不是‘血统’，而是‘文化’。所谓‘诸侯用夷礼则夷之，夷狄进于中国则中国之’。此即是以文化为‘华’‘夷’分别之明证。”②

孔子就是典型的以“文化”区分“华夷”的根据，孔子这里的“文化”特指周礼。《论语·原道》曰：“孔子之作《春秋》也，诸侯用夷礼则夷之，进于中国则中国之。”③ 换言之，孔子在《春秋》中以是否守“礼”来区分“华”“夷”，虽然孔子以“礼”来区分“华夏”与“蛮夷”，但孔子并没有强烈鄙夷的观念，《论语·八佾》有曰：“夷狄之有君，不如诸夏之亡也。”④《论语·子罕》有曰：“子欲居九夷。或曰：‘陋，如之何！’子曰：‘君子居之，何陋之有？’”⑤ 在这里，孔子没有将“夷”等同于“陋”，因为夷狄也有秩序井然的时候，而诸夏也存在僭越混乱井然无序的状态。所以，孔子认为，守不守礼，才是高低贵贱的分别。在“华夷之辨”观念的基础上，孔子有其“以夏变夷”的主张，所谓的“以夏变夷”就是以诸夏文化影响中原地区以外的部落，孔子的教育主张是“有教无类”，以此推之，受教育的对象当然就包括处于中原之外的“四夷”。“君子居之”为什么就“何陋之有”？因为有君子存在，君子自然会教化夷狄，使之守礼，事实上，孔子众多的学生当中确实有很多来自“四夷”。⑥

---

① 郑玄，孔颖达．礼记正义［M］．上海：上海古籍出版社，1997：1328.
② 钱穆．中国文化史导论：修订版［M］．北京：商务印书馆，1994：41.
③ 韩愈．韩昌黎文集校注［M］．马其昶，校注．北京：中华书局，1986：17.
④ 何晏．论语注疏［M］．北京：北京大学出版社，2000：33.
⑤ 何晏．论语注疏［M］．北京：北京大学出版社，2000：132.
⑥ 韩愈．韩昌黎文集校注［M］．马其昶，校注．北京：中华书局，1986：17.

那么，被儒家信奉为“亚圣”的孟子又是如何看待“华夷之辨”的呢？有人根据孟子在《孟子·滕文公上》中的一句话判断孟子是“种族歧视主义者”，这句话是“吾闻用夏变夷者，未闻变于夷者也”①。这种判断是否正确？我们要仔细推敲，不能断章取义，而是要根据孟子在整篇文章中的意思，其实，孟子在整篇文章中都是强烈推崇周公、孔子之道。换言之，孟子是继承了孔子的夏夷观念，以“是否守周礼”作为区分“华”“夷”的根本。

二、以“华夷之辨”思想指导民族关系实践

汉朝的“华夷之辨”与民族关系实践。这个时期，“夷夏大防”的观念已经成为主流民族意识形态。何为“夷夏大防”？所谓的“夷夏大防”就是要严格华夏族和其他民族的界限，严格防范外族对华夏民族的袭扰。胡岩涛指出：“夷夏观作为一种强烈的社会思想意识，始终支配着战争的进程。”② 但依据“夷夏大防”的观念发动对匈奴的战争也使汉朝的国力逐渐衰落，于是，开始尝试武力之外的解决方法，自然，以“德化四夷”实现王朝统治区域的社会稳定便成为必然的选项。西汉大儒董仲舒坚持华夷的等级性，强调“华尊夷卑”，但同时也认为“华夷”都是中华民族不可缺少的组成部分，都是君王的臣民，因此，他提出“王者爱及四夷”的主张，他极力反对武力征伐，注重以“修文德”的方式使四夷归顺。西汉史学家司马迁在《史记》中对民族关系有详细的记载，从《史记》描写民族关系的文章看，司马迁毋庸置疑是受到“内诸夏而外夷狄”思想的影响，但是，他还是别出心裁地为少数民族立传，开史学界为少数民族立传的先河，《史记》中的《匈奴列传》《朝鲜列传》《东越列传》《南越列传》《西南夷列传》《大宛列传》都是描写少数民族历史的传记，另外在诸如《李将军列传》和《卫将军骤骑列传》等著作中也能够看到一些少数民族的元素。总之，司马迁“华夏正统”的“华夷之辨”思想虽然有一定的历史局限性，但其以文化高低辨别民族的思想同样有两层积极的含义：一是以文化高低辨别民族，可以对“华夏族”的起源、发展和形成做出完整的论证；二是以文化高低辨别民族，有一定的合理性，因为无论何种民族，只要接受了当时先进的中原文化，立即就由“夷”变“夏”，这种思想不仅有利于众多民族的交往，而且有利于多民族国家的最终形成。从此意义上说，司马迁在《史记》

---

① 赵岐．孟子注疏［M］．北京：北京大学出版社，2000：298.

② 胡岩涛，徐卫民．论夷夏观与汉武帝时期的汉匈战争［J］．内蒙古社会科学（汉文版），2015，36（6）：62-67.

中所反映的民族思想是有一定积极意义的。

“华夷之辨”是历史时期的产物，是“华夏族”到“汉族”形成过程中反映出来的民族观。以现代的眼光来看，它确实含有民族歧视的一层意思，但是，我们也要辩证地看待这个问题，这种口号对“华夏族”的凝聚、“汉族”的形成，甚至诸多民族的融合起到促进的作用。譬如，春秋战国时期，齐桓公“尊王攘夷”的活动，就为华夏诸国的内聚增强了推动力。由此推之，我们既要看到司马迁“夷夏”思想的局限性，又不可对他过于苛刻。

唐朝的“华夷之辨”与民族关系实践。唐朝的“华夷之辨”要从两个阶段来分析，第一个时期是从唐王朝建立到“安史之乱”。在这一时期，唐王朝在“夷夏”关系上秉持开放宽容的态度，大体上奉行“夷夏如一”“华夷一体”原则。[①] 如唐太宗声称：“夷狄亦人耳，其情与中夏不殊（没什么不同）。人主患德泽不加，不必猜忌异类。盖德泽洽，则四夷可使如一家；猜忌多，则骨肉不免为仇敌。”[②] 受唐太宗“夏夷如一”“华夷一体”观念的影响，“安史之乱”前的唐朝上下都对少数民族采取较为宽松的民族政策，在“华夷之辨”问题上，唐代儒家精英不以民族或语言区分夷夏，而是以“礼义”或“仁义忠信”来区分夷夏，有时候在用人方面还更加偏向于用少数民族人群，这一国内政策无疑为唐王朝在“安史之乱”前的民族团结、国家繁荣昌盛奠定了坚实的基础。不仅如此，唐代儒学大家还进一步发展了秦汉儒学大家“用夏变夷”之说，为后来的“夷夏互变”理论奠定了坚实的思想基础。韩愈曰：“孔子之作《春秋》也，诸侯用夷礼则夷之，进于中国则中国之。”除此之外，唐代在对外关系上的丰富实践，包括朝贡、和亲和羁縻等方面，均不同程度地走向成熟，这也是唐王朝建立到“安史之乱”时期繁荣昌盛的外部原因。第二个时期是“安史之乱”到唐王朝消亡。在这一时期，唐王朝在“夷夏”关系上秉持封闭和严格的态度。“安史之乱”是唐朝国运转换的标志性事件，该事件的发生也改变了唐朝上下的华夷观念，“安史之乱”的发生差一点使唐王朝彻底消亡，也动摇了唐王朝的国之根本，而“安史之乱”的始作俑者是安禄山和史思明两个胡人，所以，从唐肃宗继位开始，大唐的民族意识形态发生了颠覆性的改变。《浅谈唐朝时期的民族观念》一文指出：“唐朝后期社会，随着中央集权的弱化与综合国力的下降，这种‘华夷一家’的民族观念逐渐被摒弃，取而代之的是‘华夷有别’观

---

① 冯敏．唐代前期开放天下观与入华粟特人的文化认同［J］．地域文化研究，2019（6）：107-117，150.

② 董诰．全唐文［M］．北京：中华书局，1983.

念。”① 这或许是唐朝总结“安史之乱”的结果。这时候的“夏夷之辨”还对佛教和古文运动产生了极大的影响力，“唐代中期以来，面对民族危机和社会危机，文化上出现了保守主义趋势，华夷之辨又重新盛行。以韩愈为代表的一批士大夫，他们以华夷之辨为旗帜，从各方面批判佛教，打压了中国佛教的生存空间，在很大程度上改变了中国佛教发展的面貌”②。“边疆危机、藩镇割据等安史流弊促使华夷之辨在中唐士人心中强化，进而引导士人对‘华’之本体进行审视，产生儒学复兴的使命感。在这一思想背景下，华夷之辨延伸为古今之辨，即矫正华夷相杂的‘今’，回归纯净的华夏‘古’文化。”③

宋、辽、金“华夷之辨”与民族关系实践。中国叙事在宋朝时期出现了一定的争议，虽然在大部分的史书上，宋是当时唯一正统的王朝，但在不少学者眼中，将明显弱于辽、金政权的宋称为唯一正统的王朝缺乏理论依据，蒙古政权统一中国之后，元朝政府选择将“宋辽金”均尊为正统，西夏则为附属国，这就是所谓的“三正统”时代。由于宋朝不是完整意义的“大一统”王朝，其时时刻刻都处在与契丹、西夏、女真（还有后来的蒙古国）等政权的对峙之中，所以，我们不难理解“华夷大防”和“尊王攘夷”是宋代民族观的主旋律。有学者认为“在民族矛盾异常尖锐的宋朝，‘华夷之辨’和‘尊王攘夷’的呼声较高，也是情理之中的事”④。尽管“华夷之辨”和“尊王攘夷”是两宋民族观的主旋律，宋人的民族观远非“华夷之辨”和“尊王攘夷”所能完全概括，但在理学“道统”思想的影响下，“用夏变夷”和“礼别华夷”仍然是当时宋人“夷夏观”的价值追求。也有政治家或文学家将少数民族视作同汉人一样的人，北宋政治家兼文学家范仲淹认为“有生之民皆为赤子，何藩汉之限”⑤。北宋政治家兼改革家王安石认为“契丹亦人尔”⑥。孙复是北宋著名的理学家兼教育家，他虽然提倡“明辨华夷”，但他否定以血统坚持以仁义道德来区分华夷。类似观点的还有南宋著名经济学家胡安国，他坚持以礼仪和道德作为区分华夷的标准，这是典型的“礼别华夷”观念。他说：“中国之有戎狄，犹君子之有小

---

① 李万晖，唐建尧．浅谈唐朝时期的民族观念［J］．才智，2012（13）：162.

② 王航．唐中期以来的华夷之辨及其对佛教的影响［J］．南昌工程学院学报，2013，32（2）：13-16.

③ 杜光熙．从华夷之辨到古今之辨——关于中唐古文运动发生背景的再思考［J］．北京社会科学，2015（4）：61-68.

④ 李克建．论道统思想对宋代民族观的影响［J］．西南民族大学学报（人文社科版），2016，37（8）：199.

⑤ 李焘．续资治通鉴长编［M］．北京：中华书局，1979：3088.

⑥ 李焘．续资治通鉴长编［M］．北京：中华书局，1979：6084.

人。内君子外小人为泰，内小人外君子为否。《春秋》，圣人倾否之书，内中国而外四夷，使之各安其所也。"①

和宋强调"华夷大防"和"尊王攘夷"不同，辽、金、元、西夏则强调"华夷一体"。"金元"之际，著名儒士郝经发展了"华夷之辨"理论，而这些理论最终为他们服务的边疆民族王朝争取到了正统之位，郝经是这样论证夷狄入主中原的合法性的：他在"夷狄入中国则中国之，中国入夷狄则夷狄之"的基础上进一步提出，"今天能用士，而能行中国之道，则中国之主也"②。上述说法或者思想实际上突破了汉唐儒家"华夷之辨"中"用夏变夷"的思想，形成了"夷夏互变"之说：无论是华夏还是夷狄，有"道"、有"德"者得天下，这就是正统与合法的真正来源，其他来源都是虚假的。由此观之，郝经是预设了一个前提，"有德有道"的统治者才是真正的"真命天子"，才有资格统治中国，而这个"真命天子"未必一定是汉人，这为胡人（少数民族的统称）统治中国的合法性提供了理论依据。

元、明、清的"华夷之辨"与民族关系实践。元代是我国第一个由少数民族实现"大一统"的封建王朝，蒙古族以武力征服，在中华大地建立起疆域辽阔的大帝国，元朝的统治者意识到，要长期统治中华大地，没有高度文明象征的汉文化和儒家文化是不可行的，因此，元朝的统治者在一定程度上实施了"采用汉法"以及"以儒治国"方针，这一方针的运用使元朝在形式上采纳了华夏文化，但在事实上，元朝的统治者"到最后其实并没有采纳华夏文化，所以最后被逐回漠北"③。元朝的统治者蒙古贵族集团在"华夷之辨"问题上是在严分种族之别，这体现在其民族政策的种族地位的"四等人种论"，元朝在法律上堂而皇之地将全国的人口划分为"四等人"：一等人是蒙古人，二等人是色目人，三等人是汉人，四等人是南人。蒙古人将汉人"贵中华贱夷狄"的民族观颠倒过来使用，形成了"夷狄"的"华夷之辨"："贵夷狄贱中华"。这是"华夷之辨"中最低级的"人种华夷论"，元朝的统治者也不是毫无理论根据，如前所述，汉族的儒学家会以文化为抓手，将文化作为"华夷"的划分标准，元朝的儒学家是将"德"和"道"作为"华夷"的划分标准，他们打着"有德有道者为君"的旗号，重新解释"华夷"，这样就形成了公开的不平等的民族"四等人"制。

---

① 胡安国．春秋传［M］//四部丛刊续编．上海：上海书店，1984：5643.
② 郝经．陵川集［M］//四库全书．上海：上海古籍出版社，1999：397.
③ 韩星．"华夷之辨"及其近代转型［J］．东方论坛，2014（5）：1-8.

明朝“华夷之辨”的观念演变得比以往朝代更加激烈，这从朱元璋的建国口号可见一斑，明朝的建立是在朱元璋“驱除胡虏、恢复中华”的口号下完成的。加上明朝立国后长期面临来自北方草原的安全威胁，因此在战略上需要一种以汉族及中原为中心的“天下观”，在这种形势下，“明朝承袭传统的‘华夷之辨’民族思想，尊崇汉族，鄙视少数民族，并进一步强化”①。明代统治者基本能够坚持“分内外”“严华夷”，不征远方，如明太祖朱元璋几次明谕中国在东南亚方向上有“十六不征之国”②。但有学者指出明朝“治边政策”的失误：“明朝在东北沿袭历代‘内中国外夷狄’的传统的治边政策，妨碍国家‘大一统’，导致东北动荡不定。”③ 明代还在实践中发展和完善民族治理理论，在边远少数民族地区加强土司制度，如湘桂黔少数民族地区土司的建立与裁撤。在“藩属国”地区推行“守中治边”“守在四夷”“事大字小”“兴灭继绝”，如万历年间援助朝鲜抵抗壬辰倭乱。④

清王朝是中国第二个少数民族在华夏大地完成“大一统”的封建王朝，也是中国历史上最后一个“大一统”王朝。清朝统治者吸取了元朝统治者的教训，不在法律上设“民族等级”制度，保持了名义上的民族平等。“清世宗有意识的化解汉民族对少数民族根深蒂固之民族偏见，争取少数民族同汉民族的平等地位，主张在大一统王朝之下的‘华夷一家’。”⑤ 如此一来，清政府在“华夷之辨”上，接续金元以来的“华夷一体”和“夷夏互变”理论，遵循“天下之治”的三项原则：以文明论种族，有德者治天下，华夷一体。清世宗在处理“曾静案件”之后，亲自撰写《大义觉迷录》一书，将以上三项原则昭告天下。在这个时期，“大一统”与“华夷之辨”是融为一体的。⑥ 然而，1840 年之后，中国传统的“天下观”在西方列强的侵略下受到冲击，到甲午战争之时，“天下秩序”土崩瓦解，其最显著的特征是象征着其君临天下的“朝贡体系”也烟消云散。在鸦片战争后的 50 多年时间里，清代政治家和思想家试图通过“严夷夏

---

① 周淑芸．论明朝对西北边境的经略［D］．银川：宁夏大学，2014.

② 万明．明代外交观念的演进——明太祖诏令文书所见之天下国家观［J］．古代文明，2010，4（2）：71-88，113.

③ 黄松筠．明清在东北治边政策之比较［J］．社会科学战线，2003（2）：107-111.

④ 方铁．古代“守中治边”“守在四夷”的治边思想初探［J］．中国边疆史地研究，2006（4）：1-8，147.

⑤ 孙雪．论清世宗“天下一统，华夷一家”思想与边疆实践［D］．沈阳：辽宁大学，2014.

⑥ 吕文利．中国古代天下观的意识形态建构及其制度实践［J］．中国边疆史地研究，2013，23（3）：1-11，147.

之防”来挽救“天下秩序”，但他们都未能在思想上跳出中国中心主义的“天下观”和“华夷观”。康有为和梁启超率先提出学习西方的政治制度，“以夷变夏”，使中国从世界的弱国，变成世界的强国。①

总结“华夷之辨”，它从西周开始，在清朝结束，中间绵延两千多年，“华夷之辨”观从最初的以华夏族为中心，表现为“贵中华贱夷狄”，这是典型错误的以血统或地域论华夷的“华夷之辨”观，另一种著名的“华夷之辨”观是以文化而非血统或地域作为区分华夷的标准，即所谓的“诸侯用夷礼则夷之，夷狄进于中国则中国之”的著名“华夷之辨”观。孔子是典型的以文化作为区分华夷的根据或者标准，孔子的这一“华夷之辨”观事实上将“华夷之辨”变成了“文化之辨”，它强调追求先进文化的重要性，反对屈从于落后的“夷狄”文化而苟安，这一观点最终促成了生活在中华大地的众多民族的相互学习和相互交流，而这种相互学习和相互交流有利于众多民族的团结和融合，并最终达成多元一体的中华民族统一体。

第二节　以“大一统”思想融合民族关系

一、“大一统”思想的理论基础

从“大一统”诞生的时代背景看，春秋战国时期，国家分裂，民族不和，社会动荡，先秦的诸子百家都认为，应该建立“大一统”的社会秩序。孔子是第一个系统论述“大一统”思想的思想家，他是“大一统”思想的集大成者，他以“仁”和“礼”为核心创立了“大一统”思想体系。孔子在“大一统”思想中对民族关系的处理有重点描述，这是后来儒家民族统一的主要理论基础。孔子的“大一统”有四个统一：疆域的统一、制度的统一、文化的统一和政治的统一。疆域的统一是“大一统”的前提条件，而疆域的统一又由统一“中国”、统一“四方”、统一“天下”三个步骤组成。这里的“中国”是指周王朝直接统治的地区，“四方”是指散布于华夏周边落后的民族或部落，“天下”是泛指空间地理的自然范畴，后指同一始祖传承下来的所有后代所构成的整个文化共同体。孔子主张的疆域“大一统”首先是统一“中国”，其次是统一“四

① 尤淑君．清代“天下秩序观”的建立、解构及其转化［J］．文化纵横，2016（6）：72-81.

方"，最后是统一"天下"。正所谓，"普天之下，莫非王土，率土之滨，莫非王臣"①。制度的统一是"大一统"的重要标志，也是实现疆域统一的根本保证。制度统一是指在政治、经济、军事和文化制度上统一，孔子主张通过复兴周礼、改良周礼、施仁政等方式达到制度方面的"大一统"。文化统一是"大一统"的手段和归宿，孔子希望通过"忠君尊王，反对僭越""华夷一家，天下一家"和"维护统一，反对分裂"等教化手段达到文化的统一。政治统一是维护统治秩序的重要基础，孔子希望构建国家层面的政治伦理秩序和家庭层面的政治伦理秩序，达到政治"大一统"。

诸子百家中法家"大一统"思想对民族关系也有描述。法家的治世思想包括以下三个方面的内容：第一，注重实力的提高，法家的思想家们认为，实力是解决一切问题的根本手段，只有实力强大，才能继续生存并最终一统天下，为此，法家极力主张"耕战"政策，韩非子指出："是境内之民，其言谈者必轨于法，动作者归之于功，为勇者尽之于军。是故无事则国富，有事则兵强，此之谓王资。"② 第二，主张建立君主专制制度，即"事在四方，要在中央，圣人执要，四方来效"③。法家认为，只有建立以君主为中心的中央集权体制，才有可能实现国家政治的"大一统"。第三，高度重视国家意识形态的"大一统"。圣明的君主执掌着要害，四方臣民都会来效劳。这里的四方当然包括治内各个民族的成员，也包括域外的少数民族成员，这是中国古代"朝贡体系"的重要理论根据。当中央的政权势力强大、政治高度统一的时候，治下的各少数民族都会听从中央的号令，而且域外的少数民族也会来京朝拜，甚至会出现唐朝那样"万国来朝"的盛大场景。

诸子百家中墨家"大一统"思想没有对民族关系做正面描述。墨家仅认为，君王有三大任务：一是"富之"（让老百姓富裕起来）；二是"众之"（使社会人口增长起来所以）；三是"安之"（使社会秩序安定下来）。而怎么达到上述目标？一是"选贤拔能"；二是"兼相爱"；三是"非攻"（反对战争）；四是"反奢靡"；五是反"厚葬久丧"。由上观之，墨子所有的纲领都是围绕社会而制定的，其中"富之""众之"和"安之"更是构建"大一统"社会秩序的物质基础。墨家的"大一统"思想没有正面论述如何处理治下的民族关系，但"众之"和"安之"则间接指出了政府要安抚和稳定少数民族民众，前提是

---

① 周振甫．《诗经》译注［M］．南京：江苏教育出版社，2006：309.
② 高华平，王齐州，张三夕．韩非子［M］．北京：中华书局，2010：356.
③ 高华平，王齐州，张三夕．韩非子［M］．北京：中华书局，2010：239.

“富之”，少数民族民众富裕起来了，自然就能够与汉族民众和谐相处，所以说，墨家的“大一统”思想如果能够得到顺利实施，汉族和少数民族的关系也就能够得到很好的处理。

“大一统”思想包含四个方面的内涵：政治的统一、文化的统一、民族的统一和疆域的统一。其他三个方面这里不做论述，现在就民族的统一问题做进一步论述。据史料记载（也有认为是神话传说），最早的中华大地上，曾经存在三大民族：炎帝族、黄帝族和九黎族。前两者结成联盟将九黎族消灭，之后，炎黄两族便在黄河流域一带生活、繁衍，逐渐成为华夏族的主要部分。中国五千多年文明上曾经存在着许多民族，历史上，这些民族在各个封建王朝中进行着频繁而且持久的互动，由此形成了民族长期交往、交流和交融的历史过程。在这种交往、交流和交融过程中，汉族毋庸置疑发挥着举足轻重的作用，因此其处于核心地位，但以汉族为中心的观念在少数民族掌握中原政权时期受到强烈的冲击，尤其是在“五胡乱华”时期，但是，“中华一体”观念还是在各个王朝中得以保存下来。“它的主流是由许许多多分散孤立存在的民族单位，经过接触、混杂、联结和融合，同时也有分裂和消亡，形成一个你来我去、我来你去，我中有你、你中有我，而又各具个性的多元统一体。”①

康熙皇帝曾理直气壮地宣布了“夫我朝既仰承天命，为中外臣民之主，则所以蒙抚绥爱育者，何得以华夷而有殊视”的民族统治思想。正是在“大一统”思想的制约下，汉族和其他民族很快承认了满洲贵族为“臣民之主”的伦理和现实，使国内的民族团结有了新的发展。

二、“大一统”思想融合民族关系的社会实践

秦汉时期，“大一统”思想与民族关系实践。公元前 221 年，秦国灭亡六国统一了全中国，中国的“大一统”思想从此由理论进入实践阶段。秦始皇统一中国之后，采取了一系列政策措施巩固“大一统”的政治局面。首先是废除代表奴隶主利益的分封制，将郡县制推广到全国，由此形成了中国历史上第一个中央高度集权的行政体制，在这套中央高度集权的行政体制中，皇帝有权力任免大大小小的官员，一切大大小小的官员都向皇帝负责，皇帝成为全国政治的中心，政治的“大一统”局面由此完全确立。除此之外，秦始皇还在思想、文字、货币、度量衡、车同轨等在统一方面采取了一系列的政策措施。在统一思

① 费孝通. 中华民族的多元一体格局［J］. 北京大学学报（哲学社会科学版），1989（4）：3-21.

想方面，他在全国推行“焚书坑儒”政策，秦始皇武力统一中国，法家是其治国理政的主导思想，为了彻底消灭法家之外的所有诸子百家思想，达到意识形态的高度统一，“焚书坑儒”政策便应运而生，本质上说，“焚书坑儒”政策是企图将所有人的思想都纳入法家思想体系中，最终达到思想统一的目的。在统一文字、货币、度量衡和车同轨方面，秦始皇也制定了相应的政策措施，在诸侯列国分立的年代，文字、货币、度量衡和车同轨的不统一，阻碍了整个国家的经济社会发展，也对政治的统一形成障碍，秦始皇在全国推行文字、货币、度量衡和车同轨统一的政策，对于巩固国家政治统一，消除封建割据的影响，促进整个国家的经济发展和文化交流都起到了积极的作用，也对两千多年中国历史产生了深远影响。

一言以蔽之，秦始皇是中国历史上第一个实现“大一统”的君主，尽管其在位时间不长，但其所创立的中央集权体制和其所推行的“车同轨、书同文”政策都对中国两千多年的历史产生了不可估量的影响。

汉承秦制，大汉王朝在政治体制上继承了秦王朝的中央集权体制，在全国各地设立一级“郡国”行政区和“县、邑、道、侯国”等二级行政区。据史料记载，到西汉末年，全国共有一级“郡国”行政区 103 个，“县、邑、道、侯国”等二级行政区 1587 个。① 这些行政区的设立，进一步巩固了西汉政治“大一统”，由此出现了“博恩广施，远抚长驾，使疏逖不闭……遐迩一体，中外提福”② 和“毋小大修短各得其宜，则天下一齐，无以相过也”③ 的局面。西汉“大一统”实践还体现在疆域的统一上，西汉政权建立之初，通过册封实现了对闽越、东瓯和南越三政权的统治，中间有所反复，为了实现“天下大一统”宏愿，汉武帝先后对匈奴、卫氏朝鲜等展开了一系列军事行动，这些军事行动的成功不仅奠定了中国作为多民族国家辽阔的疆域，而且也积极地推动了中国作为多民族国家的最终实现。东汉之后，虽然也出现过几个政权分立的局面，但这些政权无一例外地承认“大一统”，没有自外于“中国”。

秦汉都是多民族的封建大帝国，除了汉族之外，秦朝时期的少数民族包括南方“百越系统”和“苗瑶系统”的民族、西方部分“氐羌系统”的民族、北方部分“阿尔泰系统”的民族以及东北的部分少数民族。汉朝时期，在上述少数民族的基础上还有所扩大，尤其是汉武帝“东并朝鲜、南吞百越、西征大宛、

① 龚友德．中华民族大一统思想的形成及其特征［J］．云南学术探索，1994（2）：22-26.

② 班固．汉书［M］．北京：中华书局，1962：678.

③ 陈广忠．淮南子［M］．北京：中华书局，2012：245.

北破匈奴”对外扩张政策，增加了不少的少数民族。这时候，如何处理民族关系自然就摆在封建帝王、政治家和思想家的面前，处理民族关系的成败直接关系到国家政权的稳定与否，民族关系已经成为当时国家政务中不可或缺的重要组成部分。结果，“汉儒”根据先秦儒家的“仁爱”思想，在处理民族关系问题上，提出了“王者爱及四夷”的观点，主张对四夷广施仁义和礼治使之感怀而安定下来，这一做法为儒家民族观走向理论化和系统化奠定了坚实基础。

董仲舒是如何根据儒家思想得出在处理民族关系时应该“王者爱及四夷”的结论呢？他在《春秋繁露》的“仁义法”篇中说：“《春秋》为仁义法，仁之法在爱人，不在爱我。义之法在正我，不在正人。我不自正，虽能正人，弗与为义。人不被其爱，虽厚自爱，不予为仁。”在这里，董仲舒对“仁”的理解是，要爱别人，如果只爱自己，就不能算是“仁”的体现。这就是“仁者，所以爱人类也”以及“王者爱及四夷”观点的由来。不仅如此，他还特别强调，王者的“仁”不是单向度的，应该是多维度的，王者之“仁”应该是“至于鸟兽昆虫莫不爱。不爱，奚足谓仁”。可见，董仲舒把孔子的“仁爱”思想发展到了一个新的阶段。汉朝的“王者爱及四夷”不仅停留在理论层面，而且身体力行，司马迁在《史记·南越列传》中曾记载了西汉思想家陆贾是如何处理南越有关事宜的：“卒拜赵佗为南越王，令称臣奉汉约。归报，高祖大悦，拜贾为太中大夫。”司马迁还在《史记·司马相如列传》中记载了司马相如是如何处理“巴蜀吏卒”事件的，西汉将领唐蒙诛杀了巴蜀吏卒，致使“巴蜀民大惊恐。上闻之，乃使相如责唐蒙，因喻告巴蜀民以非上意”。司马相如奉命前往巴蜀处理此事，写《喻巴蜀檄》让巴蜀民众理解朝廷的民族政策，亲自安抚巴蜀民众，由此安定了巴蜀民心。总之，汉朝的儒学家认为，“华夏”与“四夷”是“大一统”秩序下的一个整体，换言之，天下的统一也是包括“蛮夷”在内的统一。但在这个统一体中，天子和“蛮夷”有着不可逾越的上下尊卑关系，“天子”是君，“四夷”是臣，封建帝王与四夷的关系就像是首和足的关系。

隋唐时期，“大一统”思想与民族关系实践。隋朝的建立结束了古代中国近300年的分裂状态，隋朝初期，隋文帝十分注重中央集权体制的构建，初步创立“三省六部制”，设立中书省，门下省和尚书省三省作为中央最高的行政机构，三省直接对皇帝负责，削弱地方和中央大臣的权力，达到政治的“大一统”。为了实现疆域的“大一统”，隋文帝着手了三方面的工作：一是彻底清除北周的残余势力；二是削弱突厥诸部的势力，获得东亚世界的领导权；三是消灭南陈，完成南北的统一。隋炀帝继位之后，不但继承了隋文帝的“大一统”思想，而且将其发扬光大。为实现“日月所照，风雨所沾，孰非我臣”① 的远大目标，隋炀帝推出以下三项大政：迁都洛阳、修大运河、三下江南巡视。

迁都洛阳是为了更好地治理国家，洛阳更处于帝国的中心位置，将其设为政治中心能够体现“大一统”帝国对四方臣民的一视同仁，况且，洛阳有“控以三和，固以四塞，水陆通，贡赋等”② 地理优势。修大运河有多重政治目的：联通南北便于统治，便于赋税钱粮运输，促进商贸关系，便于战争物资的补给。三下江南巡视，稳定了本有离心的江南士族，胡汉之间的矛盾由来已久，通过隋炀帝的调解，南北敌意逐渐消失，再无“非我族类”③ 分裂。除此之外，隋炀帝对突厥、契丹等北方少数民族进行管理，“开远夷，通绝域”。

唐朝建立后，承袭隋制，“三省六部制”进一步完善。虽然唐代的“三省”仍然是中书省、门下省和尚书省，但“三省”内部的职能更加明确，“省”与“省”之间相互配合和、相互监督更加到位。比如，唐代中书省的职能比隋代中书省的职能更为明确，权力也相对集中，它承担着以下三方面的职责：第一，作为文书和中央政策的中书省要负责制定体现皇帝意愿的官方文书；第二，负责将各级奏折文书呈送给皇帝批阅；第三，中书省还需要积极配合朝廷的诸多重大行动。唐朝设中书省、门下省和尚书省，一定程度上是互相监督，中书省是决策机关，门下省是审议机关，尚书省是行政机关，三“省”之间，既有分工，又有合作，而且互相牵制和监督，三“省”都对皇帝直接负责，这在一定程度上加强了皇权与中央集权、削弱了相权。唐朝在李渊手中已经建立起来，但天下并未统一，尽管李渊逐步消灭了李密、王世充和窦建德等部的势力，可始终有一个敌人未被消灭，那就是割据朔方（今天陕西西北部的梁师都），尽管梁师都只是割据朔方一隅之地，但唐朝当时的头号敌人东突厥经常利用梁师都问题干涉唐朝的内政。贞观二年（628年）被梁师都割据十一年之久的朔方回到唐朝的怀抱，贞观四年（630年），消灭东突厥，至此，大唐开始走向复兴之路，但唐朝疆域的“大一统”在李世民看来还没有彻底完成。

由于李唐皇室本身就是民族融合的产物（李唐皇室的鲜卑血统，远远超过其汉族血统），所以唐朝的帝王大都继承并发展了先秦儒家民族观“华夷一体”的思想，唐太宗曰：“自古皆贵中华贱夷狄，朕独爱之如一，故其种落皆依朕为父母。”④ 唐太宗还进一步指出：“夷狄亦人耳……不必猜忌异类。盖德泽洽，

① 魏徵．隋书［M］．北京：中华书局，1973：86.
② 魏徵．隋书［M］．北京：中华书局，1973：61.
③ 房玄龄．晋书［M］．北京：中华书局，1974：1339.
④ 司马光．资治通鉴［M］．北京：中华书局，1956.

则四夷可使如一家；猜忌多，则骨肉不免为仇敌。”① 这种视“夷狄”与华夏为一家，并对其“爱之如一”的夷夏观，一直为唐朝君主奉行不衰。李世民开明的民族观直接影响到了整个唐朝的民族政策。唐朝的民族政策与秦汉相比有以下几点突破：第一，唐王朝开始提拔和任用一大批“夷狄”将领，这是延续了汉代“夷狄进至于爵”的政策，有的甚至成了高级将帅，如贞观四年（630 年）突厥降附后，其酋长至者，“皆拜将军中郎将，布列朝廷，五品以上人，殆与朝士相半”②。安禄山是粟特族人，但其少数民族身份没有妨碍其成为唐朝兵马使（平卢兵马使），这充分说明唐朝在武将的提拔任用上，胡人甚至往往要优先于汉人，这与唐朝统治集团的身份是分不开的。第二，唐代诗人有“一视华夷”，主张民族间友好往来、和睦相处的民族观。从李白留下的几十首边塞诗中，我们可以看到唐代民族关系的生动画面，我们可以从这些画面去推断李白的民族观。③ 李白的诗句中包含了“一视华夷”即民族平等思想，而没有“夷夏之防”观念。杜甫的诗句则反映出他基本上继承了儒家的“仁政”“民为贵”等思想，在民族观上也突破了儒家“华夷之辨”的局限，表达了诗人强烈的民族间友好往来、和睦相处的美好愿望。④

为什么唐朝的朝野会出现不同于秦汉时期更加开明的民族政策，主要的原因不外乎两点，一是唐朝统治集团的思想开明，二是时代变迁的产物。由上观之，经历了魏晋南北朝时期的民族大碰撞和大融合以后，唐朝人们的民族观念较以前发生了较大的变化。传统的“华夷之辨”和“夷夏之防”观念逐渐淡漠，而“一视华夷”和“华夷一统”的观念则在“大一统”的局势下日渐增强。

宋元时期，“大一统”思想与民族关系实践。两宋都不十分强大，严格意义上说，两宋称不上“大一统”王朝，北宋巅峰时期连燕云十六州都没有收复，遑论辽东与河西走廊地区。但以元朝修史标准来看，相对于辽金而言，宋朝更加接近正统的王朝，是因为宋朝结束了五代十国乱世历史，宋朝大致统一了中国，它所占据的是汉地的精华部分，而且宋朝的文化十分发达，这是辽金所不具备的东西，最重要的一点是，元朝的诞生是建立在宋朝灭亡的基础之上，换言之，辽金灭亡在前，南宋灭亡在后，所以称宋朝为“大一统”王朝有一定道

---

① 司马光．资治通鉴［M］．北京：中华书局，1956.
② 司马光．资治通鉴［M］．北京：中华书局，1956.
③ 徐兴菊．浅论李白边塞诗中的民族观念［J］．乐山师范学院学报，2003（3）：21-25.
④ 吴逢箴．试论杜甫的民族观——以杜甫有关唐蕃关系的诗为例［J］．杜甫研究学刊，1995（1）：17-20.

理。正因为宋朝的统治者以“正统”自居，所以才会有通过同盟战略实现天下统一的宏伟构想，北宋与女真结盟共同进攻辽国（这是历史上著名的“联金灭辽”），辽国灭亡之后，北宋失去了战略依托，最终在1125年被金国所灭，由此迎来了南宋统治者“愿去尊称，甘自贬黜，请用正朔，比于藩臣”① 的尴尬局面。北宋灭亡之后，南宋的统治者依然没有放弃对天下统一的追求，之后，南宋国与蒙古汗国结盟共同进攻金国（这是历史上著名的“联蒙灭金”），金国灭亡之后，南宋失去了制约蒙古汗国的力量，最终在1279年被蒙古汗国所灭。

宋朝时期，契丹、女真、党项分别建立了辽、金、西夏，辽占据了中国的半壁江山，金甚至深入江南，西夏占据中国西北部的大部分面积。可以说两宋王朝在民族矛盾极度尖锐的情况下艰难度日，在这种情况下，以血缘（是否是汉族）和地理位置来区分“华夷”显然没有说服力，辽、金和西夏的统治者都宣称自己是华夏后裔，如耶律俨在他编写的辽朝史书中，“称辽为轩辕后”②。宋朝儒士从“道统”学说的角度出发，提出了“礼分华夷”的标准，即谁的政权在中国有正统性，不在于他的血缘，不在于他在何地建立政权，而在于此人是否继承了“道统”，因为只有传承“道统”者才能使中国成为中国。于是，我们可以得出这样的结论：在宋儒眼里，“道统”是衡量一切政治行为合法性的最高标准，它的地位甚至高于“政统”。那么何为“道统”？简单来说，“道统”是指儒家文化的思想宗旨和基本精神，就是尧、舜、禹、汤、文、武、周公、孔子、孟子一系的儒家文化。

司马光是宋儒民族观的集大成者，他秉承儒学传统，发扬理学精神，将儒学中的“仁”充分运用到民族关系方面，这无疑极大地推动了儒家民族观的发展。司马光民族观的核心观点是：少数民族与汉族是一样的人，没有高低贵贱之分。司马光继承了孔子“仁者爱人”和“泛爱众”的思想，认为少数民族也是人，应该属于“泛爱”之列。司马光的少数民族政策坚持“以德服人”的原则。为了捍卫先进的文化，不使文明倒退，司马光在强调怀柔德化政策的同时，也主张对少数民族施行恩威并用的两手策略。他说：“先王之政，叛则讨之，服则怀之，处之四裔，不使乱礼义之邦而已”③，“王者所以服四夷，威信而已”④。由此观之，司马光比较系统地继承了先秦以来儒家民族观的基本内容并有所发展，

① 李心传．建炎以来系年要录［M］．北京：中华书局，2013：234.

② 脱脱．辽史［M］．北京：中华书局，1974.

③ 司马光．资治通鉴［M］．北京：中华书局，1956.

④ 司马光．资治通鉴［M］．北京：中华书局，1956.

这使他成为儒家民族观理论体系的重要贡献者。

元朝是我国第一个由少数民族建立的“大一统”王朝，政治体制改革是元朝“大一统”实践的重要组成部分，元朝施行行省制度，废除尚书省和门下省，保留中书省与枢密院，加强中央对地方的控制。元大都中心地区由中书省直辖，将全国分成十一个行省，由此形成省、路、府、州、县逐级统辖的政治体系。元朝的另外一个制度创新是实行“土司制度”，该制度由唐宋边疆管理制度演变而来，在管理过程中承认当地酋长统治的合法性，并将地方民族首领纳入国家官僚体系之中。加强对“藩属国”的管理是“大一统”实践中的另一大特色，《元史》记载：“帝以江南既定，将有事于海外。”① 元朝“藩属国”众多，为了达到“不战而屈人之兵”的效果，一般原则是“先礼后兵”，招谕在前，征讨在后，以显示自己的博大胸怀。如忽必烈所言：“朕惟祖宗立法，凡不庭之国，先遣使招谕，来则按堵如故，否则必致征讨。”②

民族政策上，尽管元朝实行民族等级政策，将全体国民分成四等（依次为蒙古、色目、汉人和南人），但元朝的统治者继承了中华民族多元一体的传统，只不过他们是以华夏正统自居而已。文化政策上，元朝的统治者接受了儒家的核心文化思想，忽必烈曾对臣下说：“儒者之道，从之则君仁臣忠，父慈子孝，人伦咸得，国家咸治。”③ 由此可见，元朝的统治者非常崇尚儒家君臣之义，也希望运用儒家学说维护自己的天下一统。元朝的儒家民族观没有因为非汉族的统治而出现根本性的变化，其基本思想还在元朝时期得到了进一步的发展，尤其是其“用夏变夷”思想，在郝经（金末元初的著名儒士）的手中得到了比宋儒更进一步的发展，郝经明确提出了“今日能用士，而能行中国之道，则中国之主也”④ 的著名主张，并从理论上对非汉民族（蒙古族）统治中国的合法性进行了全面且系统的论证。

明清时期，“大一统”思想与民族关系实践。和元朝相比，明朝的疆域明显要收缩许多，西域和北部都没有完全统一，所以，学术界有大明王朝不是“大一统”王朝的观点，由于没能对西域和北部实行有效管辖，明朝的“大一统”实践确实乏善可陈。政治上，对以往的政治体制进行了大胆的改革，废除实行了1600多年的丞相制度，废除中书省，六部直接对皇帝负责，相权与君权合二为一，尽管后来设置了内阁，使一部分行政权向内阁和六部转移，但皇帝对权

① 脱脱．元史［M］．北京：中华书局，2016：3152.
② 脱脱．元史［M］．北京：中华书局，2016：4667.
③ 脱脱．元史［M］．北京：中华书局，2016：57.
④ 郝经．陵川集·与宋国两淮制置使书：第37卷［M］．上海：上海古籍出版社，1987.

力的垄断达到了中国古代历史的顶峰，为了加强对臣民的监视，创立了特务机构（监察机构仍然保留），为了加强地方管理，把三司机构设立在地方。在民族政策上，朱元璋曾经歧视少数民族，他以“驱逐胡虏，恢复中华”① 为口号推翻了元王朝，受此观点和有明一代民族关系一直较为紧张等因素的影响，明初和明末两个时期，明朝的儒家民族观有往回走的趋势，如强调“贵中华，贱夷狄”，严格区分汉族与少数民族。

明初的儒学家刘基在他所著的《春秋明经》中就充分表露了“华夷峻防”的民族观，他说：“蛮夷猾夏，寇贼奸宄，唯是大侯小伯所当攘斥。”② 明末思想家们的著述中都有“华夷之防”表露，明末三大思想家之一的王夫之就力主华夷之防，他非常露骨地提出：“天下之大防二：中国、夷狄，君子、小人也。非本未有别，而先王强之防也。夷狄之与华夏，所生异地，其地异，其气异矣；气异则习异，习异则所知所行蔑不异焉。乃于其中亦自有贵贱焉，特地界分，天气殊，而不可乱。”③ 无独有偶，明末的另外两大思想家黄宗羲和顾炎武都是“华夷之防”的坚定支持者，后者甚至鼓吹“君臣之分，所关者在一身；华夷之防，所系者在天下”④。但明朝的民族观也并非一味地后退，它在后退中亦有所前进，如发展了宋朝的“道统”说，表现在对元朝合法性的承认上，明初宋濂监修《元史》时，对元世祖和元朝都有很高的评价，对元世祖的评价是：“世祖度量弘广，知人善任，信用儒术，用能以夏变夷，立经成纪，所以为一代之制者，规模宏远矣。”⑤ 对元朝的评价是：“自封建变为郡县，有天下者，汉、隋、唐、宋之盛，然幅员之广，咸不逮元……（在管辖方面）汉、唐极盛之际，有不及焉。”⑥ 还比如明朝民族观中也有各民族和睦相处的思想，还有“以夏变夷”“华夷一体”等主张。朱元璋称帝以后立即宣告：“朕既为天下主，华夷无间，姓氏虽异，抚字如一。”⑦ 可见他还是主张民族融合政策的，在少数民族的管理上，先是实行“土司制度”，后来实行“改土归流”政策，将少数民族地区纳入中央政府的直接管理范围，这有利于国家的政治统一。在文化政策上，明朝政府则是积极推动汉民族和少数民族之间的经济文化交往，例如，兴建学

① “中央研究院”历史语言研究所．明太祖实录［M］．台北：中华书局，1962：402.
② 刘基．春秋明经·公孙子王所［M］．上海：商务印书馆，1989：609.
③ 王夫之．读通鉴论［M］．北京：中华书局，1975：249.
④ 顾炎武．日知录［M］．上海：上海古籍出版社，1987：203.
⑤ 宋濂．元史［M］．北京：中华书局，1976：342.
⑥ 宋濂．元史［M］．北京：中华书局，1976：1109.
⑦ “中央研究院”历史语言研究所．明世宗实录：第393卷［M］．台北：中华书局，1962：6906.

校、推广儒学、贸易互市和移民等政策的实施，化解了少数民族与中央政府的矛盾，也对“文化大一统”大有裨益。

清朝是中国历史上最后一个“大一统”封建王朝，清王朝不仅在疆域上远大于大明王朝，而且在民族和文化管理上远超大明王朝。政治方面，前清沿用明制，政府设内阁，内阁形式与明代的相同，下设吏、户、礼、兵、刑、工六部，其中六部以吏部为首，主管官吏任免和考勤等，增设军机处，该政治体制的最大特点是分散中央大臣和地方官员的权力，权力越来越集中到皇帝手中。疆域方面，清朝实现了空前的“疆域大一统”，奠定了今日中国版图的基础。民族方面，清朝主张民族融合，具体表现为“满汉一家”“华夷一家”。清朝政府统治者认为，是否能够处理好满汉关系，关系到国家治理的成败，首先是“满汉一体”，其次是“满汉蒙一体”，再次发展到“满汉蒙回一体”，次之发展到“满汉蒙回番一体”，最后发展到“天下一体”，这种层层推进的关系反映出清朝民族政策逐步走向成熟。文化方面，皇太极登基不久即告天下：“以行正道、循礼义。敦友爱、尽公忠……”① 确立了对全国的统治之后，清王朝就实行崇儒重道的文化政策，以儒家思想作为全社会的指导思想，不仅在中原内部实行崇儒文化政策，而且在边疆也大力推行儒学意识形态，清朝在“大一统”疆域内都推行崇儒文化政策，最终实现了全国范围内的“文化大一统”。

清王朝的民族观有两个重大突破，一是废长城，彻底否定传统民族观中的“华夷之辨”“夷夏大防”等观念，这也是传统民族观发展历程中具有划时代意义的一件大事。自秦始皇修筑长城以来，长城就成为一道分隔“华夷”的藩篱，分别“内外”的一座巨大的地理坐标，区别汉族文化与北方文化的分界线。可见长城实为影响中国传统民族观念的重要因素，康熙决意废长城，使长城内外成为真正意义上的“一体”和“一家”。二是对“道统”说的突破，雍正提出“有德者可得天下大统”的观念，主张四海之内共尊一君。他这种民族思想推动着儒家民族观向前发展，也为清代末年出现“不分满汉，但问旗民”的现象以及“华夷一体”逐渐取代“华夷之辨”做好了充分的思想准备。

---

① 赵尔巽．清史稿［M］．北京：中华书局，1998：765.

第三节 以“中华民族”概念奠定民族大团结

一、司马迁“共同祖先”说

司马迁将《史记》断限上溯至黄帝，是有着深刻的“大一统”之义的。其一，黄帝是中国历史上第一个结束混战完成统一的帝王。《五帝本纪》记载了黄帝之前的天下形势，说此时“神农氏世衰，诸侯相侵伐，暴虐百姓，而神农氏弗能征”。正是黄帝“修德振兵”，战败炎帝、擒杀蚩尤，从而结束了诸侯混战的局面，完成了对天下的统一。自此以后，“诸侯咸尊黄帝为天子”“天下有不顺者，黄帝从而征之”。司马迁以黄帝为《史记》撰述之始，是与黄帝始建“大一统”功业分不开的。其二，黄帝是中华民族的共同祖先。《五帝本纪》详述了其他四帝与黄帝的血缘关系：颛顼为黄帝之孙，昌意之子；帝喾为青阳（黄帝子）之孙，蟜极之子；帝尧为帝喾之子；帝舜为颛顼之后，瞽叟之子。《五帝本纪》和《史记·三代世表》还认为夏王朝的开创者大禹、商的始祖契和周的始祖后稷都是黄帝的后代。不但这些圣王是黄帝的后代，《世家》诸篇认为周代各国的诸侯王，包括被人们视为南蛮之地的吴、越、楚等国的诸侯王也都是黄帝的后代。《吴太伯世家》中说：“中国之虞与荆蛮勾吴兄弟也。”《越王勾践世家》中说：“越王勾践，起先禹之苗裔。”《楚世家》中说：“楚之先祖出自帝颛顼高阳。”甚至像匈奴等少数民族也是黄帝的后代。司马迁说：“匈奴，其先祖夏后氏之苗裔也，曰淳维。”① 按照司马迁的说法，黄帝不仅是华夏民族的共同祖先，而且是中国各民族共同的祖先。司马迁是第一个宣扬中华民族都是黄帝子孙的杰出史学家和思想家，这一观点的提出，蕴含了深刻的“大一统”之义。在司马迁看来，中华民族本来就是一个同宗同祖的大家庭，这就从血缘上和伦理上论证了中华民族实行政治“大一统”的必要性和必然性。

在司马迁的意识里，黄帝不仅仅是中华民族的人文始祖，而且是第一个实现“大一统”的上古圣王。在《五帝本纪》中，司马迁对这个最初的“大一统”政权做了一番详尽的描述，从版图而言，黄帝之时已是“东至于海，登丸山，乃岱宗。西至于空桐，登鸡头。南至于江，登熊、湘。北逐荤粥，合符釜山，而邑于涿鹿之阿”，从王权而言，黄帝“置左右大监，监于万国”“天下有

---

① 司马迁．史记［M］．北京：商务印书馆，2020：1832.

不顺者，黄帝从而征之”。从统治效果而言，黄帝“修德振兵”，而使“万国和，而鬼神山川封禅与为多焉”。由此观之，黄帝时期作为中华民族最初的“大一统”政权，已是一个版图相对稳固的、权力行使自由、内部关系和谐的“大一统”政权。司马迁对上古黄帝时期“大一统”政治的描述，虽然带有美化成分，但总体而言符合历史事实。①

司马迁的民族观更多的则是强调夷夏一统。如果说董仲舒重于“别”，而司马迁则重于“统”。从《史记》的撰写来看，《四夷传》的撰写，体现了司马迁夷夏一统的思想。《史记》是一部通史，它记载了从黄帝到汉武帝三千年的历史；同时《史记》又是一部全史，它把那个时期中原华夏族与周边各少数民族的历史都融合其中。《史记》一书总共立了五篇少数民族列传，分别记载了匈奴、南越、东越、朝鲜和西南夷五个少数民族的历史。从编撰体例来看，司马迁将它们以列传的形式，编入七十列传之中，分别是《匈奴列传第五十》《南越列传第五十三》《东越列传第五十四》《朝鲜列传第五十五》《西南夷列传第五十六》，这些列传与其他列传之间是一种平等的关系，不存在主次之分。很明显，司马迁是将少数民族历史作为中华历史的一个部分来写的。司马迁用这种方法编写多民族历史的做法，显然是以“大一统”思想为指导的。如前所述，司马迁认为中华民族本来就是一个整体，无论是“华夏”还是“夷狄”，他们都是黄帝的后代，也正是因为他们有共同的祖先，在这个民族大家庭里，各民族理所当然都是一种并列的关系。从《史记》的记载来看，早在大禹时期，中央政权就已经对“四夷”实行了“五服制”，从此，“四夷”就是中国的一个行政区，它们之间是一种行政隶属关系，此后，“四夷”与中原交往也日趋频繁，关系不断得到强化。他们多以“藩臣”的身份参与中央的政治事务，并起到巩固中央“大一统”政权的作用。如此来看，在司马迁的意识中，中华民族的历史从来都不是由某个民族（如华夏族）单独创造的，它是由多个民族共同创造的，在中国历史大舞台上登台亮相的是多个民族，而不是华夏一个民族。如上所述，司马迁从三个方面（血缘、行政隶属和历史活动）论证了华夏民族与“四夷”本来就是一个不可分割的整体，基于此，司马迁在撰写《史记》的时候，也就顺理成章地把它们作为一个整体来写，没有内外之分别。《大宛列传》不属于这种情况，《史记·大宛列传》的开篇做了如下解释：“本篇主要载述汉武帝对张骞两次出使西域始末，以及倡议通‘西南夷’的经过。司马迁创立本

① 汪高鑫．司马迁大一统思想析论［J］．淮北煤师院学报（哲学社会科学版），2001（5）：80-84.

传，使《史记》体制扩展，具有世界史的意义。"① 列传中的内容也充分展示了大宛国是一个独立的主权国家，《大宛列传》最后六段，写了汉武帝两次发兵大宛国，以断匈奴右臂，以取大宛汗血马种改良中国马种，但汉兵付出了惨重的代价。

汉朝的使者往西域去的已经很多，那些少年随从使者出使回国之后，大多在天子面前无所不谈。言曰："宛有善马在贰师城，匿不肯与汉使。"天子爱好大宛马，听到这个消息就决心要得到，于是令壮士车令等人带千金和金马用以换取大宛王（贰师城）的良马。宛国已经拥有很多汉朝的财物，他们相互商量说："汉去我远，而盐水中数败，出其北有胡寇，出其南乏水草。又且往往而绝邑，乏食者多。汉使数百人为辈来，而常乏食，死者过半，是安能致大军乎？无奈我何。且贰师马，宛宝马也。"于是天子大怒，发兵大宛国，任命赵始成当军正，原先的浩侯王恢为向导，李哆为校尉，掌管军中的作战事宜。这一年是太初元年。关中蝗虫大起成灾，西飞蔓延到敦煌。而汉接着派遣十多批发使者出使大宛国以西诸国，寻求奇珍异物，想趁此机会让他们看看汉天子伐大宛国的威德。此后西汉王朝在敦煌、酒泉设置都尉，西至盐水，大都有亭鄣。仑头地方有屯田士兵数百人，因而设置使者以保护田地和储存的粮食，以供给那些出使外国的使者们。

司马迁撰写《匈奴列传》《南越列传》《东越列传》《朝鲜列传》《西南夷列传》是和《大宛列传》不同，前五篇开篇都是描写有据可查的"四夷"与"中原"交往历史，后四篇开篇无一例外是描写曾经的中央王朝在四夷之地设立了官方机构，或者中原君王赐予四夷头目爵位。《南越列传》曰："南越王尉佗者，真定人也，姓赵氏。秦时已并天下。至二世时，南海尉任嚣病且死，召龙川令赵佗。即被佗书，行南海尉事。嚣死，佗因稍以法诛秦所置长吏，以其党为假守。秦已破灭，佗即击并桂林、象郡，自立为南越武王。高帝已定天下，为中国劳苦，故释佗弗诛。汉十一年，遣陆贾因立佗为南越王。"②《东越列传》曰："闽越王无诸及越王海王摇者，其先皆越王勾践之后也，姓驺氏。秦已并天下，皆废为君长，以其地为闽中郡。及诸侯畔秦，无诸、摇率越归鄱阳令吴芮，所谓鄱君者也，从诸侯灭秦。"③《朝鲜列传》曰："朝鲜王满者，故燕人也。自始全燕时尝略属真番、朝鲜，为置吏，筑鄣塞。秦灭燕，属辽东外徼。汉兴，

---

① 司马迁．史记［M］．北京：商务印书馆，2020：2068.
② 司马迁．史记［M］．北京：商务印书馆，2020：1908.
③ 司马迁．史记［M］．北京：商务印书馆，2020：1918.

为其远，难守，复修辽东故塞，至浿水为界，属燕。”①《西南夷列传》曰：“始楚威王时，使将军庄蹻将兵循江上，略巴、黔中以西。庄蹻者，故楚庄王苗裔也。蹻至滇池，方三百里，旁平地，肥饶数千里，以兵威定属楚。欲归报，会秦击夺楚巴、黔中郡，道塞不通，因还，以其众王滇，变服，从其俗，以长之。”②《匈奴列传》的开篇仅仅描写了匈奴的始祖是夏后氏族的后代，然后从传说中的史料描写匈奴与中原的交往历史。从可信度上说，前四者（南越、东越、朝鲜和西南夷）曾经是中原王朝的藩属地的可信度非常高，因为史料的记录非常靠后，匈奴的所在地属于中原王朝的藩属地的可信度更低，因为司马迁罗列的关于匈奴与中原王朝交往的史料非常靠前，有些史料仅是神话或者传说。但无论结果如何，都不影响将司马迁作为历史学家的伟大，他将“蛮夷民族史传”作为“内传”来撰写，这本身体现了他独到的眼光和进步的历史意识，翻阅史书我们不难发现，在他那个时代，以董仲舒为代表的“公羊学家”们在“夷夏”关系上是主张“内其国而外诸夏，内诸夏而外夷狄”的，而《史记》为“蛮夷”民族立传，这无疑是对这种“别内外”思想的否定。在这方面，无独有偶，东汉史家班固也同样承继了“公羊学家”们的“别内外”思想。《汉书·叙传》明确指出：“西南外夷，种别域殊。”班固认为，四夷不但地处边远，而且种族不同。基于这种“四夷观”，《汉书》自然在编撰体例上将民族史当作外传。由此来看，司马迁的“夷夏观”在他那个时代可谓是空谷足音。

司马迁主张“夷夏一统”，即将“华夏”与“四夷”视作一个不可分割的整体。但是，究竟应该怎样去实现这种夷夏各民族的“大一统”局面呢？司马迁主张四邻“蛮夷”民族必须归附于中原华夏民族，即认为统一的主体必须是华夏族，换言之，“大一统”就是以夏统夷。反之，如果“四夷”政权不愿归附华夏政权，此时，华夏政权就有理由用武力进行讨伐，以维护“大一统”的局面。由此来看，司马迁的“夷夏一统”，是以“蛮夷”归顺“诸夏”为前提条件的。具体而言，一是司马迁强调“蛮夷”必须归顺“诸夏”；二是司马迁反对“蛮夷”离心离德，赞成民族统一战争。司马迁为什么会出现这种观点，可能有如下两个原因：第一，从三皇五帝到汉朝，还没有出现少数民族执掌国家政权的局面，所以，司马迁想当然地认为，今后出现在中华大地的“大一统”政权或者国家都是汉民族来完成的；第二，汉民族“中心论”一直是当时学术界的主流，显然司马迁传承了这一传统学术思想。但历史的发展不是以司马迁

① 司马迁. 史记［M］. 北京：商务印书馆，2020：1924.
② 司马迁. 史记［M］. 北京：商务印书馆，2020：1930-1932.

的主观为蓝图而展开，中国历史上，自元朝之后，出现了两个“大一统”的少数民族政权，分别是元王朝和清王朝，中间的非“大一统”的少数民族政权就更数不胜数。

二、“自在的中华民族”说

“中华民族”是中国所有民族的统称，“中华民族”作为一个实体确实早已存在（并非近代才产生），但“中华民族”概念的提出是20世纪初的事情，该概念一经提出，就意味着中国民族共同体的意识存在，它的提出标志着中国的民族关系进入到一个崭新的和谐时代。

“中华民族”称谓和概念都是20世纪初出现的，“中华民族”一词的出现与“民族国家”概念有关，“民族国家”的概念首先出现在19世纪后半叶，在欧洲，由于现代国家转型，很多国家是由一个民族构成的，用民族的概念来解释国家的成功和失败自然成为学术界的重大课题。当时的中国还是通过日本了解到这一前沿课题的，1898年，梁启超到达日本，开始了解到这一学术动态，1901年，梁启超发表《中国史叙论》一文，首次提出“中国民族”的概念，1902年，他在上述概念的基础上，正式提出“中华民族”这一概念。梁启超在学术上正式使用“中国民族”是在《论中国学术思想变迁之大势》一文中，论述春秋战国时期齐国的学术思想地位时正式使用了“中华民族”一词。前文中我们论述道，最早提出“中华民族”有共同祖先的是司马迁，虽然当时还没有“中华民族”的概念，但他在《史记》中指出，“中华民族”都是华夏子孙，且有共同的文化基础，所以，“中华民族”是一个不可分割的整体，虽然在不同的朝代有不同的说法，但总体来说，每个朝代都认同“中华一体”的思想，只是在谁是“正统”的问题上争论不休。

那么，“自在的中华民族”具体又是如何形成的呢？学术界主要有以下几种观点：“汉族中心”论、“满族中心”论、“内亚中心”论和“凝聚核心”论。在“自在的中华民族”形成时期，整个国家的各个民族没有形成绝对统一的民族意识和文化自觉，每个民族都有自己的文化特色，并且都能够在民族的交流当中较为完整地保留下来，因此形成了多个文化中心，但这个最大的文化中心毋庸置疑是汉文化，所以有一种看起来非常正确的观点，整个中国都应该以华夏为中心，其他少数民族应该从属于华夏民族，如果中华民族要“定于一”，那么，华夏民族就是那个“一”。这种观点在元朝没有统一中国之前，被认为是绝对正确的，历史上的儒家经典作家也是这么认为的，司马迁就是持有该观点的著名的历史学家，他认为少数民族不应该独立于“中华”之外，为了避免此种现象的发生，华夏民族可以以武力的形式迫使少数民族屈服。到现代，这种以汉族为中心的中国叙事首推者至今不绝，但这样以汉族为中心的中华民族史观解释不了中国的历史，也不利于中国的国民凝聚，所以这种观点亟须扬弃。纵观中国的封建王朝史，不论是由少数民族主导还是由汉族主导，都是一个有机体，它包含了多民族的众多元素，在这个有机整体中存在着政治、经济、文化等多方位的有机联系，所以，在分析历史的形成与发展趋势时，不能将各个部分割裂开来，更不能以其中的一个部分概括整体。因此不论是“汉族中心”论还是“满族中心”论或“内亚中心”论，都无法对中国的历史做出合理的解释，因此，无论是哪一种中心论都是不能成立的。而多元一体“凝聚核心”论似乎是不错的选择，“凝聚核心”不是绝对以哪个民族为中心，有时是以汉族为核心，有时候又以别的民族为核心，如满族。1978 年，费孝通在日本京都学术讨论会上的发言中指出：“中国的这许多民族……通过交流、混杂、融合分化、相互依存和相互促进，共同缔造了一个包括各民族在内的整体——中华民族。”没有哪个民族永远是核心，费孝通还说：“我把中华民族的核心群体叫作‘凝聚核心’。中华民族的发展进程就是围绕着这个核心展开的，许多群体都参与了这个‘凝聚核心’的发展过程，包括了汉人、蒙古人在内，有的进入了这个核心，有的附着在这个核心之上，形成不同的层次。以‘核心’开展的分分合合的过程，包括各民族自身的形成都是如此发展的，连汉族的形成也不例外。凝聚是一个过程，它在过程当中逐步构成了不同层次的差序。”①

“自在的中华民族”的凝聚过程是一个各族人民交往、交流、交融的过程，它既不是一个以汉族为中心的同化和扩张的过程，也不是以各民族为中心的各自孤立发展的过程，而“是由许许多多分散孤立存在的民族单位”先“在各地区分别有它的凝聚中心，而各自形成了初级的统一体”，而后“经过接触、混杂、联结和融合，同时也有分裂和消亡，形成一个你来我去、我来你去，我中有你、你中有我，而又各具个性的多元统一体”，中华民族正是在各民族密切联系的关系网络中，在不间断的“同化”“互化”和“共化”的过程中形成的。除了和民族关系史观一样强调各民族的普遍而密切的联系以外，多元一体理论还特别强调这一联系网中的“汉族核心”。汉族成为核心，是因为它“不断吸收其他民族的成分而日益壮大，而且渗入其他民族的聚居区，构成起着凝聚和联系作用的网络，奠定了以这个疆域内许多民族联合成的不可分割的统一体的基础”。可见，所谓“汉族核心”，是指汉族在各民族交往、交流、交融中发挥了

① 马戎．费孝通先生的民族问题研究［J］．西北民族研究，2016（4）：5-18，137，2.

把“多元结合成一体”的骨干作用。之所以这么说，是因为尽管各民族的交流是相互的，但没有一个民族能够像汉族这样有分布极广的众多人口，没有一个民族能够像汉族这样与全国所有其他民族有着这么密切的关系，不仅凡是宜耕的平原几乎全是汉族的聚居区，就是在少数民族地区的交通要道和商业据点一般也都有汉人通过屯垦移民和通商长期定居。这样汉人就大量深入到少数民族聚居地区，形成一个点线结合、东密西疏的网络，把东亚这一片土地上的各民族串联在一起，形成了中华民族自在的民族实体，可以说汉族在多元一体格局起到“骨架”的作用，① 而所谓的“自在的中华民族”就是以汉族为纽带联结在一起的各个民族统一体。所以“汉族核心”是从民族相互交往与联系的角度来说的，而不是从文化的角度来说的。② 汉族成为各民族交流过程中最大的纽带，是历史的客观事实，无法否认，也没有必要否认。相反，我们应该充分肯定汉族在中华民族形成过程中的基础作用。因为只有如此，我们才能理解为何中国各民族可以最终形成一个统一的中华民族。也如费孝通所说：“在这种杂居得很密的情形下，汉族固然也有被当地民族吸收的，但主要还是汉族依靠深入到各少数民族地区的队伍，发挥它的凝聚力，巩固了各民族的团结，形成一体。”③

当然，汉族不是单独在民族的交往中起作用的，其他民族也在各民族交流中发挥了重要，甚至是主导性的作用，对此，我们不能因为汉族对各民族交往的贡献而推出新的“汉族中心论”。

三、“自觉的中华民族”说

从1840年（以鸦片战争为标志）中国被迫打开国门到1911年辛亥革命爆发前的这段时间，是中华民族从“自在”的民族实体向“自觉”的民族实体转变的关键时期。在这七十多年中，中华民族的整体性民族意识萌发，同样是在这一时期，国家开始实现由传统向现代的转变，“天下”观向“主权”观转变，国家形态由封建王朝形态向共和民族形态转变，而所有这些转变都有赖于中华民族共同体的“自觉”、国民对“中华民族”概念的辨析、国民对“中华民族”

---

① 费孝通．中华民族多元一体格局：修订本［M］．北京：中央民族大学出版社，1999：4-35.

② 费孝通．与时俱进 继往开来——写在《民族团结》更名为《中国民族》之际［J］．中国民族，2001（1）：1.

③ 费孝通．中华民族多元一体格局：修订本［M］．北京：中央民族大学出版社，1999：32.

性质的讨论、国民对“中华民族”结构的再认识、各民族共同对抗外敌侵略形成民族合作的确认。在各族人民群众反帝反封建的艰辛奋斗中，在争取民族独立和人民解放的艰苦历程中，“中华民族从一个自在的民族，变成了一个自觉、自强、自新的民族，变成了一个团结、统一、强大的民族，拥有了全新的意义，成为中国各民族的普遍认同和根本归属”①，而“中华民族”概念也成为概括各族人民身份意义的指称。中华民族由“自在”向“自觉”过渡的过程也是中国近代史开启的过程，两者几乎是同步进行的。中国各民族在反帝国主义、反殖民主义和反封建主义的斗争中，捍卫了国家主权和领土完整，并逐渐走向自觉联合，在共同抵抗西方入侵的过程中逐渐觉醒成为一个利益攸关的民族实体，形成了具有现代意义的“中华民族”。清末以前，各族人民的发展长期处于“自在共生”的状态，多民族之间交往、交流、交融局限于各民族自身的存续和发展，缺乏一个整体民族规划意识。清朝末年，随着各主要民族间的大规模激荡，且在与“现代性”的西方列强的直接碰撞中，中华民族实现了由结构性“自在”向能动性“自觉”转变，具有现代内涵的中华民族观念油然而生，在这种由“自在”向“自觉”的转变中，国民经历了“血与火”的洗礼，展开“亡国”还是“亡种”的大讨论，引发民族成员对身份和文化心理认同的深入思考。

鸦片战争后，由于西方列强的入侵而导致的民族危亡境遇，进一步深化了各民族之间利益攸关、心灵相通的意识。在“血与火”共同对抗西方列强的斗争中，中华民族荣辱与共的命运共同体的内涵与情感，更加深入到各族人民的脑海中。1841 年 5 月，广州三元里人民的抗英斗争揭开了中华民族武装反抗西方列强的序幕，福建、江浙、台湾等地区的人民相继走上战场，共同抵御西方列强的入侵。同年 6 月，四川、贵州等地的各民族士兵前往广东支援当地人民的抗英斗争，四川西昌地区的少数民族战士共计 2000 余人奔赴江浙抗敌。第二次鸦片战争期间，汉族、满族、赫哲族、达斡尔族、维吾尔族、哈萨克族、蒙古族、回族、锡伯族、鄂温克族等各族人民共同合作，与俄国侵略者开展了英勇的斗争；苗族、瑶族、壮族、汉族等各族人民共同合作，与法国侵略者展开了殊死搏斗。恩格斯是这样评价中国军民抵抗西方列强的：“这是保卫社稷和家园的战争，这是保存中华民族的民族战争。”② 在这种共同抵抗西方列强入侵的历史情境里，中华民族的凝聚力得到强化，中华民族的共同体意识得到夯实。

---

① 国家民族事务委员会．中央民族工作会议精神学习辅导读本［M］．北京：民族出版社，2015：27.

② 中共中央马克思恩格斯列宁斯大林著作编译局．马克思恩格斯论中国［M］．北京：人民出版社，1997：58.

1911 年（辛亥革命爆发）到 1949 年（中华人民共和国成立）是中华民族“自觉”发展的重要阶段。这一时期，国家形态出现了重大变化，辛亥革命的爆发标志着中国从此结束封建帝制，新的国家形态——民主共和制产生，以中国各民族的整体身份出现的中华民族，在接受思想论证后，也深层次地介入到中国近现代化的历史进程中。从此之后，个体民族成员身份发生了转变，不再是皇帝的子民，而是拥有了在法律上平等的公民身份。“‘中华民族’这个符号，与中国境内各民族平等融合而成一大现代政治和文化共同体的意义。”①

中华民国成立初奉行“五族共和”的政治文化信条，建立以汉族、满族、蒙古族、回族、藏族五个民族为代表的民主共和制国家。1917 年李大钊等人从历史文化、血缘联系和现代政治条件等角度论证了中华民族的发展前景。五四运动后，“中华民族一体化”的思想在精英阶层的脑海中存在，由于新闻的广泛传播和政策的推动，“中华民族一体化”思想开始被广大中国人民普遍接受。中华民族概念在孙中山的“三民主义”政策中得到重点强调，国民党一大也对这一概念进行了重点强调，南京国民政府对中华民族一体认同符号的强化对促进中华民族共同体观念的形成与发展意义重大。

从 1931 年 9 月 18 日到 1937 年 7 月 7 日期间，一系列民族存亡事件接踵而至，抗日战争全面爆发之后，团结一致共同抗日成为每一个民族成员的首要任务。受此时局的影响，中华民族概念一方面旗帜鲜明地传达了这样一种精神，民族危亡时刻，各民族是命运相同、情感共通的，只有共同合作凝成一个整体，才能继续生存下去；另一方面超越了党派斗争的狭隘性与局限性，成为各派政治势力接受的精神标识与符号表达。“中华民族的各族人民都反对外来民族的压迫，都要用反抗的手段解除这种压迫。”② 这一时期，中国各民族均表现出了强烈的“民族共同体”意识。各种媒体的广泛宣传大大增进了“中华民族共同体”这一观念的认同，促进了“中华民族共同体”意识的勃发和“民族一家亲”情感的认同。

铸就中华民族共同体意识意义重大。其一，铸就中华民族共同体意识有利于国家认同建设。中华民族是中国作为民族国家的基础，是一个情感、文化和政治的共同体，铸就中华民族共同体意识可以增强我国各民族人民的中华民族认同，进而增加国家认同。其二，铸就中华民族共同体意识可以促进国家整合，

---

① 黄兴涛．重塑中华：近代中国“中华民族”观念研究［M］．北京：北京师范大学出版社，2017：89.

② 毛泽东．毛泽东选集：第 2 卷［M］．北京：人民出版社，1991：623.

所谓国家整合就是将国家组织起来，使之作为一个整体，对我国这样一个幅员辽阔的大国来说，国家整合是至关重要的，因为国家内部，不同地区的文化、经济有很大差异性，难以形成高度的同质性，所以，有必要进行国家整合工作。其三，铸就中华民族共同体意识还可以有效防止“三股势力”（恐怖主义势力、分裂主义势力和极端主义势力）的威胁和渗透。强化中华民族的共同体意识，不但可以凝聚人心，增强全国各族人民的国家认同，而且对“三股势力”产生免疫力，进而保持整个中华民族的大团结和国家的大稳定。

本章小结：

古代政府处理民族关系实践得出历史结论：把别的民族与自己的民族同等对待的政府才能使国家繁荣昌盛，压迫和歧视别的民族的政府都会因为处理不好民族矛盾而使国家四分五裂，公平对待每个民族的政府才能获得各个民族的支持而长治久安。民族平等的重要标志是“华夷一体”“满汉一家”“王者爱及四夷”。不歧视少数民族，不以地域或人种区别对待统治者之外的民族，积极推动各民族之间的经济文化交往，这种经济文化交往有利于众多民族的团结和融合，并最终达成多元一体的中华民族统一体。反之“贵中华贱夷狄”或“贵夷狄贱中华”的民族歧视政策，只会使民族矛盾进一步激化，从而导致国家分裂。

第三章

中国古代公共组织处理公共关系的基本理念和社会实践

本章提要：

古代社会的统治者，从法律层面确立了中央政府对普通民众的管辖权，但在实现这一管辖权的具体操作上，还是依靠众多的公共组织，古代政府一般不直接参与公共组织的行政管理，只是从宏观层面影响公共组织的运行方向（相当于掌舵），使公共组织妥善处理与民众的公共关系。中国古代社会有“皇权不下县”的传统，中央政府不直接参与地方政府的行政管理，一定程度上使基层政府有自治的性质，而基层政府通过与宗族和乡绅结合为底层民众提供各种服务，一定程度上缓解了中央政府与底层民众之间的尖锐矛盾；中国古代的商业组织，不是以追求商业利益的最大化为目标，而是以仁义之道经商，以扶贫济民为己任，这在一定程度上缓和了商业组织与普通民众的利益冲突；中国古代慈善组织不是独立存在的实体组织，它的安全运转需要在政府的协助下才能实现，从公共关系的视角看，中国古代社会的各类慈善机构成为政府处理与贫困阶层民众关系的一种工具。

第一节　古代社会基层政府组织的公共关系

一、古代社会基层政府组织的基本特征

中国古代社会的基层政府组织依次为秦汉的“乡亭里制”、魏晋南北朝的“三长制”、隋唐的“邻保制”、宋朝的“保甲与乡约制”、元朝的“社制”、明

朝的“里甲制”、清朝的“保甲制”等。① 中国古代的地方治理，并非西方学者想当然的中央集权下的“残酷统治”，也非有的中国学者揣测的“皇权不下县”的完全自治，它是中央集权和民间自治相向而行所形成的具有中国特色的“官民合治”的治理模式。作为政府的基层组织，乡里组织承担着中央政府对基层社会的治理责任，从其功能上看，其大体上有如下四大特征：第一，组织的政治性；第二，组织的独立性；第三，组织的宗法性；第四，组织的自治性。②

（一）组织的政治性

任何行政组织都应该为政权服务，中国古代基层组织也不例外，中央政府在县乡建立基层组织是为了便于基层管理，使上层的政策能够顺利抵达基层，从而实现对全国人口的管控。中国古代对人口的管控不像西方那样是以“人号”管理为主，中国古代从秦国开始就实行以家庭为单位的“民户”户籍管理制度，简单地说，就是以“民户”作为国家课税、征调力役和组织兵战的基本单位，商鞅的“什伍”户籍管理制度的特点是，“什有什长，伍有伍长”，实行“什伍连坐法”之后，基层的邻里之间互相监督、互相纠察起来就十分便利。在这种严密的组织系统之下，国家能将居民严格地控制在一定的范围之下，这不仅保证了国家的赋税、征役和兵役政策的顺利实施，也确保了社会秩序的稳定。正如《朱文公全集·乞禁保甲擅关集子》所言：“保甲之法，什伍其民，使之守护里闾，觉察奸盗，诚古今不易之良法。”但该法令也有显而易见的缺点，由于邻里之间的相互牵扯，居民的自由流动变得十分的困难，这法令在一定程度上阻止了基层民众的自由迁徙。

（二）组织的独立性

中国古代基层的独立性是由中国基层社会发展的不平衡决定的，由于中国古代经济社会发展极不平衡，主要是受地理因素的制约，古代不同地区的乡村呈现出高低不同、差异极大的发展状况，而建立在这种发展水平之上的地方基层组织，需要对特定的自然、经济和政治环境进行有针对性的管理，换言之，基层管理有其相对独立性，所有的诸如“户婚、争占、失火、盗窃、田土、斗殴、钱债、骂言、赌博、擅食田园瓜果、弃毁器物、卑幼私擅用财、子孙违反教令、亵渎神明、畜产咬杀人、师巫邪术、均分水利、六畜践食禾稼、私宰耕牛”等十九项涉及经济纠纷、风俗民情、基层民事关系以及其他基层社会事务，

---

① 杨国安．“天高皇帝远”？古代基层社会如何治理［J］．人民论坛，2020（3）：142-144.

② 韩秀桃．中国古代乡里基层组织特征［J］．法学杂志，1998（1）：32-33.

都必须由基层官员独自处理解决，不得报官，这等于是将基层的社会事务交由基层官员处理，这是间接承认基层组织的独立性。

（三）组织的宗法性

宗法与血缘、政治和权力的结合是中国古代社会基层管理最显著的特征之一。在宗法血缘关系异常浓厚的中国传统乡村，以血缘关系为主要纽带而组成的宗法组织常常与基层的行政组织互相渗透、互相融合。换言之，传统的农业社会经济结构决定了国家对基层社会管理起点是以血缘为纽带的宗法组织，昔日的宗长、房长和族长很容易凭借其血缘关系一跃成为宗法地主和乡里保甲头目，即基层的行政官员，这一现实使基层行政管理与地方的宗族治理熔于一炉，两者通常是相互补充，互为支撑或者合二为一的复杂关系。在基层宗族组织与行政组织合二为一的情况下，族长、房长便是乡官乡吏，他们将两种权力结合起来，使之更加有效地运转。在处理具体的基层事务时，族长和房长通常有很大的自主权，表面上是在处理家族内部的事务，但实际上是代表国家行使地方行政权力，表面上是服从宗法的权威，实际上是服从国家的权威。

（四）组织的自治性

独立性要求有自治性。自治性的形式表现为大大小小的基层事务不是由上位官员越级管理，而是由本地的乡绅、族长或者保甲头目亲自处理。自治性的内容表现为整个宗族对内部人员和宗族内部事务的自治，地缘村落就全体村民的整体利益的自治，而不是损害本村落整体利益的前提下的各种管理行为。那么，这种自治是属于哪种性质的自治呢？与现在西方社会的基层民主自治和现代中国基层社会的基层民主自治的关系如何呢？它既不同于当代西方地方自治，也和当代中国基层的地方自治不完全一样，它是一种有中国特色的地方自治。首先是理念与当代西方的民主自治不同，现代西方的基层自治建立在“主权在民”和“主权在州”的基础之上。换言之，在当今的西方世界，民众普遍认为，人们有选择政府的主权，政府的合法性建立在民主选举的基石之上，联邦政府的合法性建立在州政府授权的基础之上，所谓的联邦就是独立的州政府联合起来的政府，所以，地方政府在公共政策方面有很大的自主权。显然，中国传统社会的地方自治不是建立在西方的民主、自由的价值观基础之上的，而是建立在中国儒家仁义、贤能的价值观基础之上的。当然，中国传统社会的地方自治也不同于现代中国的地方自治现代中国的地方自治原则上是认同平等、自由原则，只不过这种原则不是完全按照西方的理解而已。换言之，中国传统社会的地方自治与当代中国的地方自治虽然在价值观上有相同之处，都是基于贤能价值观和能人政治的现实，但前者缺少现代民主和自由元素。尽管如此，中国传统社会的地方自治还是有朴素的民主和自由元素，它强调地方治理应该基于地方特色，而且在治理途径上，也是依赖于本土贤能志士，而不是外籍人士。

二、古代社会基层政府的发展历程

中国古代社会的基层组织从西周的“乡遂”到明清的“保甲”一直绵延不断，每个朝代都有革新，都有传承，但万变不离其宗，基层组织的基本功能是：巩固基层、维护治安、寓教于民、保障民生并最终达到乡村自治的目标。

从春秋战国时期开始，诸侯国便陆续实行郡县二级管理制度，后来转变为州郡县三级管理制度。为了巩固基层政权，发展国家赖以生存的农业经济，国家都非常重视县以下的基层组织建设。按照西周的体制，距离国都百里之地为“郊”，在“郊”内设立乡行政区，在“郊”外设立“遂”行政区，当时共有六个乡行政区和六个“遂”行政区。乡内由乡大夫“掌其乡之政教禁令”，“遂”内则由“遂大夫掌其遂之政令”，“乡遂”基层组织所承担的重要任务是“以岁时稽其人民而授之田野，简其兵器，教之稼穑”①。

秦汉时期，县以下基层组织统称为“乡里”，“里”以下按“什伍”户籍制度管理居民，“什主十家，伍主五家，以相检察，民有善事恶事，以告监官。”②县以下除了“乡里”基层组织之外还于每十里之处设“亭”，“亭”是专门抓捕盗贼的组织，乡设“三老”是汉朝的制度性创举，关于“三老”的身份，目前有三种说法：第一种，“三老”是政府正式任命的乡里基层官员。《汉书》有云：“乡有三老、有秩、啬夫、游徼。三老掌教化。啬夫职听讼，收赋税。游徼徼循禁贼盗……皆秦制也。”③《续汉书志》曰：“乡置有秩、三老、游徼。本注曰，有秩，郡所署，秩百石，掌一乡人；其乡小者，县置啬夫一人。皆主知民善恶，为役先后，知民贫富，为赋多少，平其差品。三老掌教化。凡有孝子顺孙，贞女义妇，让财救患，及学士为民法式者，皆扁表其门，以兴善行。游徼掌徼循，禁司奸盗。又有乡佐，属乡，主民收赋税。”④ 第二种，“三老”不是正式的基层官员，仅是民意代表或者是荣誉代表，著名学者严耕望便是该种观点的持有者，严耕望认为，“三老”是“乡里民官率民参政者”，“县三老

① 冯绍霆．周礼：远古的思想［M］．上海：上海古籍出版社，1997：198-289.
② 范晔．后汉书［M］．北京：中华书局，1965：678.
③ 班固．汉书［M］．北京：中华书局，2005：893.
④ 司马彪．续汉书志［M］．上海：上海古籍出版社，1997：457.

近于县参议长，乡三老近于各乡选出之县参议员”①。第三种，“三老”十分特殊，“非吏非民、亦吏亦民”，著名历史学家安作璋认为：“在汉人心目中，三老‘比于吏’，并非是真正之‘吏’。”② 著名考古学家陈直认为：“两汉三老，在政治上，名称是吏，实际又不纯属于吏。当时功令，称为非吏比者，最为确当。”③

隋朝时期，五百家为乡，设“乡正”一职（也有地方称之为乡长），其主要职责是处理民间诉讼事务，古代的基层行政机构，除了管理道德教化、征集税收、摊牌徭役事务之外，还有一个附加使命就是让民众之间相互监督，使民间的赋役不得逃避，罪犯无处隐身。除此之外，还建立了与行政机构交叉的宗法组织，例如，五家为一保，五保为一闾，四闾为一族，保有保长，闾有闾长，族有族长。这种安排使国家政权与家族组织形成了无缝连接，并赋予保长、闾长和族长约束家族成员的法定权力，隋朝之后，历朝历代都沿袭此制。

唐朝时期，由于唐朝经济的逐渐繁荣，基层组织出现了城乡分化的现象，农村仍然是以“村”为单位，但城市却以“坊”为单位。和前朝不同的是，“乡”和“里”的划分是以户籍中的户数来进行的，一百户为一“里”，五百户为一“乡”，到唐朝的天宝元年（742 年），整个唐朝共有“乡”级行政机构一万六千八百二十九个。“乡”是基层行政组织中发挥重要作用的单位，每个乡设乡长一名，每个乡设五个里正，里正作为基层管理人员主要负责收授土地、收纳赋税、劝课农桑、摊派兵役、徭役等事项。按照《唐律疏议·职制律》的说法，里正还谈不上官吏，至多算是“在官供事，无流外品”的“杂任”，它是属于没有官品的基层政府的办事人员，有点类似今天临时工性质的打杂人员，唐朝官品最低的官员只设置到县一级，“杂任”不享受薪资待遇，只是可以免除课役而已。

宋朝时期，宋朝地方官员与百姓之间是通过“乡役人”这个群体取得联系的。“乡役人”真正的身份不是官，也不是由中央直接任命，一般情况下，“乡役人”是没有薪酬的（王安石变法时期除外），但其在宋朝却是介于国家和乡村社会之间不可代替的社会群体。国家政策的执行，是由州县政府交于“乡役人”，方能最终落实到基层，而民生民瘼大都由“乡役人”来传达至州县乃至朝

① 严耕望．中国地方行政制度史上编：秦汉地方行政制度［M］．台北：“中央研究院”历史语言研究所，1974：245.

② 安作璋，熊铁基．秦汉官制史稿［M］．济南：齐鲁书社，1985：190.

③ 陈直．汉书新证［M］．天津：天津人民出版社，1979：172.

廷。“乡役人”包括户长、里正、壮丁、保正、保长等，“乡役人”这些基层行政头目是“国家在地方的代理人，他们既在地方代表国家提供公共产品，也在地方维护国家垄断租金的最大化。基于这个目的，官府赋予他们的催驱徭役，征收赋税，监督和镇压对现存统治形式的挑战的权力”①。“乡役人”除了上述功能外，还需要承担诸如查禁走私、防止乡民违禁、缉捕盗贼、维护公共秩序、昭示国家权力、传播国家信息、教俗化民、处理乡民诉讼等义务。总之，在实际生活中，老百姓的日常生活都是处在“乡役人”的监管之下，国家要依赖“乡役人”对基层社会施加控制力。

明朝时期，明朝的基层组织大概分为三大类：城里的称之为“坊”，郊区的称之为“厢”，乡村的称之为“里”。在乡村，每一百一十户设一里，里下设甲，里有里长，甲有甲长。里长的主要职责是贯彻中央的宏观政策，并负责调解民事争端、维护基层社会秩序，正所谓“下有益于民事，上有助于官司”②。甲长则负责地方民政、教化、赋税、诉讼等诸多事项。

清朝时期，清朝的基层组织在保留了明朝“里甲”制的基础上，又创立了“保甲”制度。“保甲”制的设立是以户籍的十进位为基础的，十户为牌，十牌为甲，十甲为保，其内分设牌长（头）、甲长和保长。清朝政府设置基层行政的一大特点是将宗族势力镶入其中加以制衡，其在法律上规定，凡是保长失职的情况出现时，族长拥有向知县上呈弹劾的权力，这一安排事实上告知乡保决断地方事务通常需要协同族长一同处理，清朝政府在地方治理中还非常重视乡绅的作用，它在相关条文中规定保（甲）长必须是“识字及有身家之人”③ 充当，正所谓“以士大夫治其乡”④。

三、古代社会基层政府调整公共关系的努力

（一）为民众提供公共产品，有利于地方经济的发展和民众素质的普遍提高

古代社会基层政府成立的首要目的毋庸置疑是为中央政府（皇权）服务的，但古代社会基层政府有双重属性，向上是为皇权服务，这种服务是完成封建君王对内统治民众的需要，其中负责收授土地，收纳赋税，摊派兵役、徭役等事项都是中央政府直接赋予基层政权的首要任务。但古代基层政府还有另一个属

---

① 王棣．宋代经济史稿［M］．长春：长春出版社，2001：448.
② 顾炎武．日知录［M］．上海：上海古籍出版社，2012：345.
③ 刘锦藻．清朝文献通考［M］．杭州：浙江古籍出版社，1988：267.
④ 刘锦藻．清朝文献通考［M］．杭州：浙江古籍出版社，1988：256.

性，那就是向下为普通的民众服务的，如善教化民、兴学育才、兴修水利、缉捕盗贼、劝课农桑、处理基层民事纠纷等。按现在的学术规范语言来说，这都属于社会的公共产品，古代社会基层政府为普通的民众提供上述公共产品以来至少有以下三个作用：第一，缉捕盗贼、处理基层民事纠纷等措施有利于维护社会稳定，也为未来的经济社会发展奠定良好的基础；第二，兴修水利、劝课农桑措施有利于乡村经济的发展，兴修水利是农业发展的基础性工程，这是国家农业发展的必要条件，劝课农桑就是基层官员勤勉督促百姓积极发展农业、手工业和养殖业，这对乡村经济的发展毋庸置疑是大有裨益的；第三，善教化民、兴学育才等措施有利于民众素质的普遍提高，为民众的自身发展奠定坚实的基础。

（二）古代社会基层政府与宗族组织相互融合，在控制地方社会方面共同发挥作用，宗族组织在制定家法族规、乡规民约方面发挥了重要作用

早在周代，宗法制与分封制相结合，从上层社会（统治阶层）影响国家宏观政策。秦朝到魏晋时期，族权与君权开始逐渐分离，宗族也就开始慢慢民间化。宋元之后，随着义庄的普遍出现，宗族最终显现出完全的民间特性。明清时期，尽管宗族组织已经成为民间组织，但它仍然发挥着社会性组织作用。它在古代社会至少有以下三种作用：第一，发挥着以族规为核心的组织管理系统作用。在古代社会，族规是所有族人必须遵守的行为规范，一旦出现族人违反族规的现象（这种现象包括在家事或族事、个人品行修养、职业、婚姻选择和经济生活准则等各方面），就必须以家规处理，严重违反家规者甚至要用活埋、沉塘等手段来处理违规者。第二，发挥着以族田、义庄为核心的救济保障系统的作用。光宗耀祖是古代宗族组织成立的首要目标，体恤贫困族民是古代宗族组织成立的另一个重要目标。明清时期，各大宗族一般都设有族田、义庄等，族田可以资助有读书天分的族人，这些族人一旦功成名就之后又反过来支持宗族的发展，从而形成良性循环，义庄在族人出现经济困难的时候施以援手，这种经济困难往往是与自然灾荒联系在一起，也有的是由于疾病或者家庭变故等原因引起的。第三，发挥着以祭祀、族谱、族训为核心的教化系统的作用。宗族祭祀是基于族人的共同的祖先，古代宗族组织利用各种宗族祭祀活动能够起到巩固家族团结的目的，修撰族谱也有这方面的作用，族谱和家训还有传承家族优秀传统的重要功能，近代以来，江浙一带名门望族之所以会涌现一批政治、经济和科技方面的杰出人才，与其家族优秀传统的传承有很大的关系，这种家族优秀传统的传承其实就是家族文化的传承，族训就是依托这种家族文化对族人进行教化，从而实现使其族人成才的目标。

（三）古代社会基层政府与乡绅相互融合，达到一定程度的乡村自治，这在一定程度上维护了基层和村民的利益

从维护自身的政治利益出发，任何一个中央政权都不能容忍政权之外的组织对其基层行政权的挑战。在中国古代社会乡村，保甲组织、宗族组织和乡绅集团是相互依存且相互制约的三股势力，中央政府之所以能够容忍宗族组织和乡绅集团与保甲组织“并驾齐驱”，是因为“传统中国事实上有着两个互不干扰的秩序中心。一个是管制领域，以国家为权威中心……另一个则更具有实质性……这就是在基础层次上存在的地方体中的权威……这两种秩序在各自的领域中形成了各自的权威中心，并学会了在互相的礼节性交往之外，小心避免触及他人领地”①。这两种权力（国家行政权力与社会自治权力）被费孝通先生称为“双轨政治”②，那么为什么会形成“双轨政治”？换言之，至高无上的皇权为什么会止于县政？即传统社会的惯例是，国家的正式权力机构只设置到县一级，平时中央政府并不干涉基层社会的内部事务，而是由基层乡绅阶层自行管理。即所谓的“许多事情乡村皆自有办法，许多问题乡村皆自能解决：如乡约、保甲、社仓、社学之类，时或出于执政者之倡导，固地方人自己去做”③。唯一合理的解释是，中央政府受到地域、财政、人力等因素的制约，无力也不可能将权力的触角深入到乡村底层中，于是在乡村底层寻找代理人变成了其不错的选择，在此情况下，作为乡村社会重要力量代表的乡绅阶层就成了国家的不二选择。何为乡绅？“乡绅主要是通过科举制度成长起来的一个精英群体，主要为通过科举出仕者，也包含通过捐纳等途径获得官衔的人，还包括有功名而尚未取得官职者。”④ 由于“绅为一邑之望，士为四民之首”⑤。其在乡村的作用“一般是通过软性和间接渠道实现的，他们的权力来自他们的文化威权，来自农村共同认可的文化氛围和资源”⑥。由于其在官方和民间都有特殊的地位，实际上乡绅便拥有了“亦官亦民”的身份，其功名是政府赐予的，所以他们拥有“半官僚”身份，但他们又没有被官府授予官衔，所以，他们又终究属于民，是拥有政治、经济和文化资源的民。这种特殊的身份使乡绅能够作为官民的“中

---

① 张静．基层政权：乡村制度诸问题［M］．上海：上海人民出版社，2007：17-18.

② 费孝通．费孝通选集［M］．天津：天津人民出版社，1988：125.

③ 梁漱溟．梁漱溟全集：第五卷［M］．济南：山东人民出版社，1992：585.

④ 黄博．传统社会“乡村自治”模式的机理分析［J］．中共南京市委党校学报，2015（6）：65-69.

⑤ 岑大利．历史角色丛书：乡绅［M］．北京：北京图书馆出版社，1998：75.

⑥ 张鸣．乡村社会权力和文化结构的变迁——1903—1953［M］．南宁：广西人民出版社，2001：2.

介”，在乡村治理中发挥独特的作用。

一方面，作为国家代理人，在幅员辽阔的广大乡村，乡绅向基层民众传达中央的政策指令，收取苛捐杂税；另一方面，充当基层民众的代言人，当中央政府对地方的压迫过于强大，征收的税收超越了底层民众承受能力的时候，乡绅会站在民众的角度与官府抗争，因为乡绅靠近普通民众，了解基层民众疾苦。当国家权力过于强大，可能会压迫民众之时，乡绅就会偏向地方，运用其个人影响，通过非正式渠道有效地反抗国家权力。当处于最底层的民众对国家权力产生强烈对抗之时，他们又会站在国家的立场上，配合官方进行劝说，减少国家与民众之间的摩擦，增强社会结构的韧性，使一个庞大的帝国机器得以安全运转。所以，可以将乡绅作为官僚与民众的“中介阶层或者缓冲阶层”，他们能够将中央的决策信息传达给基层民众，又能够将民间疾苦及时反馈给中央决策层。费正清指出，旧中国官吏以士绅家庭为收捐征税的媒介。同样，士绅也给农民做中间人，他们在执行官吏压迫农民的任务时，也能减轻些官员的压迫。地方官吏在应付水灾、饥荒或早期叛乱以及众多的次要案件和公共建筑工程时，都要靠乡绅的帮助。他们是平民大众与官方之间的缓冲阶层。

总之，乡绅是基层社会的特殊群体，一方面，可以作为政府的代理人，承担基层官吏的管理职责，另一方面，他们又是基层民众的代言人，当底层民众的利益受到来自外部势力的侵略时，他们会代表地方利益向官府抗争。再者，掌握乡村经济生产权力的乡绅，还是地方公共产品的提供者，他们修桥筑路、开河筑堤、兴修水利。无论是“乡亭里制”还是“保甲制”都表明封建社会从开始，中国君王体系就试图将权力深插到最基层的乡村地方。从直接统治的“乡亭里制”到间接控制的“保甲制”的演变，只是为了适应乡村社会的变化，更有效地治理乡村。因此，自上而下的行政权始终是乡村权力体系的重要因素，但中国君王体系最终还是没有将权力深插到最基层的乡村地方。我们可以认为王朝是出于节约行政成本的考虑而这样做，既然整个国家都在王朝的控制之下，王朝或许觉得没有必要花费太大精力对基层进行严格的控制，干脆充当“守夜人”角色，对基层实行“无为而治”的治理策略。

当然，我们不妨换一种思路思考这个问题，中国君王体系放弃将权力的触角延伸到最基层的乡村，也可以视作一种处理公共关系的手段和策略，在中央高度集权的封建社会，封建地主与农民的尖锐矛盾始终是整个社会的主要矛盾，农民天然有排斥皇权的心理需求和追求自身利益的诉求，统治者出于缓解社会主要矛盾的考虑，不将权力的触角延伸到社会的最底层，而是找到乡绅这一代理人对乡村进行间接的统治，“乡村社会自治的局面是国家与广大农民都愿意接受的，所以长期以来，为了谋求乡村社会的有效治理，国家一直支持乡绅阶层拥有统治权，广大农民对乡绅阶层也积极拥护”①。从这个意义上讲，乡绅的基层自治确实达到了缓解社会矛盾的目的，中央政府对地方政府只做方向性指导，只要地方没有出现危及皇权的政治事件，地方政府的具体事务，中央政府通通可以交给基层乡绅去处理，这样一来，统治者与被统治者的矛盾会在一定程度上有所缓解，也有利于王朝体系的长期存续。

第二节　古代社会商业组织的公共关系

一、儒家商业文化

传统的儒家学说重“义”，轻“利”，它将“利”和“义”对立起来，引导民众在“义”的前面，主动放弃对“利”的追求。孔子曰：“君子喻于义，小人喻于利。”② 孟子曰：“仁义而已矣，何必曰利。”③ 董仲舒提倡：“正其谊（义），不谋其利，明其道，不计其功。”④ 朱熹提出“存天理，灭人欲”的主张便是将上述传统的“义利观”推到登峰造极的地步。今天，我们将这种重义轻利的“义利观”称之为僵化的“义利观”，是因为它恰好违背了以人为本的基本思想。现在我们知道，人对正常利益的追求是无可厚非的，不压制人对正常利益的追求是人类社会不断发展的动力，抹杀这种正常欲望的动力，就会禁锢人民追求物质利益的思想，这或许是近代中国商品经济远落后于西方的思想根源。

第一个对上述僵化“义利观”提出尖锐批评的大家是司马迁。他在《史记》中毫不遮掩地表达了自己的“义利观”：“天下熙熙，皆为利来；天下攘攘，皆为利往。”⑤ 司马迁首先就社会各阶层人士对财富的追求做了精彩且准确的描述：朝廷的重臣与谋士拼命为君王出谋划策，是为了得到君王的赏赐和重用；贪官污吏甘冒杀头风险去犯罪，只是为了得到巨额的贿赂；壮士头顶如雨矢石，争相杀敌立功，只是想得到重赏；鸡鸣狗盗之徒杀人越货，只是为了追

---

① 黄博．传统社会“乡村自治”模式的机理分析［J］．中共南京市委党校学报，2015（6）：65-69.

② 孔子．论语·里仁［M］．上海：上海古籍出版社，1997：231.

③ 孟子．孟子［M］．上海：上海古籍出版社，1987：341.

④ 班固．汉书［M］．北京：中华书局，2005：476.

⑤ 司马迁．史记［M］．北京：中华书局，1982：2318.

求财富和优越的生活；农、工、商、贾与牧（人），完全是通过自己的劳动去增加个人财富，这是司马迁最认可的致富方式。首先，司马迁对于“义”和“利”的理解继承了孔子获取利益的方式：不义的获利是不可取的，“不义而富且贵，于我如浮云”。换言之，孔子认为富贵（利益）以非道义的形式获取是毫无意义的，它宛如天际的一片浮云，司马迁对孔子这一观点是完全赞同的。其次，司马迁对于“义”和“利”的理解继承了管仲朴素唯物论的物质意识观：“仓廪实而知礼节，衣食足而知荣辱。”换言之，管仲认为，没有充分的物质基础，人们不可能遵守礼节和荣辱等道德规范，更不会有更高层次的道义追求，只有物质基础充足之后，人们才可能去提高自己的道德水平并实现自己的精神价值，也才会有更高层次的道义追求。

第二个对上述僵化“义利观”提出尖锐批评的大家是苏洵。传统的儒家思想强调“以礼抑情”、“以义抑利”、“存天理，灭人欲”（朱熹语）、“饿死事极小，失节事极大”（程颐语）。苏洵在《上皇帝书》中说：“利之所在，天下趋之。”其寓意非常简单，利益存在的地方，天下的人都会争相前往投奔。有了利益，才能有基本的物质条件，百姓才能生存下去；利益实现了累积，百姓才能求得发展，才能实现富裕。百姓的生存和发展都离不开利益，因此，他们就会趋利而动，随利而行。他还在《利者义之和论》中说：“礼在则义存，利亡则义丧。”在苏洵看来：“没有利的义，不能称之为义，只能叫作徒义；同样，没有义的利，只可以称之为徒利。”① 不仅如此，苏洵还将没有利的义看成极端虚伪的表现，他以伯夷、叔齐的故事辨析道，伯夷、叔齐认为无论君主是否贤能，作为臣子只能好言相劝，不能去杀害君主，这是虚伪的仁义，是愚忠，因为君主（商纣王）祸国殃民，导致民不聊生。周武王杀死昏庸无道且十分残暴的商纣王是顺应民意、替天行道。商朝灭亡之后，伯夷、叔齐发誓不做周朝的臣民，不吃周朝的米饭，就隐居在首阳山，以野菜煮食充饥，并作《采薇歌》咏志，但有一妇女见到他们后说：“子义不食周粟，此亦周之草木。”兄弟二人听后什么也不吃，最终饿死在首阳山。伯夷、叔齐之所以会饿死在首阳山首先是因为自己信奉虚伪的道义——不做周朝的臣民，不食周朝的米饭。其次是因为天下人不道义，如果天下人确实爱道义，伯夷、叔齐，就不会饿死首阳山了，所以说，伯夷、叔齐的死不是道义本身的罪过，而是空言道义的罪过。

子贡被公认为是儒商鼻祖。子贡，姓端木，名赐，字子贡，孔子的著名弟子，“孔门十哲”（颜子、子骞、伯牛、仲弓、子有、子贡、子路、子我、子游、

---

① 韩鼎基．苏洵哲学思想研究［J］．四川文理学院学报，2015，25（1）：88-92.

子夏）之一。子贡曰："如有博施于民而能济众，何如？可谓仁乎？"子曰："何事于仁，必也圣乎！尧舜其犹病诸！夫仁者，己欲立而立人，己欲达而达人。能近取譬，可谓仁之方也已。"①

"博施于民而能济众"最终成为儒商的社会责任。子贡曰："贫而无谄，富而无骄，何如？"子曰："可也。未若贫而乐，富而好礼者也。"②"富而无骄"最终成了儒商的高尚品德，子贡就是有这种社会责任感和高贵品德的人。他富可敌国，史称："子贡结驷连骑，束帛之币以聘享诸侯，所至，国君无不分庭与之抗礼。"范蠡和白圭是另外两个儒商代表。"吾治生产，犹伊尹、吕尚之谋，孙吴用兵，商鞅行法是也。是故其智不足与权变，勇不足以决断，仁不能以取予，强不能有所守，虽欲学吾术，终不告之矣。"范蠡，春秋战国时期楚国人。他辅助越王勾践消灭吴国后，功成身退，隐姓埋名，开始经商。他精于商道，"与时逐而不责于人""能择人而任时"，因此，很快就拥有数十万家财。范蠡重义轻利，仗义疏财，他经商盈利数十万财产，全部送给穷人。后来，到陶经商又三次盈利千金，"再分散与贫交疏昆弟"，被誉为"富好行其德者"。白圭，春秋战国时期东周人，曾为魏相，提出"乐观时变，故人弃我取，人取我与"的经商之道，司马迁称赞说："盖天下言治生祖白圭。"白圭认为，商人应"能薄饮食，忍嗜欲，节衣服，与用事僮仆同苦乐"；商人要有智、勇、仁、强"四德"；"吾治生产，犹伊尹、吕尚之谋，孙吴用兵，商鞅行法是也。是故其智不足与权变，勇不足以决断，仁不能以取予，强不能有所守，虽欲学吾术，终不告之矣。"③ 其中，"仁不能以取予"就是指经商必须遵守儒家道德规范。

"以义制利""以义取利""利缘义取""化利为义"和"急公好义"是传统儒商对儒家传统"义利观"的表达，中国社会进入近代以来，儒商们对传统儒商"义利观"做了近代性转换，既吸收西方近代功利思想，又传承儒商重义价值观，倡导"义利并重"和"义利合一"，将国家和民族大义置于个体利益之上。无论是儒商文化的第一阶段（两宋之前的传统阶段），还是儒商文化的第二阶段（两宋时期儒商的新生和儒商文化的复兴），或是儒商文化的第三阶段（明清时期儒商的兴盛和儒商文化全面建立），儒商"义利观"及其近代转型体现了儒商文化"以义为本"，强调价值理性的文化取向，与西方商业文化"以利为本"，强调工具理性的文化取向不同，彰显了传统儒商文化的普世价值，对当

① 杨伯峻. 论语译注［M］. 北京：中华书局，2006：69.
② 杨伯峻. 论语译注［M］. 北京：中华书局，2006：3.
③ 司马迁. 史记［M］. 北京：商务印书馆，2020：2180-2182.

代儒商文化重建有重要启示。①

二、古代社会商业组织的广告文化

众所周知，广告作为一个行业，于19世纪兴起于西方，而在中国，更是迟至20世纪才出现严格意义上的广告公司。不过，尽管广告作为一个行业在中国产生较晚，但广告意识和广告行为在中国可以说是古已有之。

过去的商家往往在店铺和堂中悬挂“陶朱事业，端木生涯”的匾额，这是最早的商业广告，意思是做生意要像范蠡（陶朱）和端木（子贡）一样，把生意做到富可敌国，还要像范蠡和子贡一样重义轻利、仗义疏财、经商有道。中国是最早利用名人效应来为商业服务的国度之一，首先，利用名人的知名度，提高产品知名度。名人知名度比一般人要高，更能吸引公众的注意力，利用名人做宣传，可以让公众产生爱屋及乌的情感，将对名人的情感转移到产品上。唐代李白曾为兰陵美酒创作诗歌曰：“兰陵美酒郁金香，玉碗盛来琥珀光。”诗歌以极其精炼的语句描绘了兰陵美酒与众不同之处在于其酒之色、香、味俱全。随着李白诗歌的传播，兰陵美酒也名扬天下。杜甫也曾为四川大邑白瓷创作诗歌曰：“大邑烧瓷轻且坚，扣如哀玉锦城传。君家白碗胜霜雪，急送茅斋也可怜。”经过杜甫此诗的推崇，大邑白瓷也得到了很好的推广。宋代，曾巩家乡盛产橘子，但默默无闻，为此，曾巩《橘子》诗曰：“鲜明百数见秋实，错缀众叶倾霜柯。翠羽流苏出天仗，黄金戏球相荡摩。入苞岂数橘柚贱，宅鼎始足盐梅和。江湖苦遭俗眼慢，禁御尚觉凡木多。谁能出口献天子，一株大树凌沧波。”经过曾巩此诗，南丰橘子身价倍涨，并有“南丰贡橘”之美誉。在宋朝还有苏轼，他曾为海南老妇的“馓子饼”创作一首《馓子》诗：“织手搓来玉色匀，碧油煎出嫩黄深。夜来春睡知轻重，压匾佳人缠臂金。”海南老妇的“馓子饼”因苏轼此诗而得以广泛传播，取得较好的经济效益。还有一些商人借助苏轼在百姓心中的地位，推广其产品，往往在其店铺悬挂苏轼诗词作品，以招揽顾客。如潘谷在经营制墨之时，深知名人对墨产品的推广效应，为求得苏轼墨宝，不惜到海南找寻苏轼。其次，利用诗人对人物和情景的描写，塑造产品的特殊形象。李白《少年行》曰：“五陵年少金市东，银鞍白马度春风。落花踏尽游何处？笑入胡姬酒肆中。”便在诗歌中塑造了一个风流倜傥、纵酒狂欢的文士形象，而这个狂欢的文士形象与“胡姬酒肆”有关联，那么该酒的特殊形象便跃

① 徐国利．传统儒商义利观及其近代转型与文化取向［J］．学术界，2020（9）：147-156.

然纸上。杜牧《清明》诗句："借问酒家何处有，牧童遥指杏花村。"既然诗人杜牧都心仪杏花村酒，这便让杏花村酒的形象一下高大起来。宋朝诗人顾逢《鳌山下灯市即事》曰："元夕牌灯大字题，高悬彩架果然奇。"此诗写当时商人在中国传统节日——元宵佳节之时，高悬"彩架"，吸引顾客的注意力，其形象立马显现出来。同为宋朝的诗人高斯得之《物贵》曰："物物揭成价，大字悬康庄。"① 通过"揭成价"展现康庄形象。

关于茶的品牌，陆游的《建安雪》、欧阳修的《双井茶》、许及之的《白山茶》都有描述。《建安雪》曰："建溪官茶天下绝，香味欲全须小雪。雪飞一片茶不忧，何况蔽空如舞鸥。银瓶铜碾春风里，不枉年来行万里。从渠荔子腴玉肤，自古难兼熊掌鱼。"《双井茶》曰："西江水清江石老，石上生茶如凤爪。穷腊不寒春气早，双井芽生先百草。白毛囊以红碧纱，十斤茶养一两芽。长安富贵五侯家，一啜犹须三月夸。宝云日注非不精，争新弃旧世人情。岂知君子有常德，至宝不随时变易。君不见建溪龙凤团，不改旧时香味色。"《白山茶》曰："白茶记异品，天曹玉玲珑。不作烧灯焰，深明韫椟功。易容非世力，幻质本春工。皓皓知难污，尘飞漫自红。"苏轼在《蜜酒歌》中描写道："真珠为浆玉为醴，六月田夫汗流泚。不如春瓮自生香，蜂为耕耘花作米。一日小沸鱼吐沫，二日眩转清光活。三日开瓮香满城，快泻银瓶不须拨。百钱一斗浓无声，甘露微浊醍醐清。君不见南园采花蜂似雨，天教酿酒醉先生。先生年来穷到骨，问人乞米何曾得。世间万物真悠悠，蜜蜂大胜监河侯。"② 该诗歌将蜜酒制造的全过程进行了生动的描述，还将蜜酒的色泽香气向读者进行了形象的描述，苏轼还在《洞庭春色》③ 和《新酿桂酒》④ 中对"洞庭春色"和"桂酒"进行了生动形象的描述。黄庭坚旅居戎州时曾赋《廖致平送绿荔支为戎州第一王公权荔支绿酒亦为戎州第一》诗曰："王公权家荔支绿，廖致平家绿荔支。试倾一杯重碧色，快剥千颗轻红肌。拨醅蒲萄未足数，堆盘马乳不同时。谁能同此胜绝味，唯有老杜东楼诗。"⑤ 依靠名人效应，将商品（主要是酒商品）的知名度和美誉度迅速提高是宋朝诗歌广告的主要诉求。品牌诉求是宋朝诗歌广告的另一大特色，亳州自古就是安徽重要的蚕丝产地，丝绸在唐宋时期就闻名于世。亳

---

① 高斯得．耻堂存稿［M］//文渊阁《四库全书》影印本．上海：上海古籍出版社，1986.

② 苏轼．苏轼诗集［M］．北京：中华书局，1982：1115-1116.

③ 苏轼．苏轼诗集［M］．北京：中华书局，1982：1835.

④ 苏轼．苏轼诗集［M］．北京：中华书局，1982：2077.

⑤ 黄庭坚．黄庭坚诗集注［M］．北京：中华书局，2003：481.

郡生产的纱具有轻、薄、透气等特点。陆游曾有“亳州出轻纱，举之若无，裁以为衣，真若烟雾”① 的评语。两宋时期，亳州的丝绢已能织出蟠龙、对凤、仙鹤、孔雀等图案，所产土贡绢，质地优良，每年定额进贡皇宫 70 匹，并设有专卖市场。亳郡的轻纱在当时成了一个著名品牌。而诗歌广告的诉求策略，以其品牌印象为依托，突出了其质量和特点。早在唐时，著名诗人白居易就有“亳郡轻纱甲天下”的诗句。吴处厚（北宋）作“维扬软縠如云英，亳郡轻纱似蝉翼”② 时，亳郡纱这一品牌在当时已经非常著名。这时亳州生产的亳郡纱已经是一个名牌产品，其产品质量上承，商家信誉良好，加上良好的广告宣传，形成了一定的品牌优势。以上的诗歌广告正是借助了这些优势，以品牌效应来促进销售。

诗歌广告的创作者，大多是封建士大夫，忠孝节义是中华民族最为注重的价值取向，他们首先是认同传统社会所宣扬的价值观念的。何为“忠孝节义”？就是忠于国家（或君王），孝敬父母，对夫妻尽节，对朋友尽义。简单来说，就是以国家集体为重，对人要有仁。它和“鲜廉洁寡耻”“不仁不义”“背信弃义”刚好相反。因而，在创作诗歌广告的过程中，也无形中将这些价值蕴藏进诗句之中。诗歌广告的生命力就在于它所涉及的题材和反映的内容与中国传统社会所倡导的价值观一致。广告是一种文化行为，通过对商品进行宣传来引导人们的消费行为。两宋时期，商人大多将以儒家为代表的传统文化奉为行为准则，并以此规范自身的经营活动。他们所进行的广告宣传，符合他们认同的价值观，并在一定程度上宣传了这种价值观念。比如，宋末诗人郑思肖作有一首题画诗——《寒菊》，诗中这样描述，“花开不并百花丛，独立疏篱趣未穷。宁可枝头抱香死，何曾吹落北风中!”③ 题画诗的性质，与题壁的诗歌广告类似，只不过题诗的位置有差异。这首诗歌广告，表面上是为画卷题写的诗歌广告，展示菊花高洁坚贞的形象，但实际上诗人要表达的是“不食周粟，不事二主”的精神。诗人借菊花高洁的品质表达自己决不向新朝俯首称臣的凛然气节。题词类的诗歌广告，是诗人的自我营销，在两宋时期主要反映的便是这种士风。简单来说就是忠于国家，不向敌国低头。

我国最早的旗帜广告是《韩非子·外储说右上》曰：“宋人有酤酒者，升概甚平，遇客甚谨，为酒甚美，悬帜甚高。”由于宋朝的印刷技术日渐成熟，由刻

① 陆游．老学庵笔记［M］．北京：中华书局，1997：476.
② 吴处厚．青箱杂记［M］．北京：中华书局，1997：368.
③ 郑思肖．郑思肖集［M］．上海：上海古籍出版社，1991：290.

字印刷转变为活字印刷，这使印刷广告成为现实。现珍藏于上海博物馆的“济南刘家功夫针铺”雕刻铜版是最好的物证，该雕刻铜版被认为是我国最早的印刷广告，它的出现标志着我国的广告在宋朝就已经进入了印刷广告时代。广告上端写有“济南刘家功夫针铺”字样，广告中央为小白兔的图案，图案两旁有“认门前白兔儿为记”字样，产品质量的宣传用下端的一段文字来表达：“收买上等钢条，造功夫细针。”其产品数量和信誉的宣传用“不误宅院使用”来表达，销售渠道的宣传用“客转为贩别有加饶”来表达。上述广告设计充分说明，中国的印刷广告水平在宋朝就有了相当的高度。

除了印刷广告，图画广告在南宋时期也被人们广泛使用，有一幅关于宋代杂剧《眼药酸》的绢画，宋代称读书人为“酸”，该杂剧反映了两个读书人买卖眼药的故事，就是有力的证明。画面有两个身穿戏装的演员，一个演员扮演眼疾患者，另一个演员扮演卖眼药者，他头戴围巾，身穿长袍，胁下挂着布囊，他的巾上、袍上、囊上、身上都画满了大大的眼睛。此帛画虽有夸张之处，但艺术是对现实生活的反映，说明图画广告在宋代已广为流行。①

虽然我国古代社会的商业发展水平落后，但丰富多彩的广告样式仍在我国古代社会频繁出现。在当时已经产生了较为多样和比较完善的广告类型，如图腾广告、吃喝广告、招牌广告、旗帜广告、印刷广告等。很多广告形式一直沿用至今，并发挥着举足轻重的作用。②

三、古代社会商业组织的诚信文化

诚信文化是古代社会儒家商业文化的精髓。中国传统商业文化的精神，不是唯利是图，单纯追求功利，追求利润最大化，而是立于天地之大仁，仁爱天下，重义轻利，仗义疏财，富好行其德，最终唤起民族精神。

一切商业组织的人们，一切从事商业活动的人们，都必须有仁爱天下之心，都必须有反省自身的能力，以仁义之道行天下，以扶贫济民为己任，以中正之道协和万邦，以浩浩大化为最高性命之理。③

儒家传统的义利观中有这样一种说法：君子重道义，小人重利益。孔子曰：“君子喻于义，小人喻于利。”④ 在此处，孔子完全将义与利对立起来，将好利

---

① 徐明文，李德恩．中国古代广告发展述评［J］．商业研究，2001（8）：179-181.
② 童恬甜．中国古代广告传播方式变革历程浅析［J］．新闻研究导刊，2016，7（5）：237-238.
③ 司马云杰．中国古代商业文化与商业精神［J］．商业文化，2015（13）：20-23.
④ 朱熹．四书章句集注［M］．北京：中华书局，2012：73.

之徒称之为小人，将舍利取义之人称为君子。而孟子继承了孔子的思想，而且还有过之而无不及，孟子对梁惠王说："王何必曰利，亦有仁义而已矣。"① 到了孟子这里，利是完全被抹杀掉的，利已经完全没有探讨的必要了。

当然，前文说到苏洵对传统的义利观持不同看法，他将利与义二者作为相互支撑。在他眼中，没有利的义，不能称之为义，只能叫作徒义；同样，没有义的利，只可以称之为徒利，"君子也耻于言之"。对于此，苏洵还以伯夷、叔齐，武王伐纣的故事作为论据来论证他的观点："伯夷、叔齐殉大义以饿于首阳之山，天下之人安视其死而不悲也。天下而果好义也，伯夷、叔齐其不以饿死矣。虽然，非义之罪也，徒义之罪也。武王以天命诛独夫纣，揭大义而行，夫何恤天下之人？而其发粟散财，何如此之汲汲也？意者虽武王亦不能以徒义加天下也……呜呼！尽之矣。君子之耻言利，亦耻言夫徒利而已。"②

尽管在"利"和"义"的理解上众多学者有许多不同的观点，但在中国古代商业文化中，诚信意识还是大家共同遵守的规则，在我国古代的商业文化中，诚信是企业家必不可少的品德之一。诚信的内涵起码有以下四点内容：

第一，兑现承诺，言不二价。古人言出必行，话如泰山，将言行必至与基本人格相联系，"君子一言，驷马难追。"表现了东方人特有的品格。尤其是在古代暗码交易的情况下，"言不二价"就成为商人诚信的基本行为表征符号。商场上买卖双方都信守合同，双方都恪守"言不二价"的交易规则，不得反悔，成为古人恪守诚信的楷模。"言不二价"不仅表现为言出不悔，信守承诺，也表现为言出令行，掷地有声。

第二，货真价实，诚信经营。传统商人之所以敢"言不二价""一言九鼎"，是因为有过硬的产品质量做保证，做生意讲究货真价实，"不欺不诈"还表现在敢于杜绝交易中的欺诈行为，不使劣种流传，不以假冒伪劣产品骗人，以诚信取得良好的市场信誉。我国自夏朝末期商朝初期开始，经商就以"诚实不欺"为德，古之良贾早有"布帛狄来表粗不中数，幅广不中量，不鬻市"的经商规范。晋商之所以能几百年雄视海内、阔步天下而不衰，正是将儒家思想"活学善用"在了贾道上。清人郭嵩焘撰文赞曰："中国商贾夙称山陕，山陕人之智术不能望江浙，其推算不能及江西湖广，而世守商贾之业，惟心朴而实也。"儒商在经营过程中，较好地贯彻了儒家的这一主张，奉行诚信为本，表现为诚实经营、信守承诺、童叟无欺。他们特别强调以诚待人，认为"惟诚心待

① 朱熹．四书章句集注［M］．北京：中华书局，2012：201.

② 苏洵．嘉祐集笺注［M］．上海：上海古籍出版社，1993：177.

人，人自怀服”，他们的经营原则是“诚笃不欺人亦不疑人欺”。

第三，义利并举，责任至上。司马迁说：“天下熙熙，皆为利来；天下攘攘，皆为利往。”① 儒家鼻祖孔子曾说：“富而可求也，虽执鞭之士，吾亦为之；如不可求，从吾所好。”②《论语》中许多论述，如“富与贵，人之所欲也”“不义而富且贵，于我如浮云”等，都是主张义利并举，将经济与伦理紧密地联系在一起的。子贡就是一个善于经商而致富的“儒商”，孔子赞赏他说，他不愿意当官，而要经商，在经商中又会把握时机，从而赚钱致富。应当理直气壮地讲，经商要赚钱，并且要多赚大赚，争取利润最大化。问题是如何赚钱？赚了钱如何花？孔子说：“富与贵是人之所欲也，不以其道得之不处也；贫与贱，是人之所恶也，不以其道得之不去也。”③ 这就是说，赚钱必须用正当的手段，取得正当的利润，或者说赚钱必须是“义利并重”“合义取利”，通过勤俭致富、智慧致富、信誉致富、互利致富等。在“义”和“利”不可兼得时，要舍“利”而取“义”，绝不可以危害他人、社会和国家利益去致富，以违法乱纪的行为去致富等。“君子爱财，取之有道”的这个“道”就是“取财有义，用财有礼”，不能靠欺诈等手段牟取利益。儒家不仅提倡以正当的手段赚钱，还倡导有了钱要“经世济民”“乐善好施”“为富而仁”，用现代话来讲，就是要有社会责任感。春秋战国时期的儒商范蠡“十九年中，三致千金”。把“千金财富”全部散给了贫穷者，送给了国家，为商人树立了一个“为富而仁”的榜样，人们尊称他为“陶朱公”。

第四，以人为本，欲而不贪。《论语·尧曰》中记载了孔子曾说：“君子惠而不费，劳而不怨，欲而不贪，泰而不骄，威而不猛。”诚信的世俗最高原则是“每个人在追求自身利益的同时，不妨碍他人的利益”，这才是真正的社会公正和社会理性。中国传统商人对利润有自己独到的理解，对逐利的职业目标有一种无法超越的中世纪般的温情，更注重协调逐利过程中人与人之间的关系，将经商逐利与生命本善相联系，使商业经营处处闪烁着和谐的光芒。中国传统商人道法自然、驽而不贪的人生观和价值观，以及儒家“中庸之道”对中国传统商人的灵魂洗礼，使中国传统商人能够形成“知足不贪”的价值诉求，其本质是强调人与人、人与自然的和谐相处，说明中国传统商人对世界、对人生的深刻认知和理解。中国传统商人这种诚信经营的美德，表现了东方商人的人生智

---

① 司马迁．史记［M］．北京：商务印书馆，2020：2178.

② 杨伯峻．论语译注［M］．北京：中华书局，2006：78.

③ 杨伯峻．论语译注［M］．北京：中华书局，2006：38-39.

慧和洒脱的人生价值取向。

第三节　古代社会慈善组织的公共关系

一、慈善组织发展的理论基础

中国古代组织对普通民众产生了深远影响，除了基层政治组织和企业组织之外，剩下的就是慈善组织了。中国古代慈善事业的逻辑起点在哪里？民国时期的政治家、教育家、社会活动家、实业家、慈善家熊希龄认为："吾国立国最古，文化最先，五千年来养成良善风俗者，莫不由于儒、释、道之学说所熏陶。"① 所以，考察我国古代的慈善组织当然要从儒家学说开始，从慈善组织的思想基础看，毋庸置疑，儒家对"仁爱""慈悲""积德"和"爱民"的论述对中国慈善组织产生了持久而深远的影响，并构成了慈善组织发展的思想基础，但是否"儒家仁义说"就是慈善理论的唯一来源？答案是否定的。除了"儒家仁义说"之外，还有除儒家之外的墨、道、法等家的慈善思想，如果从宗教视角来分析这个问题，我们容易想到"因果报应说"，随着学者对这一问题的深入研究，近年来还出现了"散财免灾说"。

"儒家仁义说"。"仁"是儒家思想的核心概念，孟子曰："君子所以异于人者，以其存心也。君子以仁存心，以礼存心。仁者爱人，有礼者敬人。爱人者，人恒爱之；敬人者，人恒敬之。"② 故而应"老吾老以及人之老，幼吾幼以及人之幼"③。《礼记》也有言："故人不独亲其亲，不独子其子，使老有所终，壮有所用，幼有所长，鳏寡孤独废疾者皆有所养。"④ 这些与慈善有关的儒家经典所蕴含的慈善理念，构成了大同世界的理想蓝图，并具有十分重要的引导性功能，引导人们爱自己亲属之外的人，让鳏寡孤独废疾者皆有所养，出现这样的社会景象可以彰显封建君主的"仁爱"之心，进而佐证王朝统治的合法性及合理性。

"因果报应说"。佛教自公元 1 世纪进入中国后，因其教义与中国传统儒家文化以及民间习俗文化具有诸多相通之处，因而得以走上中国化的道路成为中

---

① 周秋光．熊希龄集：下［M］．长沙：湖南人民出版社，1996：2002.
② 杨伯峻．孟子译注［M］．北京：中华书局，1960：278.
③ 杨伯峻．孟子译注［M］．北京：中华书局，1960：28.
④ 陈戍国．礼记校注［M］．长沙：岳麓书社，2004：154.

国传统宗教的主体形式。而构成慈善理念来源的则主要是其教义中所蕴含的善恶观和因果报应说。所谓善恶观要求世人“断一切恶，修一切善”。与善恶观的道德规训相比，因果报应说更具有现实意义。所谓善有善报、恶有恶报，形塑了中国人“求报”的道德诉求。

“散财免灾说”。学者梁其姿认为，贫穷在传统社会本来是中性词，贫穷问题在明朝以前也并非是社会需要解决的社会问题。但是到了宋朝，情况发生了微妙的变化，随着贫富差距的持续扩大，在都市中首次发现了贫民阶层。到了明朝这一问题越来越严重，由于政府没能解决这一问题，所以，明末的地方绅士开始着手解决这一问题，善会的出现就是为了维护贫穷作为道德中性的传统概念。换言之，贫穷在道德上开始成为一种负面标签，“贫者多高，富者多劣”的观念在明末社会实践中遭到颠覆，“安贫乐道”不再是作为社会精英的士大夫阶层的价值追求，财富作为贫穷的对应物并未获得道德上的正当性。“财富在晚明以来的社会所引起的普遍焦虑，也是前所未有的。”① 因此，“费钱行功”和“散财免灾”就成为纾解社会紧张心理的策略之一。

墨、道、法三家慈善思想。墨家思想主张“兼爱”，何谓“兼爱”？墨子认为“兼爱”就是“天下之人皆相爱，强不执弱，众不劫寡，富不侮贫，贵不敖贱，诈不欺愚”。做到了“兼爱”便能做到“视人之国若视其国，视人之家若视其家，视人之身若视其身”②。那么，怎样实现“兼爱”呢？墨子认为，只要“有力者疾以助人，有财者勉以分人，有道者劝以教人”便能实现“兼爱”，并且实现“饥者得食，寒者得衣，乱者得治”③ 的理想境界。

道家提出了“普度众生”的慈善思想，这为后来的道教奠定了理论基础，“善”是一切宗教的行为规范之一，这里的“善”是指积德行善做好事，“慈”是指心地仁慈，老子在《道德经》六十七章提出了“慈”的主张：“慈，故能勇；俭，故能广；不敢为天下先，故能成器长。”④ 老子在还《道德经》第七十七章提出了著名的“天道”和“人道”命题，“人道”是“损不足而奉有余”，指统治者或者商家搜刮贫贱之财而穷奢极欲，“取之尽锱铢，用之如泥沙”；而“天道”是“损有余而补不足”，将社会财富分配给贫穷的人们。老子在《道德经》中旗帜鲜明地推崇“天道”，极力贬损不合理的“人道”，其认为只有这

① 梁其姿．施善与教化：明清时期的慈善组织［M］．北京：北京师范大学出版社，2013：48.
② 吴毓江．墨子校注［M］．北京：中华书局，1993.
③ 吴毓江．墨子校注［M］．北京：中华书局，1993.
④ 冯达甫．老子译注［M］．上海：上海古籍出版社，1991：175.

样，社会才会和谐稳定。

管子是法家著名的代表性人物之一，他在《管子》一书中详细提出了诸多慈善政策和措施。《管子》在第十章《五辅》中提出“匡民急”和“赈民穷”的慈善举措。“匡民急”指“养长老，慈幼孤，恤鳏寡，问疾病，吊祸丧，此谓匡其急”①。通过对老幼鳏寡的抚恤，关心百姓疾苦，慰问死丧百姓的家属，来帮助百姓远离危难。“赈民穷”是指“农冻寒，食饥渴，匡贫窭，振罢露，资乏绝，此谓振其穷”②。这是通过帮助贫寒、供衣去寒、扶助穷苦、施舍落魄、救济困难来援助处境艰难、生活困顿的人的慈善措施。《管子》在第五十四章《入国》中提出“九惠之教”的慈善政策。何为“九惠之教”？“一曰老老，二曰慈幼，三曰恤孤，四曰养疾，五曰合独，六曰问疾，七曰通穷，八曰赈困，九曰接绝。”“老老”是指，由国家设置专门掌管老人的官职，对于老人应该得到何种国家照顾做了详细的安排，正所谓：“年七十已上，一子无征，三月有馈肉；八十已上，二子无征，月有馈肉；九十已上，尽家无征，日有酒肉。死，上共棺椁。劝子弟：精膳食，问所欲，求所嗜。此之谓老老。”“慈幼”是指，由国家设置专门掌管扶幼的官职，正所谓：“士民有子，子有幼弱不胜养为累者，有三幼者无妇征，四幼者尽家无征，五幼又予之葆，受二人之食，能事而后止。此之谓慈幼。”“恤孤”是指，由国家设置专门掌孤的官职，对于孤儿应该得到何种国家照顾做了详细的安排，正所谓：“士人死，子孤幼，无父母所养，不能自生者，属之其乡党、知识、故人。养一孤者一子无征，养二孤者二子无征，养三孤者尽家无征。掌孤数行问之，必知其食饮饥寒身之膌胜而哀怜之。此之谓恤孤。”“养疾”是指，由国家设置针对残疾百姓的机构，对于有身体缺陷的百姓应该得到何种国家照顾做了详细的安排，正所谓：“聋、盲、喑、哑、跛辟、偏枯、握递，不耐自生者，上收而养之疾官，而衣食之，殊身而后止。此之谓养疾。”“合独”是指，国家要设有充当“媒人”的官员，正所谓：“丈夫无妻曰鳏，妇人无夫曰寡，取鳏寡而合和之，予田宅而家室之，三年然后事之。此之谓合独。”“问疾”是指，由国家设置专门官职负责给百姓看病，正所谓：“士人有病者，掌病以上令问之。九十以上，日一问；八十以上，二日一问；七十以上，三日一问；众庶五日一问。疾甚者，以告上，身问之。掌病行于国中，以问病为事。此之谓问病。”“通穷”是指，由国家设置专门治理贫困的官职，正所谓：“若有穷夫妇无居处，穷宾客绝粮食，居其乡党以闻者有赏，不以闻者

---

① 房玄龄，刘绩．管子［M］．刘晓艺，校点．上海：上海古籍出版社，2015：59.

② 房玄龄，刘绩．管子［M］．刘晓艺，校点．上海：上海古籍出版社，2015：59.

有罚，此之谓通穷。”“赈困”是指，凶年来临时，百姓经常生病，死丧也随之增多，国家要减免刑罚，并将国库粮食分发到各家各户，保障其基本生活，正所谓：“岁凶庸，人訾厉，多死丧、弛刑罚，赦有罪，散仓粟以食之，此之谓赈困。”“接绝”是指，百姓中有因国家事务而去世的、死于战争的，会让他们的亲人朋友到国家领取一笔钱，用来祭奠他们，正所谓：“士民死上事，死战事，使其知识故人，受资于上，而祠之，此之谓接绝也。”①

二、古代慈善组织发展历程

中国古代社会慈善组织是世界上最早成立的，因为慈善组织涉及社会的福祉和保障事业，所以，周秋光等人认为。“中国早在西周时期就开始倡行和发展社会慈善事业了，若从世界范围来看这也算是较早的。”② 最早的慈善组织应该是在原始社会就已经存在了，在原始社会中，氏族成员之间平等、团结和互助的观念，特别是对氏族内部老、弱、病、残的供养责任和义务，被世代传承并衍化成氏族的习俗，就是原始氏族社会人们淳朴的道德观念和福祉共享的朴素福利观。“进入阶级社会之后，原始社会的某些纯美风俗或其遗意仍被后世保留下来，有的稍加损益，即成为后世慈善事业及其思想不竭的源泉。”③ 据史料记载，我国西周所设“地官”即“司徒”的职位就与慈善救济有关。《礼记·王制》对“司徒”之职的表述是：“修六礼以节民性，明七教以兴民德，齐八政以防淫，一道德以同俗，养耆老以致孝，恤孤独以逮不足。”

以上文献资料显示，中国的慈善组织在唐朝以前还不存在，这是因为那时候有所谓的“慈善行为”，但也不是真正意义上的“慈善事业”，这一时期的“慈善事业”还属于政府社会救济的范畴。尽管有学者说过“先秦时期有官方慈善的实践”④，但离真正的慈善相差很远。以社会控制的视角看，政府的社会救济应该具有如下功能：保障社会的安定、巩固国家政权。但不管怎样，先秦时期形成的救济观念和魏晋时期各种救助活动，都对后世的保障事业和慈善事业产生了深远的影响，慈善活动和慈善组织即将出现。

从隋唐开始，我国的慈善组织就不断地发展起来，总体来说，是官方的慈善组织比民间的慈善组织影响力更大。唐朝是我国政治、经济、文化等各项事

① 房玄龄，刘绩．管子［M］．刘晓艺，校点．上海：上海古籍出版社，2015：365-367.
② 周秋光，曾桂林．中国慈善简史［M］．北京：人民出版社，2006：66.
③ 周秋光，曾桂林．中国慈善简史［M］．北京：人民出版社，2006：65.
④ 谢维营，张志荣．我国民间慈善事业的历史、现状及其发展对策［J］．山西师大学报（社会科学版），2007（6）：55-59.

业发展的黄金时期，慈善事业也不例外。这一时期，慈善组织能够迅速发展，内因是唐朝的社会进入了一个封建社会的巅峰，当然各项事业就会得到蓬勃发展，外因是印度的佛教传入中国，而佛教的教义是积善行德。总结起来，前者（唐朝的经济繁荣）是慈善组织蓬勃发展的物质基础，后者（印度的佛教传入中国）是慈善组织蓬勃发展的思想基础。“悲田养病坊”是在唐朝武则天长安年间（701—704 年）开始存在的慈善机构或组织，“悲田”一语是从佛经引用而来，佛教经典《像法决疑经》曰：“我于处处经中说布施者，欲令出家在家人修慈悲心，布施贫穷孤老乃至饥狗。我诸弟子，专施敬田不施悲田。敬田者即是佛法僧宝，悲田者贫穷孤老乃至蚁子。此二田者，悲田最甚。”换言之，只施佛法僧宝而不施贫穷孤老是不妥的，所以，出家人应该以慈悲为怀，布施贫穷孤老乃至饥狗。

唐玄宗开元五年（717 年）宋璟奏曰：“悲田养病，从长安以来，置使专知……其病患人，令河南府按此分付其家。”不同学者对“悲田养病坊”（慈善机构的名称）的组织性质做出了不同的判断，日本学者认为，尽管国家对“悲田养病坊”付出了财政支出，但从根本上说，“悲田养病坊”是寺院僧尼经营的机构或者组织，所以，“悲田养病坊”应该是典型的民间组织。以宋卫平为代表的中国学者则认为，“悲田养病坊”这种机构的创立不是民间的自发行为，从本质上说，它是由政府主导的官营组织。因为武则天与佛教的密切关系，武则天在位时期，“悲田养病坊”得到了极大的发展，武则天去世以后，曾有官员主张废除“悲田养病坊”，并未得到唐玄宗的批准，唐玄宗不仅没有废除“悲田养病坊”，国家还对“悲田养病坊”给予经费补贴。唐武宗上台以后，于会昌五年（845 年）发生了“会昌废佛”事件，唐武宗发布“毁佛寺勒僧尼还俗制”，佛教势力受到沉重打击，原先依赖佛教根基存在的“悲田养病坊”也受到连累，从此陷入困境。即便如此，“悲田养病坊”也没有被完全废止，只是抹去了“悲田”二字，还是让其继续存在。这充分说明，像“养病坊”这样的慈善机构之所以能长期存在，并不完全取决于权势者个人的主观意愿，而是社会的需要使然。

怎样证明慈善机构的存在不是领导人的意愿，而是处理公共关系的需要呢？社会的发展有其内在的规律，中国的传统文化为什么伟大，就在于它先于西方现代文化数千年就明白一个道理：治理社会是一个系统工程，不仅要处理好家庭内部的关系，还要处理好家庭之外的“公共关系”。中国先秦时期存在的“三礼”其实就处理公共关系的经典著作：《周礼》《仪礼》《礼记》。在先秦儒家看来，“礼”作为一种制度上的设计和安排，蕴含着深层次的伦理智慧，在构建和谐社会中发挥着非常重要的功能，它能够保障社会成员各安其位、各尽其职、各得其所。如朱熹所言："各得其利，便是和。""各得其宜，则其和也孰大于是。"让每一位社会成员都能够体会到"出爱者爱返，福往者福归"，于是，《中庸》所说的"和也者，天下之达道也"的理想目标也就实现了。换言之，封建社会中"礼"是作为一种处理公共关系的手段，调和社会的矛盾，从而使整个社会处于一种和谐状态。

儒家学说对宋王朝的影响是巨大的，其以儒学作为立国之本，且在旧儒学的基础之上产生了新儒学——理学，涌现出了诸如程颢、程颐、朱熹和陆九渊等著名的理学家，正因如此，《宋史·食货志》有云："宋之为治，一本仁厚，凡振贫恤患之意，视前代尤为切至。"

大宋王朝是我国慈善组织发展的重要时期，一方面，官方继承了唐朝慈善事业的体制，继续重视慈善事业，名称由原来的"养病坊"更名为"福田院"。另一方面，这一时期，完全的民间性质的慈善组织开始出现，范仲淹在北宋皇佑二年（1050 年）于苏州创建的"范氏义庄"便是是北宋第一家民间慈善组织。哲宗元符元年（1098 年），宋哲宗赵煦发布政令，要求国家对鳏寡孤独贫穷不能自存之人实行"官为居养"，从而使宋朝的慈善事业有了极大的发展。宋朝的慈善事业，"其计划之详尽、规模之宏大、设施之齐全、内容之广泛，在中国历史上可谓空前绝后。"① "居养院"是鳏寡孤独贫民进行安置的社会组织；"安济坊"是对贫病之人实施救助的社会机构；"举子仓"与"慈幼局"是"生子不举"的情况下进行干预的社会组织；"漏泽园"是对贫穷已故之人进行掩埋代葬的组织。中国古代历来重视丧葬的礼仪，并且将它作为一种孝道的主要表现形式，贫困已故之人，若无亲人，可于官地葬之。北宋时期，宋与元、金战乱频仍，人民饱受战争之苦。战乱中多有客死他乡无人认领的尸体，也有因家贫而无力丧葬者。为安葬这些死者，北宋朝廷专门设置"漏泽园"，来收殓无人认领的尸体或者因家贫无力埋葬者，集中埋葬。因此，"漏泽园"就是国家安葬贫苦者骸骨的公共墓地。在宋朝，由于丁税的繁重和生活的贫困，"生子不举"（婴儿生下来抛弃不养的意思）成为常见的现象，这对南宋政府造成了重大影响（一是由于男丁的不足导致税赋不能及时收取，这导致了国家税源的短缺；二是男丁的不足导致兵源的严重不足）。与其他官营的慈善组织不同，"举子仓"是典型的民间组织，《永乐大典》卷 7513 条曰："举子仓亦仓也，然非官司所掌，其原处于乡先生及乡大夫。"但研究宋朝的奏折我们会发现，"举子仓"也得到了官府的经费资助，所以，"举子仓"还并非纯粹的民间组织。葛洪告诫道众欲

① 王卫平．唐宋时期慈善事业概说［J］．史学月刊，2000（3）：95-102.

想长生成仙，不能光靠“内修外养”等方术，还须积善立功，为人多谋利益。正如他在《抱朴子内篇》中所言：“欲求长生者，必欲积善立功，慈心于物，恕己及人，仁逮昆虫，乐人之吉，愍人之苦，赈人之急，救人之穷，手不伤生，口不劝祸，见人之得如己之得，见人之失如己之失……如此乃为有德，受福于天，所作必成，求仙可冀也。”换言之，他要求所有信奉金丹道教的人在处理人与人的社会关系时，都要做到“乐人之吉，愍人之苦”周急救穷，见到别人受损失如同自己受到损失，见到别人有所得如同自己有所得一样，推己及人，自觉去为求仙而行“善”。

之后就是明清时期的慈善组织。中国的慈善组织在宋朝达到高峰，经历了元朝的短暂沉寂之后，慈善组织在明清时期迎来了新的繁荣。明清时期的慈善组织和以往相比，出现了很多新的特点，以行善为目的的民间慈善组织同时涌现出来，总的来说这些特点可以分成以下三条：第一，这些慈善组织为富人或者精英人士创办，平民很少参与进来；第二，上述组织不仅有救济社会的功能，而且有控制社会的功能；第三，这些民间慈善组织受到官方的强烈影响，人治色彩浓厚。这些慈善组织包括“同善会”“惜字会”“掩骼会”“救生会”“一命浮图会”“放生会”“保婴会”“育婴社”“恤孤局”“及幼堂”“抚教局”“普济堂”“儒寡会”“恤嫠会”“清节堂”“栖流所”等。①

总之，慈善组织在中国古代存在的意义，如果从公共关系的角度分析的话，它成为调节统治阶级和底层民众关系的一种工具或者手段。从底层民众贫穷、疾苦的源头来看，以君王为代表的地主阶级对贫困农民的残酷剥削，导致后者的生存出现了危机，以至于不能自存，而作为统治阶级的君王为了化解底层民众的生存危机，创建以官方为主导的各类慈善机构或组织是其应有之举。当然，慈善组织也不全是社会生产关系的范畴，有时候，它也涉及社会的生产力重构，如宋朝创建“举子仓”的主要目的是缓解社会缺少男丁的社会主要矛盾，男丁多了，收取税收就有了充分的保证，男丁充足，兵源就有了充足的保障。

本章小结：

古代政府处理基层组织关系实践得出历史结论：在处理基层政府组织与民众关系上，让基层政府组织有充分的自主权，不要试图通过基层政府组织达到控制民众的目的，要让基层政府组织有处理自己事务的权力，让底层民众有自己处理自己的事务的权利，学会通过基层组织来达到缓解政府与民众尖锐矛盾

---

① 王卫平．中国慈善史纲［M］．北京：中国劳动社会保障出版社，2011：52-84.

的目的。在处理商业组织与民众关系上，让商业组织建立起有利于自身发展的商业文化，使商业组织承担起救济贫困民众的重担。在处理慈善与民众的社会问题上，政府不要大包大揽，要调动慈善组织参与慈善事业的积极性，让慈善组织成为调节政府和民众关系的有效工具。

第四章

中国古代政府处理国际关系的基本思想和社会实践

本章提要：

纵观中国乃至世界发展史，各种势力的分化组合是历史常态，一个国家要在这种纷繁复杂的世界中立于不败之地，就必须学会联合可以联合的力量，分化可以分化的各种势力，最终实现自己国家的战略目标。为了实现国家的长治久安，“大一统”王朝构建了“一个体系”，实行了“两个政策”。“一个体系”是朝贡体系，中国古代政府以儒家“礼治”思想为指导，以国家强大的军事和经济实力为支撑，在东亚构建了一个庞大的朝贡体系。这一体系的建立能够保证万国来朝的盛大场景，这一盛大场景的出现，一方面，满足了古代统治者的虚荣，另一方面，还维护国家边疆的和平稳定。“两个政策”是指在朝贡体系维护良好的同时，通常实行“结盟”和“和亲”的外交政策。

第一节　朝贡体系的创立

一、朝贡体系的文化渊源

古代中国先进的文化也决定了中国体系构建者的地位。“华夷之辨”作为一种古老的文化观念，是中国构建古代东亚朝贡体系的思想渊源。最初的“华夷之辨”主要是地理概念，指黄河中下游地区的华夏族群与周边其他族群之间的差异，华夏族群充其量只有一点因文明先进带来的优越感，并不存在近代意义上的种族或文化歧视。两汉时期，国家统一，国力强盛，随着对外关系的不断发展，“华夷”观念的内涵和外延不断扩大并渗透到中国的对外关系中，华夷之间“逐步发展出一种古代类型的核心与外缘性质的国际关系体系与格局”①。

在所谓“普天之下，莫非王土；率土之滨，莫非王臣”的一统理念主导下，为了实现以中华为宗主、以四夷为藩属的天下一统，中国历代有作为的君王都追求“万邦来朝”“仰贺明主”的大同世界，用儒家的君臣观念来处理中国与周边国家和异族之间的关系，塑造了古代东亚独具特色的朝贡体系。明清两朝，中国皇帝经常“宣谕”其他国家“天下共主”，与它们维持着一种特殊的君臣关系，并衍生出一套烦冗复杂、彰显等级的礼仪和规章制度。历代封建统治者受中国传统“天下观”的影响，追求“天朝大国”和“天下共主”的政治理想。这种观念并不主动把中国版图之外的异族当作敌人，也无侵略扩张的主观动机，只要周边的国家和异族愿意向中央王朝称臣纳贡，中国就愿意在朝贡制度的框架下与其和平相处。朝贡体系成员的扩大和缩小，取决于“中华帝国”皇帝“德化”力量的大小，而不是互相进行军事讨伐。一旦这些国家或异族表示愿意归顺，中国就会承认其统治者的合法地位，并给予他们与中国通商的优惠，甚至为其提供军事保护。因此朝贡体系下中国的外交政策，是一种具有和平主义性质的怀柔政策，即所谓“远人不服，则修文德以来之”，“这不是一种侵略性的帝国主义，反之是文化主义防卫性的表现”②。在中国古代历史上，理想的统治者往往都被认为是道德的化身，“万邦来朝”被认为是太平盛世的象征，是统治者德治美名远扬和感化的结果。从汉武帝之后的历朝历代，中国对周边邻国主要采取的就是安抚政策，以武力的手段解决与周边国家之间的纠纷向来不是中国古代统治者（尤其是英明的统治者）的政治追求。因为他们都足够自信，认为仅凭借自身先进的文明就足以征服周边国家，中国历代君主都有这种制度自信和理论自信，他们认为，只要中国完成真正意义上的“大一统”，且经济和文化高度繁荣，则周边国家一定会归顺于“中央王朝”。虽然历史上“有时也曾显出向外扩张的现象，但那不过是出于‘中华帝国’皇帝或宫廷（王朝）的需要而产生的偶发现象，并不具有随着时代的进展而继续加速扩张的性质”③。有时候，军事征伐仅仅是一种手段，其目的是使周边国家归顺并确保周边的和平环境。随着朝贡制度的不断完善，明代一朝“从未出兵占领邻邦本

---

① 何芳川. 古今东西之间：何芳川讲中外文化［M］. 桂林：广西师范大学出版社，2008：53.

② 费正清，赖肖尔. 中国：传统与变革［M］. 南京：江苏人民出版社，2012：171.

③ 信夫清三郎. 日本外交史（1853—1972）［M］. 天津社会科学院日本问题研究所，译. 北京：商务印书馆，1980：17.

土，也没有将任何地区划为殖民地"①。譬如，明朝郑和的远航船队下西洋的目的，不是军事扩张，而是追求"共享太平之福"的理念。再者说，中国处在朝贡体系中心地位，担负着维护整个东亚和平稳定的历史责任，中国虽然名义上要求各朝贡方"称臣纳贡"，但原则上不干涉其内部事务，甚至允许它们实行民族自治或王国自治，允许它们自由同外国缔结条约。"中央王国"在与"朝贡国"的交往过程中，一直奉行"薄来厚往"的原则，并向它们提供保护，在军事上体现为双方相互援助。

在朝贡体制下，体系内部发生的纠纷大部分不诉诸武力解决，"藩属国"如果发生内乱或遭到外族入侵，并向中央王朝提出援助请求后，中央王朝就会派出自己的军队，与"藩属国"一道抗击入侵之敌。1592年和1597年，日本两次出兵入侵朝鲜。明朝政府应朝鲜的请求，以"朝鲜为国藩篱，在所必争"为由，两次派兵入朝作战，与朝鲜军民一道击退了日本的侵略，粉碎了日本试图通过占领朝鲜侵略中国的政治阴谋，维护了东亚地区的稳定与和平。中国凭借道德力量实现对周边国家的领导，不屑于动用军事手段解决国家之间纠纷。②

东亚朝贡体系也被称作"中国世界秩序"。"在本质上，中国世界秩序是中国文化的扩展。"③ 中国文化不断从中国向周边扩散的过程，实际就是东亚朝贡体系不断发展和成熟的过程。作为以儒家"礼治"观念为核心的文化体系，中国文化是朝贡体系内的唯一文化法则，这就决定了东亚朝贡体系形成和发展过程中，中国作为文化传播者的地位和作用。

古代中国文化在东亚的优势地位，不需要我们做过多的证明，换言之，中国的优势并非体现在物力的超群上，而是体现在其文化的超群上，可以这么说，在近代以前的文明中，没有一个国家的文明比中国更加先进、更加发达。④ 独一无二的地缘优势和黄河中下游优越的地理条件，不仅成就了中国在农耕文明时期处于东亚最强国的地位，而且成就了中国最先进的传统文化。中华文化博大精深、源远流长，绵延五千年不绝，"这种连续性表现为中国作为一个政治实体在其发展过程中未曾为外来因素所中断；中国文明在文化发展史上也未曾有断

① 王绳祖．国际关系史：第1卷［M］．北京：世界知识出版社，1996：3.

② 宋晓芹．试论中国在东亚朝贡体系中的地位和作用［J］．大连大学学报，2017（4）：11.

③ 邓正来．王铁崖文选［M］．北京：中国政法大学出版社，2013：214.

④ 保罗·肯尼迪．大国的兴衰［M］．陈景彪，等译．北京：国际文化出版公司，2006：4-6.

裂现象”①。

据考古学家的论证，产生于铜石并用时代和青铜时代的中华文化，在汉唐时期开始到达顶峰，之后逐渐下行，并在清朝末年呈衰败迹象。在地理大发现前后，中华文化长期处于东亚文化的中心地位，在世界文化发展过程中也处于先进行列。因为儒家文化充满了人文主义精神和朴素的和平主义情怀，儒家文化淡泊神学、关注世俗、热爱和平、反对暴力、以人为本、关注民生。

中国作为中心国家，在文化方面与周边的朝贡国家和民族存在巨大差异，距离越远，差异就越大。作为文化落后的一方，周边国家对中国文化展现出仰慕和钦佩情感，在当时，追崇中华文化是一种时尚，他们不仅仰慕中国的礼仪文化，还崇尚中国的政治文化，为了亲自感受中国文化的魅力，有些国家的君主甚至亲自率团来华朝贡。明代浡泥（今文莱苏丹国）国王麻那惹加纳乃因病客死中国，临终遗命“体魄托葬中华”，其仰慕中华文华之心可见一斑。② 鉴于“中央王朝”与周边国家在文化上的差异和周边国家对“中央王朝”先进文化的向往，朝贡制度便自然成为中外文化传播的桥梁，在朝贡制度下，“中央王朝”与周边国家在政治、经济、文化和宗教方面的交流，也把东亚地区周边国家带进了文明时代。

二、朝贡体系的外交实践

朝贡体系是何时建立的？仁者见仁，智者见智。从“朝贡”一词的首次使用，我们大致可以推出朝贡体系的建立时间。西汉时期，“朝贡”一词在官方记录大宛、乌孙、楼兰诸国时首先使用。当然，朝贡活动的最早记录发生在商代，据《史记》记载：“轩辕之时，神农氏世衰，诸侯相侵伐，暴虐百姓，而神农氏弗能征。于是轩辕乃习用干戈，以征不享，诸侯咸来宾从。”③ 不过，截至目前，学术界普遍认为，国际性的朝贡制度的建立是在汉朝开始的，汉朝经过“文景之治”后，国力逐渐达到顶峰，这一时期，域外国家纷纷携带贡品来朝拜见。朝鲜是汉朝东北的一个邻国，朝鲜国于元封二年（109 年）派遣太子来汉朝拜，献五千匹宝马和大批粮草为贡品；大宛国是汉朝西面的一个邻国，大宛国王在汉元朔五年（124 年）与汉朝约定，每年向汉朝进贡两匹天马；日

---

① 白寿彝．中国通史：第 1 卷［M］．上海：上海人民出版社，1989：349.

② 何芳川．文明视角下的郑和远航［J］．北京大学学报（哲学社会科学版），2004（5）：50-56.

③ 司马迁．史记［M］．北京：商务印书馆，2020：2.

南徼外诸国（即今天的越南等东南亚国家），自汉武帝即位开始，都开始来华朝拜。①

唐朝之后，朝贡制度日渐成熟起来，这得益于唐朝国力的强大和国土的辽阔。唐朝疆域辽阔，据《旧唐书·地理志》云："东至安东府，西至安西府，南至日南郡，北至单于府。"以现在的地图来衡量，唐朝全盛时期的疆域，"东到大海，包括台湾岛及其附属岛屿；西到咸海；西北到巴尔克什湖以东以南地区，直接和今日伊朗接壤；北达贝加尔湖，为今日俄罗斯的赤塔地区；东北至黑龙江以北、外兴安岭一带，远至今俄罗斯的朱格朱尔山脉（包括库页岛）；南及南海，包括今越南北部和中国的海南岛及所属南海诸岛"②。慑于唐朝强大的国力和辽阔的疆域，众多周边政权及域外国家都纷纷来唐朝贡，出现了"万国来朝"的盛大场景，唐朝的都城长安俨然为世界的政治中心。唐朝鼎盛时期，来华朝贡的国家多达70多个，仅贞观十五年（641年），来华朝贡的国家或地区就有15个之多。③ 为了更好地处理朝贡事务，唐朝政府除了成立专门外事机构"鸿胪寺"外，还另外设立了"主客司"和"职方司"两个机构一道行使有关职能，其中，前者主要处理贡品相关事务，后者主要负责为外国使节绘制地图。

朝贡体系发展于宋元。据《宋会要辑稿·蕃夷》所载，宋朝时期来华交往的国家有26个，交往次数为302次。这一时期的法律条文和"馆驿"（驿站上设的旅舍）的出台使朝贡体系进一步发展，例如，为加强对朝贡事务的管理，规定"贡使"必须"携表带章"才能进京。宋神宗时期规定来华人员在中国境内不能随意停留，除在京城设立管理朝贡事务的部门外，在州郡也设立相应部门用来管理朝贡事务。

朝贡体系完善于明清。明成祖时期，郑和远洋航行，中国威震四方，榜葛剌国（今孟加拉国）、柯枝国（今印度西南部的柯钦一带）、大小葛兰国（故临国）、古里国（今印度西南部喀拉拉邦的科泽科德一带）、锡兰（今斯里兰卡）等南亚国家也前来朝贡。明清时期对朝贡事务制定了严格的规范，管理机构细化，使之趋于完善。例如，明朝对来华国家的路线有明确的规定，永乐初年，限制周边国家"贡使"人数、"贡船"数量，洪武年间出台了辨别来华朝贡使节真伪的制度——勘合制度，防止有人冒充贡使前来朝见牟取丰厚利润。清朝

① 陈英娟．论朝贡体系的平等与和平［J］．哈尔滨学院学报，2018，39（1）：121-126.

② 杨永红．使者往来与唐蕃军事［J］．西藏大学学报（社会科学版），2009，24（2）：69-74，130.

③ 王钦若．外臣部·朝贡第三［M］//王钦若．册府元龟：第970卷．南京：江苏古籍出版社，2006：1358.

前期，朝贡体系更加完善而具体。

朝贡体系不同于西方的殖民统治。第一，中国的朝贡体系以中华文化为核心，对外交往中反对动辄以武力为手段获取利益。在周朝时期就有“普天之下，莫非王土”的天下观，人民接受中国文明作为在生活及政治上的统治性思想，并和平地保持其各自的位置，这样一个有序的世界称之为天下，历代中国统治者都以实现天下观为己任。基于上述观念，在政治制度完备、经济繁荣、文化发达的综合国力的支撑下，中国皇帝对外部的需求仅限于通过对来华“朝觐国”的册封以获得天下共主的地位，并制定礼仪以满足自己的虚荣，没有对“藩属国”实施压迫和剥削。在古代中国，天子有德、四方来贺是历代统治者取得政治合法性的凭证，因而统治者会积极维护朝贡体系。但需要强调的是“中国不干涉周边各国的内政”①。与之相对比的是古代西方的国际关系体系，例如，亚历山大帝国、罗马帝国，它们的强盛建立在践踏别国领土之上，派兵驻守并派遣总督等行政官员进行管理，它们与周边国家的相处是靠武力手段，而不是和平手段。中国与周边国家都从各自安全出发，在朝贡体系中找准自己的定位，国家之间友好和平相处。在朝贡体系中“宗主国”与“藩属国”为了获得自身的需求，都认真履行各自的责任和义务，使东亚各国能够相互信赖，使国家间的交往更具包容性、和平性。第二，没有对“朝贡国”实行残酷的经济压迫，反之，以“薄来厚往”为准则，促进双方政治、经济和文化的交往。中国历代统治者都本着“薄来厚往”的原则进行回赠，这使“朝贡国”以很小的投资获得数千倍的回报。《明太宗实录》记载，永乐六年（1408 年），李朝国派遣世子李禔入华朝贺，以马具作为礼品，明成祖隆重迎接并“赐国王芳远朝服、祭服、白金千两，绒锦、绮罗三十匹”，这样的事例数不胜数。除此之外，宗主国还允许“藩属国”在华开展贸易，使获得一定的经济利益（这些贸易包括官方贸易、使行贸易和边市贸易），中国与周边国家的经济交流是维护朝贡体系的重要因素，双方通过贡赐贸易（你给我贡品，我回赠礼品）、官方贸易（官方贸易伴随朝贡而进行，是国家之间进行经贸交流的重要渠道），从周边国家采购战马、硫黄、火器、金银铜材等重要战略物资，并凭借繁荣的农业、手工业和商业与“朝贡国”进行贸易，达到“不扰中国之民，而得外邦之助，赚取利润，达到国用羡裕”的目的。② 自洪武二年（1369 年）起，中国实行来华朝贡商船免税政

① 何芳川．“华夷秩序”论［J］．北京大学学报（哲学社会科学版），1998（6）：30-45.

② 廖大珂．试论明朝与东南亚各国朝贡关系的性质［J］．南洋问题研究，1989（3）：91-101，90.

策，使“朝贡国”商人获利更多。周边国家通过与中国进行经贸往来，本国经济获得长足发展，财政收入大大增加。古代越南通过与汉朝的经济往来，在农业上改变了“火耕水耨”（意思是用火来耕种，用水来除草）的原始耕作技术，采用铁犁和牛耕使耕地迅速扩大，粮食产量增加。手工业也有了空前发展，除了冶铁业和制铜业得到普及外，造船业、织交趾布等行业也蓬勃发展。随着生产的发展，商业也兴旺起来。朝鲜通过向中国输出红参等土特产，使朝鲜的财政收入“仅包参一项就有九百八十四万四千四百两”①，朝鲜的财政收入大大增加，使行贸易和边市贸易获益，尤其是“朝贡国”一方获利不少。

在实践中，通过中华朝贡体系，东亚地区维持了长久的地区稳定乃至和平局面。其中有两个需要强调的因素：第一，中国的超强实力；第二，天下观。中国超强实力不仅体现在经济和军事领域，还体现在中国文化的软实力上。没有任何一个“藩属国”愿意与中国长期武力对抗，同时，如果有“藩属国”干涉甚至入侵他国，在中国军队接到求援的邀请下，中国将毫不犹豫地动用武力来帮助那个受欺侮的国家。例如，当朝鲜受到日本侵略时，中国军队进入朝鲜与日本军队作战，最终恢复了这一地区的秩序。但是需要强调的是，中国军队在他国的停留时间从来没有超过国际战争和所在国内战的结束之日。地区稳定得以维持也得益于另一原因——中国对天下观念的坚持，中国皇帝认为自身有责任维持地区稳定和天下繁荣，同时，那些“藩属国”一方面在政治上独立于中国，另一方面它们的国家安全受中国保护，因此，它们从朝贡体系中获得了国家安全。

综上所述，在儒家或类似思想的影响下，中国作为一个帝国，事实上仅是每个帝国之间的成员在其中严格依据其地位行事的一个巨大的家庭模型，这保障了一个等级政治框架内的稳定、和平以及和谐。也就是说，这一由儒家学说所确立的寻常家庭的等级制，在中国国家政治体系中得到了实践，而这一政治体系是以皇帝为核心，那些大臣、诸侯及所有其他的下属像皇帝的兄弟姐妹，甚至子女一样行事。因此，中国的朝贡体系可以被看作中国内部政治和社会体系的翻版和扩展，后者同样也是以“礼”和“仁”为基本理念的，基于儒家教义，这一教义获得许多儒家内部分支包括后来新儒家的认可。② 简单来说，把周边国家视作其内部的一部分，有国际关系国内化的意思，但这种体系又和西方

① 廖大珂．试论明朝与东南亚各国朝贡关系的性质［J］．南洋问题研究，1989（3）：91-101，90.

② 张存武．清韩宗籓贸易［M］．台北：“中央研究院”近代史研究所，1978：228.

的殖民体系不同：在殖民体系下，殖民者残酷统治殖民地，殖民地国家在西方殖民者强制甚至武力下彻底成为受剥削压迫的附庸。相反，在“华夷”秩序的范式下，所有的藩属国都有独立的地位，如果它们能在规定的年份来到中国朝廷谒见皇帝，中国皇帝一般不会主动插手其内部事务。根据儒家教义，“藩属国”的人民如同中国皇帝的子民，而皇帝的目标和职责在于维护稳定和促进体系内的共同繁荣。换言之，中国对待“藩属国”没有真正的殖民性质，最多是要对方形式上进行归顺，并且给予对方很大的自由及经济利益。政治上，“朝贡国”被要求（实际上是自愿）使用中国王朝的历法和年号，接受中华帝国朝廷的诘问并做出详尽的陈奏说明，并派人质、侍从来中国，以表示臣服；与之对应，中华帝国有权对“朝贡国”的内政进行必要的干涉，有时还可对“朝贡国”国王进行指婚；此外，“朝贡国”和中华帝国常以通婚等特殊方式解决一些政治问题，缓解矛盾。

总而言之，朝贡体系是古代中国处理国与国之间关系的理论基础，中国作为东亚的核心国家，以朝贡体系为载体，对外辐射中华文明，增进了中国与东亚国家的交流与合作，也对东亚乃至世界的长期稳定与和平做出了杰出的贡献。

第二节　“合纵连横”的内涵及其在中国古代社会的外交实践

一、“合纵连横”思想的内涵

“合纵连横”简称“纵横”。“纵”和“横”首先是方位名词，“纵”是“南北”之意，“横”是对“东西”的称谓。诸侯列国的联合与分化在春秋战国之前就已经存在，但春秋战国之前并没有用“纵横”来描述诸侯列国的联合与分化，与南北、东西对应的“纵”“横”成为政治概念是在春秋战国中期之后，此时，东西方向的秦国成为诸侯列国中最强大的诸侯国，而南北方向的诸侯列国相对弱小，诸侯列国之间的联合与分化就以“纵”“横”来表达。

何为“纵横”？目前的学术界还没有达成统一意见，但总体来说可以从以下四个方面来论述：基于国家实力强弱的对抗格局的论述、地理方位的论述、国际关系理论对比的论述、外交战略本质的论述。

首先，基于国家实力强弱的对抗格局的论述。韩非子曰：“从（纵）者，合众弱以攻一强也；而衡（横）者，事一强以攻众弱也。”① 大部分的学者认同这一定义，从国家外交关系来说，当一个国家崛起的时候，其他国家必然会联合起来，对其实施攻击，而崛起大国也必然会采取分化的手段加以应对。“合纵”就是“合众弱以攻一强”，阻止强国对弱国的兼并，“连横”就是“事一强以攻众弱”，防止弱国联合阻止其兼并。从韩非子下定义的角度看，这里的“一强”特指秦国，这里的“众弱”就是指山东六国。“随着秦国势力愈来愈大，各国感到秦的威胁，所以常常联合起来与秦对抗，这种活动称之为‘合纵’；而秦国为利用各国间的矛盾，以便各个击破，也常常与一些国家结盟，去攻击某一个诸侯国，这称之为‘连横’。”② 对此，《战国策》有不同的说法，《战国策》将诸侯各国分成“至强”“次强”和“至弱”三个档次，“至强”只有秦国一个国家，“次强”有齐、楚、赵、燕四个国家，“至弱”有韩、魏两个国家，而又将秦国之外一个或多个国家统称为“诸弱”。“合纵”可以是“诸弱联诸弱以攻至强”，即齐、楚、赵、燕、韩、魏中的任何两个以上国家联合对抗秦国，如“苏秦欺寡人，欲以一人之智，反覆东山之君，从以欺秦”。③ “合纵”还可以是“诸弱联诸弱以攻次强”，即山东六国中的任何两个以上的国家联合对抗齐、楚、赵、燕四个国家中的一个，如“赵使赵庄合从，欲伐齐”。④ 至于“连横”就不止有一个强国主动联合一个弱国去攻击另外一个弱国，它可以有三种模式。第一种是“至强联诸弱以攻次强”，即秦国联合山东六国中的任何一个诸侯国去攻击齐、楚、赵、燕四个国家中的一个国家。第二种是“至强联诸弱以攻至弱”，即秦国联合山东六国中的任何一个诸侯国去攻击韩、魏两个国家中的一个国家。第三种是“诸弱事至强以攻诸弱”，即山东六国当中的任何一个国家联合秦国去攻击其他国家。只不过第三种情况的性质发生了改变，不再是强国联合弱国去攻击其他的弱国，而是弱国联合强国去主动攻击其他的弱国。

其次，基于地理方位的论述。《资治通鉴》对“纵横”的解释非常到位：“南北曰纵。纵者，连南北为一，西向以摈秦”，“东西曰横，横者，离山东之交，使之西向以事秦。”⑤ 换言之，“合纵”就是南北方向的国家联合起来对抗秦国，“连横”就是秦国分化、离间合纵联盟，使南北方向的国家不能联合起来对抗秦国，反而为秦国服务。但这种解释也有两个问题引起了争议，一个是合

① 高华平，王齐洲，张三夕．韩非子［M］．北京：中华书局，2010：716.
② 林剑铭．先秦史论稿［M］．北京：三联书店，2010：48.
③ 刘向．战国策：第3卷［M］．桂林：广西师范大学出版社，2008：92.
④ 刘向．战国策：第21卷［M］．桂林：广西师范大学出版社，2008：912.
⑤ 司马光．资治通鉴［M］．胡三省，注释．北京：世界知识出版社，2005：205.

纵的对象（要攻击的国家）有变化，另一个是合纵连横的中心是谁。长平战役之前，“三晋”（魏、赵、韩）是合纵的中心，此时的“合纵”是指“三晋”北联燕，南联楚，“连横”是指“三晋”东连齐或西连秦，合纵的主体是魏、赵、韩、燕和楚五个诸侯国，合纵的对象（要攻击的国家）可以是秦国，也可以是齐国，连横的对象可以是秦国，也可以是齐国。长平战役之后，秦国一家独大，“合纵”是指山东六国联合起来共同对抗秦国的兼并，“连横”是秦国以自己为中心，联合山东六国中的一个或多个国家，形成东西横线，瓦解剩余国家的联合，进而各个击破，最终统一中国。

再次，基于国际关系理论对比的论述。“合纵连横”与“均势”“霸权”有千丝万缕的联系，一般认为，“合纵”与“均势”极为相似，前者是强调联合众多弱国共同对抗强国的兼并，它是一种生存的外交谋略，是被动的防守，后者强调国际体系的平衡，如果有国家强势崛起，其他国家应当联合起来加以对抗，以保持国际体系的平衡。“连横”与“霸权”非常吻合，前者强调分化和离间合纵联盟中的成员，使之不能成为对抗大国崛起的稳固联盟，后者强调采取离岸平衡战略方式来操纵全球均势，使国际局势朝着有利于本国的方向发展。至于“联盟”，它仅是达到目的的手段，“合纵”“连横”“均势”和“霸权”都可以采用这种方式。

最后，基于外交战略本质的论述。《现代汉语词典》对“纵横”的解释是：“在政治、外交上运用手段进行联合或分化。”① 这种解释基本上揭示了“纵横”的本质属性，其实，从外交的本质上说，外交是使用各种手段维护国家利益，无论是“合纵”一些国家去对抗目标国，还是“连横”联盟体系内国家去瓦解对方的联盟体系，其目的都是维护国家利益，只是方式方法不同而已，所以，现代词语中的“纵横”是“大开大合”之意，“合纵”和“连横”都是结盟的手段，并没有本质差别。

二、“合纵连横”思想的外交实践

“合纵连横”的思想产生于春秋战国时期，但“合纵连横”实践贯穿于整个中国，乃至于整个世界的历史之中。纵观中国乃至世界发展史，各种势力的分化组合是历史的常态，一个国家要在这种纷繁复杂的世界中立于不败之地，就必须学会联合可以联合的力量，分化必须分化的各种势力，最终实现自己国

① 中国社会科学院语言研究所词典编辑室．现代汉语词典［M］．北京：商务印书馆，1996：1675.

家的战略目标。

苏秦“合纵”思想的外交实践。“合纵”是“合众弱以攻一强”，为了达到联合山东六国共同对抗秦国的目的，苏秦亲自游说诸侯国君主。他在游说燕文侯时说：“燕东有朝鲜、辽东，北林胡、娄烦，西有云中、九原，南有滹沱、易水，地方二千余里，带甲数十万，车六百乘，骑六千匹，粟支数年。南有碣石、雁门之饶，北有枣粟之利，民虽不佃作而足于枣粟矣。此所谓天府者也。”“夫安乐无事，不见覆军杀将，无过燕者。大王知其所以然乎？夫燕之所以不犯寇北甲兵者，以赵之为蔽其南也。”苏秦在劝说赵肃侯时说：“当今之时，山东之建国莫强于赵。赵地方二千余里，带甲数十万，车千乘，骑万匹，粟支数年。西有常山，南有河漳，东有清河，北有燕国，燕固弱国，不足畏也。”谈到这里苏秦话锋一转：“秦之所以害于天下者莫如赵，然而秦不敢举兵伐赵者，何也？畏韩、魏之议其后也。然则韩、魏，赵之南蔽也秦之攻韩、魏也，无有名山大川之限，稍蚕食之，傅国都而止。韩、魏不能支秦，必入臣于秦。秦无韩、魏之规，则祸必中于赵矣。”他在游说韩宣王时说：“韩北有巩、成皋之固，西有宜阳、商阪之塞，东有宛、穰、洧水，南有陉山，地方九百余里，带甲数十万，天下之强弓劲弩皆从韩出……夫以韩之劲与大王之贤，乃西面事秦，交臂而服气，羞社稷而为天下笑，无大于此者矣。”至此，苏秦继续游说道：“大王事秦，秦必求宜阳、成皋。今兹效之，明年又复求割地。与则无地以给之，无与则弃前功而受后祸。且大王之地有尽而秦只求无已，以有尽之地而逆无已之求，此所谓市怨结祸者也，不战而地已削矣。”他在游说魏襄王时说：“大王之地，南有鸿沟、陈、汝南、许……，东有淮、颖、煮枣、无胥，西有长城之界，北有河外、卷、衍、酸枣，地方千里……，臣窃量大王之国不下楚。然衡人怵王交强虎狼之秦以侵天下，卒有秦患，不顾其祸。”对于劝说魏王臣服于秦国的臣子，苏秦分析道：“凡群臣之言事秦者，皆奸人，非忠臣也。夫为人臣，割其主之地以求外交，偷取一时之功而不顾其后，破公家而成私门，外挟强秦之势以内劫其主，以求割地，愿大王孰察之。”他在游说齐宣王时说：“齐南有泰山，东有琅邪，西有清河，北有渤海此所谓四塞之国也。齐地方二千余里，带甲数十万，粟如丘山。三军之良，五家之兵，进如锋矢，战入雷霆，解如风雨……夫以大王之贤与齐之强，天下莫能当。”但秦国之所以不敢轻易进攻齐国的原因，苏秦剖析道，一旦要进攻齐国则“倍（背）韩、魏之地，过卫阳晋之道，径乎亢父之险，车不得方轨，骑不得比行，百人守险，千人不敢过也。秦虽欲深入，则狼顾，恐韩、魏之议其后也。是故恫疑虚猲，骄矜而不敢进，则秦之不敢害齐亦明矣”。他在游说楚威王时说：“楚，天下之强国也；王，天下之贤王也。西有黔中、巫郡，东有夏州、海阳，南有洞庭、苍梧，北有陉塞、郇阳，地方五千余里，带甲百万，车千乘，骑万匹，粟支十年。此乃霸王之资也。”苏秦在分析楚国和秦国关系时说：“秦之所害莫如楚，楚强则秦弱，秦强则楚弱，其势不两立。”① 苏秦游说打动了六国，于是六国合纵成功，共同对抗秦国。苏秦担任了纵约长，同时任六国的相。

苏秦的“合纵”战略之所以能够取得成功，是因为他准确地判断出当时诸侯七国的实力和当时的战国形势。由于山东六国频繁战争和秦国的励精图治，秦国的综合国力开始全面超越山东六国，其中，一项“耕战结合”的公共政策使该国初步具备了统一中国的综合实力，在战略上，兼并了西南的巴蜀地区，秦国兼并该极具战略价值的地区后，“不仅关中、汉中连成一片，而且在地形、地势上造成了极为有利的态势。秦国领土的东南部突入楚国的侧翼，其东部领土依崤函之险楔入韩、魏两国的结合部，从而形成迂回攻击楚国、虎视中原之势。七雄并立的均势格局自此被打破”②。苏秦洞悉到当时的战国均势被秦国打破之后，对当时诸国的实力和其所面临的严峻形势做出了准确的判断，于是，他怀着济世之志，周游列国，先后游说燕、赵、韩、魏、齐、楚国各国君主，向山东六国的君主提出的应对之策为“令天下之将相会于洹水之上，通质，刳白马而盟”。要约曰：“秦攻楚，齐、魏各出锐师以佐之，韩绝其粮道，赵涉河漳，燕守常山之北。秦攻韩、魏，则楚绝其后，齐出锐师而佐之，赵涉河漳，燕守云中。秦攻齐，则楚绝其后，韩守城皋，魏塞其道，赵涉河漳、博关，燕出锐师以佐之。秦攻燕，则赵守常山，楚军武关，齐涉渤海，韩、魏皆出锐师以佐之。秦攻赵，则韩军宜阳，楚军武关，魏军河外，齐涉清河，燕出锐师以佐之。诸侯有不如约者，以五国之兵共伐之。”③

简单来说，诸侯六国的君主之所以接受苏秦的“合纵”主张因为以下几点：第一，苏秦对当时战国形势的判断是正确的，诸侯七国分立的均势被打破。第二，诸侯国面临共同的敌人——秦国，单个的诸侯国已经不能抵挡秦国的侵略，诸侯列国如不合纵，则会被秦国逐个击破，最终避免不了亡国的命运。第三，苏秦已经做好了应对秦国进攻的军事策略。在六国正式结成同盟之后，秦国有十五年不敢轻易东出函谷关，这充分说明初期的合纵是卓有成效的。但随着张仪连横策略的逐步展开，诸侯六国的“合纵”逐渐瓦解，主要原因有以下几点：

---

① 司马迁．史记：第3册［M］．张大可，译．北京：商务印书馆，2020：1232-1244.

② 周德钧．合纵：中国古代地缘政治论［J］．湖北大学学报（哲学社会科学版），1998（1）：15-17.

③ 司马迁．史记：第3册［M］．张大可，译．北京：商务印书馆，2020：1236.

第一，诸侯国君主的短视。张仪能够利诱诸侯国的君主或者诸侯国的贵族，说明诸侯国统治者没有长远战略，或者说没有将国家利益放在个人利益之上，一旦受到秦国的诱惑，就纷纷向秦国投降。第二，合纵诸侯国之间矛盾冲突。诸侯国矛盾重重，钩心斗角，例如，为了争夺一个宋国而争执不断，足见诸侯国之间并不团结，虽然它们有共同的敌人——秦国，但在对抗秦国时，诸侯国并非都是竭尽全力，齐国甚至想着坐收渔翁之利。

张仪“连横”思想的外交实践。公元前329年，秦惠文王拜张仪为相，自此以后，张仪以其“连横”之术周旋于诸侯列国之间。与“合纵”策略相反，“连横”就是凭借自己的超强实力，瓦解诸侯列国的联合。公元前325年，张仪拥戴秦惠文王称王，秦惠文王引起了山东诸国的恐慌，两年之后（也就是公元前323年），山东六国中的魏、齐、楚三国在啮桑（今江苏沛县西南一带）集合，以加强彼此的联盟，张仪为了拆散齐魏联盟，跑到魏国去游说魏王，但由于碰到了更加善于辩论的惠能，第一次连横宣告失败。第一次连横失败之后，张义改变了策略，不再使用单纯的外交攻势，而是军事与外交联合进行。公元前317年，秦国派兵攻打韩赵两国，斩杀对手八万余人，东方诸国震惊之余，张仪出使魏国游说魏王，在这次游说中，张仪分别使用了威胁、恐吓和利诱等手段最终迫使魏王就范。在分析魏国的处境时，故意夸大其面临的危机，让魏王感到害怕，“魏地方不至千里，卒不过三十万。地四平，诸侯四通，条达辐凑，无名山大川之限……梁南与楚而不与齐，则齐攻其东；东与齐而不与赵，则赵攻其北；不合于韩，则韩攻其西；不亲于楚，则楚攻其南：此所谓四分五裂之道也。”在谈到不臣服于秦国的时候他威胁道：“大王不事秦，秦下兵攻河外，据卷、燕、酸枣，劫卫取阳晋，则赵不南，赵不南而梁不北，梁不北则从道绝，从道绝则大王之国欲毋危不可得也。秦折韩而攻梁，韩怯于秦，秦韩为一，梁之亡可立而须也。”似乎是站在对方的角度，为对方的利益着想，诱使对方臣服。“为大王计，莫如事秦。事秦则楚、韩必不敢动；无楚、韩之患，则大王高枕而卧，国必无忧矣。”最后，魏王听从了张仪的主张，背叛合纵条约，从此臣服于秦国（虽然其中有反复，但魏国终究还是选择了屈服），魏国向秦国投降标志着张仪的连横战略正式取得成效。

魏国倒向秦国之后，齐国和楚国就开始成为秦国需要对付的诸侯国，当时的齐国和楚国合纵相亲，拆散两国的结盟就成了秦国外交的主要任务，张仪第一次出使楚国就是为了完成这项任务，于是张仪用许诺土地和美女诱惑的手段诱惑楚王，从而初步达到了拆散齐楚结盟的战略目的。张仪对楚王说：“大王诚能听臣，闭关绝约于齐，臣请献商於之地六百里，使秦女得为大王箕帚之妾，秦楚娶妇嫁女，长为兄弟之国。此北弱齐而西益秦也，计无便此者。”张仪第二次游说楚王也是使用与游说魏国几乎相同的方法，威胁加利诱。秦国的势力远比楚国强大，所以，张仪对魏王说：“秦地半天下，兵敌四国，被险带河，四塞以为固。虎贲之士百余万，车千乘，骑万匹，积粟如山丘……主明以严，将智以武，虽无出甲，席卷常山之险，比折天下之脊梁，天有后服者先亡。”为了拉拢楚国，张仪又对楚王说：“今秦与楚接境壤界，固形亲之国也。大王诚能听臣，臣请使秦太子入质于楚，楚太子入质于秦，请秦女为大王箕帚之妾，效万室之都以为汤沐之邑，长为昆弟之国，终身无相攻伐。”楚王没能经受住利诱和威胁，最终还是选择接受张仪的建议，与秦国亲善。

离开楚国之后，张仪又马不停蹄地前往韩国，游说韩王，张仪点出了韩国的弱点：“韩地险恶山居，五谷所生，非菽而麦……地不过九百里，无二岁之食。料大王之卒，悉之不过三十万，而厮徒负养在其中矣。除守缴亭鄣塞，见卒不过二十万而已矣。”然后，在韩王前面炫耀秦国的实力：“秦带甲百余万，车千乘，骑万匹……至不可胜计。”接着，张仪对苏秦“合纵”之术进行了猛烈的攻击：“夫群臣诸侯不料地之寡，而听从人之甘言辞，比周以相饰也，皆奋曰‘听吾计可以霸天下’。夫不顾社稷之长利而听须臾之说，诖误人主，无过此者。”接着张仪指出臣服于秦和不臣服于秦国的利弊，以供选择：“大王不事秦，秦下甲据宜阳，断韩之上地……先事秦则安，不事秦则危……逆秦而顺楚，虽欲毋亡不可得也。”年轻且未经战阵的韩王最终选择了臣服于秦国。

韩王听从了张仪的主张之后，张仪前往齐国游说齐湣王，张仪游说齐湣王时指出，决定国家存亡的不是一时的战争胜负，而是国家的强弱，“天下强国无过齐者，大臣父兄殷众富乐……齐与鲁三战而鲁三胜，国一危亡随其后，虽有战胜之名，而有亡国之实。是何也？齐大而鲁小也。今秦之与齐国，犹齐与鲁国也。”谈到当时的战国形势，张仪分析道：“今秦楚嫁女娶妇，为昆弟之国，韩献宜阳；梁效河外；赵入朝渑池，割河间以事秦。”鉴于这种战国形势，张仪威胁齐湣王道：“秦驱韩梁攻齐之南地，悉赵兵渡清河，指博关，临淄，即墨非王之有也。国一日见攻，虽欲事秦，不可得也。”于是，齐湣王接受了张仪的主张。

张仪离开齐国之后，往西游说赵王时说：“凡大王之所信为从者恃苏秦。苏秦荧惑诸侯，以是为非，以非为是，欲反齐国，而自令车裂于市。夫天下之不可一也亦明矣。今楚与秦为昆弟之国，而韩梁称为东藩之臣，齐献鱼盐之地，此断赵之右臂也。夫断右臂而与人斗，失其党而孤居，求欲毋危，岂可得乎？”张仪恐吓赵王秦国要派三路人马进攻赵国，“约四国为一以攻赵，赵破，必四分其地。”赵王恐惧，答应割让土地，向秦谢罪并臣服秦国。

张仪离开赵国，又从北面到燕国，游说燕昭王时曰：“今赵王已入朝渑池，效河间以事秦。今大王不事秦，秦下甲云中、九原，驱赵而攻燕，则易水、长城非大王之有也。”况且，“今时赵之于秦犹郡县也，不敢妄举师以攻伐，今王事秦，秦王必喜，赵不敢妄动，是西有强秦之援，而南无齐赵之患，是故愿大王孰计之。”① 燕王不加思考地听从了张仪的主张，答应献上恒山末端的五座城池，西向臣服秦国。至此，张仪的“连横”谋略取得了完全成功。

张仪“连横”谋略之所以能够取得成效，是基于以下策略：第一，都是毫无例外地对比两国实力，其中，国土面积、兵力、武器、粮食和地势的险要程度，都是张仪每次游说的开场白，通过两国综合实力的对比，彻底摧毁对方与秦国对抗到底的意志。第二，分析当时的战国形势，抓住对方的地形弱点，或者利用“合纵国”之间的矛盾，然后似乎是站在为对方利益考虑的角度，分析事秦和不事秦的利弊，从心理上瓦解对方的防范心理，比如，张仪对魏国的君主说，魏国所处的地势，原本就是一个天然的战场，如果魏国选择不臣服于秦国，秦韩联合，魏国的灭亡则指日可待，如果魏国选择臣服于秦国，则齐、韩两国一定不敢随意侵犯。第三，利诱对方，或者是以土地，或者是以美女诱惑对方，使对方做出有利于秦国的举动，例如，张仪在游说楚怀王时，承诺给楚国六百里土地和众多美女，希望楚国废除与齐国的盟约。第四，以军事实力威胁对方，迫使对方事秦，例如，张仪在游说燕昭王时说，如果今天大王不臣服于秦国，秦国将出兵云中、九原，驱使赵军攻燕国，那么易水、长城就不归大王所有了。张仪的这些“连横”手段屡试不爽，最后诸侯国被秦国逐个击破。

“合纵连横”战略在春秋战国时期几乎被用到了极致，六国以“合纵”抵抗秦国的进攻，秦国以“连横”战略瓦解六国的结盟，最终统一了全中国。春秋战国之后，盟友战略（这里我们把“合纵连横”视作一种）同样运用得非常广泛。秦统一中国之后，由于存在的时间太短，其主要的精力是应对六国的反叛，所以，除了匈奴之外，没有花费更大的精力对外交往，没有来得及开启盟友战略就已经灭国了，秦朝之后大部分“大一统”王朝（元朝除外）都运用了盟友战略来为国家战略服务。

汉朝的盟友战略。汉朝建立之后，面临北部匈奴的军事压力，它在400多年（西汉国祚210年，东汉国祚195年，总共405年）的时间里，其中的300多年都是在用心处理与匈奴之间的关系，西域诸国是汉朝和匈奴角逐的西部战场，

---

① 司马迁．史记：第3册［M］．张大可，译．北京：商务印书馆，2020：1268-1282.

所以，如何与西域国家结盟对抗匈奴，成为汉朝外交的主旋律。在当时，乌孙是西域诸国中的大国，所以，与乌孙结成战略同盟便是汉朝的必然选择。《后汉书》曰："前世议者皆曰取三十六国，号为断匈奴右臂。"章怀太子注："《前书》曰：'汉遣公主为乌孙夫人，结为昆弟，则是断匈奴右臂也。'"① 昭帝时，匈奴与车师结成联盟进攻乌孙，乌孙上书求救。宣帝本始三年（公元前 71 年），"汉兵大发十五万骑，五将军分道并出……遣校尉常惠使持节护乌孙兵，昆弥自将翎侯以下五万骑从西方入，至右谷蠡王庭，获单于父行及嫂、居次、名王、犁汙都尉、千长、骑将以下四万级，马牛羊驴橐驼七十余万头。"② 总之，相较于河西，西域在"断匈奴右臂"战略中扮演更重要角色。"取三十六国"、控制塔里木盆地，极大地打击了匈奴的西域势力，与乌孙"结为昆弟"，利用天山北路东西夹攻，将匈奴完全逐出西域，更是"断匈奴右臂"战略的关键环节。

唐朝的盟友战略。唐王朝在中国历史进程中开创了"大一统"王朝的鼎盛时代，而随着王朝的逐步强大，大唐在不断向外扩张的过程中，势必会与突厥、吐蕃、回纥、南诏等少数民族政权发生激烈碰撞，进而产生了国家之间的利益冲突问题，唐代统治者在历史的实践中，建立了一整套与周边少数政权解决利益冲突的应急机制，而会盟制度就是其中的一种，这一制度在唐王朝近三百年的统治时间中发挥了举足轻重的作用，为唐王朝的政权稳定做出了不可磨灭的贡献。

在统御中国的三百年时间里，大唐王朝先后分别与突厥、吐蕃、回纥、南诏等少数民族政权建立了同盟关系，历史上有名的"渭水之盟""兴唐会盟""长庆会盟""清水盟约"就是大唐王朝在不同历史时期与上述诸少数民族政权建立的同盟条约。以"长庆会盟"为例，长庆元年（821 年），唐蕃双方进行了历史上有名的"长庆会盟"，该年十月癸酉，唐朝宰相、大臣等 17 人与吐蕃使者会盟于长安西郊，订立盟约。此次会盟目的在于使唐蕃永久和好息兵，再次明确唐蕃双方以各自实际控制区域为界，"彼此不为寇敌，不举兵革，不相侵封谋境"③。双方共同商定了有关"通传""交马""捉生"等方面所需遵守的原则，规定了违约行为处理办法。"长庆会盟"是唐蕃关系史上非常重要的一页，不仅基本上结束了唐蕃两个国家之间长期对抗的局面，而且为"藏汉"友好交往开辟了崭新的道路。此后唐蕃双方相互派遣使者频繁交往，基本上没有发生

---

① 范晔．后汉书［M］．北京：中华书局，1965：1575.
② 班固．汉书［M］．北京：中华书局，1962：3905.
③ 王尧．吐蕃金石录［M］．北京：文物出版社，1982：41.

大的冲突。①

宋朝的盟友战略。宋朝共享国祚 319 年（北宋国祚 167 年，南宋国祚 152 年），其间，总共发动了两次大的盟友战略。一次是北宋的“联金灭辽”，另一次是南宋的“联蒙灭金”，这两次结盟都没有达到其起初设计的战略目的，而且产生了灾难性的后果，北宋的“联金灭辽”导致北宋覆灭，南宋的“联蒙灭金”导致整个宋朝彻底消亡，这个历史教训不可谓不深刻。

宋徽宗政和七年（1117 年），由于登州守臣的奏报，北宋朝廷获悉了辽金战事的最新情报。当时女真的势力已到达辽东半岛沿海地区，成了一支足够与辽国相抗衡的势力。北宋派出使者赴金，商议“联金夹辽”事宜，几经周折，宋金最终签订《海上之盟》，从此，北宋的“联金灭辽”外交战略正式启动。“联金灭辽”从始至终都是错误的战略，首先从宋、辽、金三国的军事实力上说，宋的军事实力是最弱的，这在“联金灭辽”战役中得到充分的证实，与军事强国联合，去消灭一个已经对宋没有敌意，甚至处于和平状态的“兄弟之国”，这本身就是战略失误。失去辽国的战略支撑，金国的野心不受制约，北宋灭亡是迟早的事情，历史的进程也证明了这一点。

由于蒙古没有必胜金国的把握，所以希望借助南宋的军事势力消灭金国，起初南宋有所警惕和犹豫，因为“盖今之女真，即昔之亡辽，而今之达（鞑）靼，即向之女真也”②。但最终还是选择接受了“联蒙灭金”战略。“联蒙灭金”战略自始至终也是错误的，因为在三角外交战略中，弱者应该和弱者联合，如果弱者和强者联合，固然能够取得局部的胜利，但三角关系中，另一个弱者消亡之后，自己被强者灭亡的命运就完全不可避免，北宋和南宋政权都犯了同样的错误，最终都落得亡国的命运。

明朝的结盟战略。明朝实行了有限的结盟政策，我们从“萨尔浒之战”的参与各方的情况得到确认。万历四十七年（1619 年），明朝和后金（即后来的清朝）爆发了著名的“萨尔浒之战”，此战中，朝鲜出动了 1.3 万人的部队与明军协同作战，用实际行动支持了明朝的这次军事行动。此后，朝鲜还多次出兵配合明军在辽东地区的军事行动，这些军事行动的目的都是限制后金在该地区的发展，所以，明朝与朝鲜的关系是“准军事同盟”关系。“萨尔浒之战”中，叶赫部也派出了 1 万人支援明军作战，准确地说是东北的海西女真中的叶赫部

---

① 陆离．论唐蕃长庆会盟后吐蕃与回鹘、南诏的关系［J］．中国边疆史地研究，2019，29（3）：41-51，214.

② 胡昭曦．宋蒙（元）关系史［M］．成都：四川大学出版社，1992：8.

支援了明军。明朝末年，建州努尔哈赤势力崛起，为了制约努尔哈赤集团的实力，明朝开始支持叶赫部，并把它作为遏制努尔哈赤集团崛起的重要力量。这时候，明廷与叶赫是事实上的军事同盟关系，从万历三十七年（1609 年）到万历四十七年（1619 年）间，明朝军队先后七次派兵直接或间接援助叶赫部，而当明朝的军队深陷与后金的战争旋涡时，叶赫部也会派出军队支援明军。明朝末年，与明朝军队建成军事同盟或准军事同盟关系还有蒙古察哈尔部，双方都本着“敌人的敌人就是朋友”的理念结成战略同盟，天启二年（1622 年），双方立字为约，达成正式结盟关系，“写立汉字番字罚约合同，令诸夷钻刀说誓，永为遵守”①。双方曾约定：“林丹汗如夺回广宁，仍赏十万两，首功银按级加赏。”②

清朝的盟友战略。全盛时期的清朝实行的是不结盟外交政策，衰败的清朝，在西方列强的巨大压迫下，曾经与俄国有过正式的盟约。在清朝 276 年的国祚里没有结交近现代意义上的盟友国家，主要是因为思想的保守，闭关锁国，夜郎自大。清朝的统治者认为自己是“天朝上国”，朝贡体系的构建者，外国使者到中国来都应该行“朝拜”礼节，在这种思想的指引下没有可能结交到真正的盟友。清朝末年，在西方列强的巨大压迫下，清政府也曾经试图通过“以夷制夷”的外交战略来缓解西方列强的猛烈进攻，但最终没能取得理想的效果。

“三国干涉还辽”事件的发生，使清政府对俄国的好感度逐渐增加，由于中俄在对抗日本对外扩张上的共同利益，清朝统治集团认为中国应该开启“联俄制日”外交战略。1896 年 3 月，李鸿章与俄国代表分别在《御敌互相援助条约》（即《中俄密约》）上签字。密约一共六条，其中第一条约定：“日本国如侵占俄国亚洲东方土地，或中国土地，或韩国土地，两国约明应将所有水陆各军，届时所能调遣者，尽行派出，互为援助，至军火、粮食，亦尽力互相接济。”③ 表面上看，这一条款公平公正，但俄国没有履行条约的义务，却利用条款将侵略的爪牙伸向中国东北，而中国却只能默默承受。

---

① 王在晋．三朝辽事实录：第 9 卷［M］．上海：上海古籍出版社，1996：856.
② 陈子龙．明经世文编［M］．北京：中华书局，1962：5082.
③ 王铁崖．中外旧约章汇编：第 1 卷［M］．北京：生活·读书·新知三联书店，1957：650.

第三节 和亲政策的运用

和合文化对中国外交政策的施行具有深刻的影响。中国传统战略文化便以友好睦邻为主流，除去客观因素，如地理方位、长期的农耕文明以外，主流意识形态推崇的思想也起着不可估量的作用。

一、“和合”思想的文化渊源

儒家的“和合”思想。《论语》曰：“礼之用，和为贵。”① 孔子以仁为核心，礼为辅助，建立起他的仁礼和合的政治理念。其将和视为做人办事的主要尺度，主张“泛爱众而亲仁”。同时也强调“君子和而不同，小人同而不和”②为处理人际关系的准则。强调“和”的重要性，也承认“不同”的客观存在，以协商为手段，以此达和谐之境。孔子的观点可以概括为应以修身为起点，施行礼仪道德教化，达齐家、治国、平天下的理想之境，构建大同世界。

孟子在孔子的基础上进行继承和弘扬，其思想虽未像管子、墨子那样将和合并举，但将人和提高到了一个至高无上的地位。主张“仁民而爱物”“天时不如地利，地利不如人和”③，强调人际关系的和谐，人与社会和谐共处。荀子说“万物各得其和以生，各得其养以成”④，认为“和”是天地间最普遍的原则，反对用战争解决问题，主张从天下的视域出发，推进社会的和谐有序。

道家的“和合”思想。道家和的思想，可以将其概述为“和顺于道”的自然法则。老子提出“道生一，一生二，二生三，三生万物，万物负阴而抱阳，冲气以为和”⑤ 的思想，即世间所有生长的最终是和，其根本是和。道家所提倡的“生命观”同样是“天人合一”，但与儒家所阐述的不同，儒家强调的是“先天”的，道家则是归结为自然上的“合一”，是一种自然而然的状态，即人类与自然达到和谐共生的局面，便能在这当中找到自我，找准自己的位置。道家中的“和合”思想是一种超越理性的、提升心灵境界的哲学思想。

庄子提出“与人和者，谓之人乐；与天和者，谓之天乐”“子，天之合也，

---

① 杨伯峻．论语译注［M］．北京：中华书局，2006：8.
② 杨伯峻．论语译注［M］．北京：中华书局，2006：8.
③ 杨伯峻．孟子译注［M］．北京：中华书局，2006：86.
④ 上海古籍出版社．二十二子［M］．上海：上海古籍出版社，1986：3.
⑤ 冯达甫．老子译注［M］．上海：上海古籍出版社，1991：100.

我，人之合也”① 的观点，他认为和合是万物生成的根源，也是实现天乐人乐的基础，只有参透了和的意义，才能获得无穷的快乐，达到天人和合的同乐境界。

墨家的“和合”思想。墨子从“兼爱非攻”的思想出发，认为和合能帮助解决人与家庭、国家、社会之间的关系问题。“内之父子兄弟结怨仇，皆有离散之心，不能相和合”② 指出父子兄弟结怨仇，不团结一心就会造成家庭的不安定。而和合有利于将家庭、社会群体凝聚在一起，是形成团结的社会整体结构的重要因素。

法家的“和合”思想。《管子》将“和”与“合”并举连用，他指出：“畜之以道，养之以德。畜之以道，则民和；养之以德，则民合。和合故能谐，谐故能辑，谐辑以悉，莫之能伤也。”③ 其认为有良好的道德，人们就能和合，和合便能使社会和谐，和谐便能团聚在一起，就可以免除伤害。在这里，和合成为了蓄养道德的目标追求，他认为民众和合在一起，就会产生巨大的力量。

其他学派的“和合”思想。五行学中，周太史史伯将“和”的理念进行提升，使之成为事物之和天地法则——五行和生物思想，以及提出“和实生物，同则不继”的观点。阴阳学认为世间万物都由阴阳两面构成，阴阳有序，事物由阴到阳，由阳到阴，最终实现阴阳平衡。事物是动态发展的，但发展最终是为了实现平衡与和谐。中庸之道也蕴含着深刻的“和合”思想。“致中和，天地位焉，万物育焉。”我们所谈的持中，并非是简单的折衷处理；而求和，亦不是一味附和苟同、盲目达成一致。凡事在处理时都应持“执其中”的态度，用“叩两端”的方法，达到“守其正”“致中和”的状态。从五行阴阳，到知行中庸，大到宇宙天地，小到人类的思维方式，和合思想都有所涉及。古人以和认识世界，以和为人际守则，以和治理国家。和合思想贯穿了中国传统文化的始终。

综上所述，中国古代先哲们通过对世间所存在的和合现象进行探讨，提出了各自对和合概念的不同理解，概括和合的本质。先秦时期，中华和合文化经历了产生、流传和发展，最后成为人们普遍认同的价值观念。所谓和合，就是在承认不同事物之间存在矛盾的基础上，把不同性质的事物统一在一个共同体

---

① 杨柳桥．庄子译注［M］．上海：上海古籍出版社，2012：69.
② 吴毓江．墨子校注［M］．北京：中华书局，2006：118.
③ 郭沫若．管子集校［M］．北京：科学出版社，1956：365.

中，使不同事物融合发展，优长而克短。① 其中孔子“和而不同”的思想能够反映和合文化的本质，它不只是局限于人与人之间的关系，包括了人、社会、国家、自然这四者之间的交互关系，都可以用“和而不同”来加以概述。“和合”思想自产生以来，始终贯穿在中国历史发展进程中，成为中国文化的精髓和被普遍认同的人文精神。换句话说，中国思想文化其实就是一种和合文化，中国文化的伟大之处，就在于其肯定各方的差异，使之融合，冲突各方兼容并蓄，共存并处，相辅相成。“和合”思想作为中华人文精神的精髓对中国思想文化发展的整个过程都影响深远。

“和合”思想是华夏文明内在的、不息的精神，它始终贯穿于中国文化思想发展的全过程。在中国历史上，儒家的和合，是从差别中寻找，道家则脱离了人与自然的关系求的和合，墨家，兼爱非攻即为和合，法家，守法为和合，阴阳家从对立的角度出发求和合，佛学因缘际会是和合，名家从离坚白（公孙龙的著名观点）与合同异中求和合。“和合”二字连用，既有融合、协作之意，又有向心、凝聚的含义，它突出强调了事物是不同因素紧密结合，相辅相成的结果，它蕴含着和谐共处的含义，体现了中华文化的辩证思想和系统观念。诸多异质元素并存对立构成的有机整体即为物质世界和人类社会，这些异质元素在矛盾与冲突中相互作用、制约，从而达到相对平衡协调状态，实现多样性的统一，这就是“和合”思想的内涵所在。

二、“和亲”政策的运用

和亲是指两个不同民族或同一种族的两个不同政权的首领之间出于“为我所用”目的所进行的联姻。尽管双方和亲的最初动机不完全一致，但总的来看，都是为了避战言和，保持长久的和平。②

和亲可以追溯到春秋战国时期。周襄王时期，周襄王娶狄女为妻，与狄结成同盟共同伐郑。一直到清代，几乎各个朝代都有次数不等、原因和目的各不相同的和亲。史书上，有“昭君出塞”的佳话：公元前 33 年，汉文帝时期，王昭君与呼韩邪善于和亲，史称“宁胡阏氏”。和亲结束了匈奴的多年分裂战乱，同时奠定了中原王朝“大一统”的基础，传为佳话。史书上也记载了文成公主入藏等故事，和亲之举不绝于书。或出于被迫，或出于自愿，结果或成功，或

---

① 张立文．和合学——21 世纪文化战略的构想［M］．北京：中国人民大学出版社，2006：89.

② 崔明德．中国古代民族关系研究二题［J］．中央民族大学学报，1995（2）：41-46.

失败。但和亲作为处理民族关系的一种手段，被历朝历代的统治者不断使用，不外乎是由于和亲乃是表示对邻国的友好或者是暂时推迟战争爆发的良策。专家学者对和亲政策的评价不一，但概括来说，和亲政策在一定程度上维护了社会稳定，有利于不同民族间的经济、文化交流和传播先进的科学技术，促进了民族融合。

在古代中国数千年的历史里，无论采取的是哪种外交形式，统治者的目的是“和”，是为了实现“和”，是为了维持“和”。“和合”思想是外交政策实行的理论基础，是实行不同的外交政策所要达成的共同目标，不同的外交政策是“和合”思想在不同朝代结合实际的具体表现和实践。古时，先人以“崇和尚合”为基本理念，深知“国虽大，好战必亡”的道理，也是自古便倡导“强不执弱，富不侮贫”的价值观。在历史文明的浇灌下，“和合”思想在中华儿女间代代相承，根植于心。

汉朝时期的和亲历史。“和亲”是汉高祖刘邦亲征匈奴失败之后，采纳了臣子刘敬的一项外交政策，西汉嫁公主于匈奴单于为阏氏，从此，西汉开启了“和亲”外交政策。与匈奴和亲5次，与乌孙国和亲3次，与鄯善国、龟兹国和亲各1次。“若陛下不能遣长公主，而令宗室及后宫诈称公主，彼亦知，不肯贵近，无益也。高帝曰：‘善。’欲遣长公主。吕后日夜泣，曰：‘妾唯太子、一女，奈何弃之匈奴！’上竟不能遣长公主，而取家人子名为长公主，妻单于。使刘敬往结和亲约。”①

而为了斩断匈奴的左膀右臂，进一步削弱匈奴，汉朝同匈奴的邻国乌孙进行了和亲。第一位嫁入乌孙的公主是细君公主，“汉元封中，遣江都王建女细君为公主，以妻焉。赐乘舆服御物，为备官属宦官数百人，赠送甚盛。乌孙昆莫为右夫人。”细君公主去世之后，为了巩固“汉乌”联盟，大汉王朝将解忧公主嫁入乌孙，“公主死，汉复以楚王戊之孙解忧为公主，妻岑陬”。当匈奴与车师国准备进攻乌孙国时，她积极致信汉昭帝刘弗陵：“匈奴发骑田车师，车师与匈奴为一，共侵乌孙，唯天子幸救之。”而当乌孙的统治者出台不利于“汉乌”同盟的政策时，“公主言狂王为乌孙所患苦，易诛也。遂置酒会，罢，使士拔剑击之”②。

西汉末年，汉元帝嫁王昭君于南匈奴呼韩邪单于，这是中国历史上非常有名一次公关活动，后来的唐朝大诗人李白，在五言绝句《王昭君二首》一诗中

---

① 司马迁．史记［M］．北京：商务印书馆，2020：1686.

② 班固．汉书［M］．北京：中华书局，1962：3903-3904.

对该历史事件做了形象的描述：（其一）“汉家秦地月，流影照明妃。一上玉关道，天涯去不归。汉月还从东海出，明妃西嫁无来日。燕支长寒雪作花，蛾眉憔悴没胡沙。生乏黄金枉图画，死留青冢使人嗟。”（其二）“昭君拂玉鞍，上马啼红颊。今日汉宫人，明朝胡地妾。”“昭君出塞”的故事之所以能够在民间广为流传，是因为人们对她出塞命运的担忧，这本身就是对王昭君奉献精神的充分肯定，王昭君的出塞给西汉和匈奴人民带来了长达半个世纪的和平，也促进了胡汉两大民族的融合。

三国两晋南北朝时期无和亲历史。三国两晋南北朝总共经历362年（220—581年），这是我国各民族大动荡时期，历史上有名的“五胡乱华”便发生在这一时期。从“五胡乱华开始”，匈奴、羯、鲜卑、羌、氐等北方少数民族大举南下，进入黄河流域与当地汉族人杂居，先后建立了前赵、后赵、前燕、前秦、后秦、北魏、北齐等数十个国家，历时三百多年。这一时期的大迁徙、大流动、大杂居，打破了民族的原有格局，使少数民族与汉族在空间分布上产生了变化。这一时期王朝更迭非常频繁，因为政权不稳，和亲政策也难以实施。

隋唐时期的和亲历史。隋朝的存续时间不长，仅有38年（581—618年），但不影响这个朝代将“和亲”作为本国一项基本的国策（因为涉及对外交往，也称对外政策）。为了稳固本国的边疆，发展好本国的经济文化，隋朝政府采取了与少数民族交好的和亲政策，在短短的38年时间里，隋朝先后与周边国家和亲9次，与突厥汗国和亲7次，与吐谷浑国和亲1次，与高昌国和亲1次。

随后出现的唐朝，不仅继承了隋朝的“和亲”传统，而且将“和亲”发展成一项非常重要的民族政策。唐朝的历代皇帝都借鉴了唐太宗各民族一律平等的观点，消除了民族偏见的藩篱，唐朝的和亲政策得到了极大的发展，几乎贯穿了整个唐朝的始末，和亲次数之多、范围之广、影响之大，中国古代前朝无出其右。在唐朝存续的289年时间里（618—907年），唐朝总共与8个少数民族和亲28次，和亲的范围几乎涵盖唐朝周围的所有少数民族，如吐蕃、突厥、回纥、奚、契丹等。由此可见，唐朝的和亲不再是权宜之计，而是一种深谋远虑的安边政策。

宋朝时期的不和亲历史。与各朝的历史背景相较，“两宋”显然具备了和亲的条件：第一，辽、西夏、金、蒙（元）都曾与宋对峙并构成严重威胁。第二，宋与辽、西夏、金、蒙（元）曾互通友好，并在较长时间内保持了相对和平。可是，宋对于和亲的讨论不少，却从无和亲实例，并且宋不但未主动对外和亲，还拒绝辽国和西夏国的求亲。对宋人来说，可以增币，但拒绝和亲；可以纳贡，但不愿纳女；可以“称臣”“称侄”，甚至“称孙”，但绝不肯以老岳父自居。①宋人反对和亲政策的原因是多方面的，而其强烈的民族偏见、文化上的优越感、高度发达的社会经济和“守内虚外”的既定国策是宋朝拒接和亲的主要原因。

宋朝著名政治家和文学家范仲淹在谈到他对攻击和防守的看法时，就对汉初和亲政策的积极作用给予高度评价。他强调说：“臣观前汉高帝之盛，中有萧、张决胜千里，下有百战之师，以四十万众困于平城，乃约匈奴和亲。至高后、文、景，代代如之，不绝其好。而匈奴屡变，往往犯塞，杀戮吏民，不胜其酷。至于书问傲慢，下视中国，而人主以生民之故，屈己含容，不为之动。”② 宋朝另一位著名的政治家、思想家和史学家司马光在全面审视“宋辽”关系的基础上，也多次提到过“和亲”，并对“和亲”予以高度评价。宋朝的其他大臣也有对和亲极力反对的。赵抃和夏竦是宋朝两个反对和亲的代表人物。被称为“铁面御史”③ 的赵抃在分析汉文帝和亲失败的案例之后得出“和亲无益”的结论，夏竦对和亲问题的看法与赵抃有着惊人的相似：北狄贪婪无比，不讲信用，和亲和结盟对他们是没有任何约束力的。在宋朝的君主和大臣的心目中，割地无疑是丧权辱国，和亲则更失体面，因此便以各种理由加以拒绝，最终终生“不敢自论其劳”④。

元朝时期的和亲历史。元统治者行联姻之策，初是成吉思汗家族与弘吉剌、亦乞列思、汪古、斡亦剌等部约为世婚，建立军事联盟，壮大势力，从而征服蒙古诸部，控制大漠南北。问鼎中原后，成吉思汗家族与弘吉剌、亦乞列思等部贵族成为元朝统治阶级，遂以联姻之策，与新疆畏兀儿、乌斯藏萨迦、大理段氏等贵族联姻，以君臣翁婿关系安定边疆、巩固统治。可见，蒙统治者施行的联姻之策，在草原上，以联姻结为军事同盟，形成强大的武装力量。当成为统治阶级后，元朝上层贵族与边疆地区势力大的民族上层人物进行联姻，以笼络少数民族为其统治服务。虽元朝联姻在主观上是为了封建王朝的利益而实行的怀柔之策，但在客观上起了一定的改善民族关系与促进经济、文化发展和交流的作用。

明朝时期的不和亲历史。推翻蒙元政权后，明朝政权一度提出“华夷一家”政治口号，但是，朱元璋以“驱逐胡虏，恢复中华”为号召，还是表现出了民

---

① 姜春晖．宋人拒绝和亲之原因分析［J］．湖北师范学院学报（哲学社会科学版），2009，29（2）：82-87.

② 李焘．续资治通鉴长编［M］．北京：中华书局，2004：3203.

③ 脱脱．宋史［M］．北京：中华书局，1985：10322.

④ 脱脱．宋史［M］．北京：中华书局，1985：12934.

族歧视，这也反映出明朝君臣骨子里的“传统华夷”（华高贵夷卑贱）观念依然根深蒂固，再加上后期北部蒙古给明政权带来巨大的灾难，因此，明人对少数民族还是非常歧视，这一点从明朝著名大臣王廷相在给皇帝的上书内容得到佐证：“我朝祖宗以来有三美政，皆前代所不及。不与夷虏和亲，一也；不使外戚与政，二也；不以论谏杀言官，三也。”① 将“不与夷虏和亲”自诩为本朝“三大美政”之一，其根本也是在于固有的“传统夷夏”（夏高贵夷卑贱）观念的束缚。终明一代，有相当一部分明朝君臣认为，与少数民族和亲与互市是国家的耻辱，有损明朝之尊严。嘉靖帝（朱厚熜）在俺答汗兵临城下迫不得已时才开马市贸易，局势缓和便关闭，且明令“复言马市者斩”②。明代著名言官杨继盛更以“以堂堂天朝而下与边臣互市，冠履倒置，损国家之重威”③ 为名，反对与少数民族和亲与互市，尽管杨继盛有将互市与和亲混为一谈之嫌，但明朝臣子对和亲的坚决否定是毋庸置疑的。

清朝时期的和亲历史。清朝的和亲多表现为满蒙联姻。满蒙联姻始见太祖皇帝时期，明万历四十年（1612 年），努尔哈赤闻蒙古贝勒明安女“甚贤，遣使往聘，明安许焉，送女至”④，其子代善、莽古尔泰、德格类、多尔衮等都是娶蒙古王公女为妃。“努尔哈赤时同漠南蒙古联姻共 39 次，其中同科尔沁部联姻 11 次。皇太极时同漠南蒙古联姻共 41 次，其中同科尔沁部联姻 18 次。科尔沁王公之女先后有 19 人做努尔哈赤和皇太极的皇后、妃子。”⑤ 始于努尔哈赤的满蒙联姻的政策，极大地影响了清朝的边疆民族政策。皇太极继位后，与科尔沁部联姻更加紧密，至康熙中叶，随着准噶尔部日益强大，清政府便以武力镇压准噶尔叛乱，又与蒙古其他各部联姻，以防范某部落的异军突起。

和亲也是古代中央政府一种“羁縻”外族的外交政策，与外族政权结成政治婚姻达到控制少数民族政权的目的。当然和亲的主要目的还是“安邦定国”，这里的“安邦”是安外邦，“定国”是定中央王国，最终实现和平的终极目标。当然，通过和亲也加大了两国的政治、经济和文化交流，从这一角度看，和亲是惠及万代子孙的国家政策。

---

① 陈子龙．明经世文编［M］．北京：中华书局，1962：1437.
② 张廷玉．明史［M］．北京：中华书局，1974：5838.
③ 谷应泰．明史纪事本末［M］．北京：中华书局，1977：916.
④ 佚名．清实录卷 4［M］．北京：中华书局，1986：52.
⑤ 金元山．试论努尔哈赤、皇太极与科尔沁部的联姻关系［J］．沈阳师范学院学报，1986（1）：95.

本章小结：

中国古代政府几千年的国际关系实践得出历史结论：处理国际关系，以和为贵，好战必亡。平等的国家关系才能永世长存，任何带有侮辱性质、有损国格的外交体系（朝贡体系对外交国家的实质性伤害不大，但侮辱性极强）都不能长久维持下去。但在面对凶险和变幻莫测的国际形势时，以两手准备应对现实中的国家关系也是非常必要的。一是和自己有共同利的益国家结成战略同盟，去应对可能对自己国家不利的复杂局面；二是尝试着和所有国家进行交往，积极推动各国之间的政治、经济、文化交往，有利于国家间的相互了解，也有利于和平局面的达成。

第五章

中国古代政府处理与自然关系的基本理论和社会实践

本章提要：

人与自然的问题是人类社会生存必须回答的首要问题。人与自然的关系从根本上讲，是整个人类社会关系中最重要的公共关系，它不是个人（或单个国家）与自然的私人关系，它关系到整个人类的生存和发展。中国古代政府的统治者从“天人合一”理念出发，将“天人合一”思想运用在生产上，提出按照自然规律进行生产，按照“天人合一”的思想处理与世界万物的关系，使世界万物和谐相处。古代社会的统治者大肆推广“祈谷”“祈雨”等与农业生产有关的祭祀礼节，一方面是对自然的尊重和崇拜，另一方面更加能够拉近与基层民众的关系，获得良好的民心。名义上是崇拜自然，实际上变成了君王处理与民众关系的公关手段。鬼是自然的一部分，古代君王祭鬼神体现其对自然的尊重和怀念，祭黄（黄帝）是对中华血脉始祖的怀念，祭孔（孔子）是对中华文脉的怀念。前者有利于国家民族的统一，后者有利于国家文化的统一，统治者纪念“黄孔”也是拉拢人心的重要公关手段。

第一节　“天人合一”思想的形成与实践

人与自然的问题是人类社会生存必须回答的首要问题。人与自然的关系从根本上讲是社会关系中最重要的部分，它不是简单的个人与自然的关系，而是社会关系中的公共部分。但是在以实用为前提的西方“现代公共关系”中，人与自然的关系却鲜有提及。中国古代思想家关于“天人合一”的思想，其最基本的含义，就是充分肯定自然界和精神的统一，关注人类行为与自然界的协调问题。从这个意思上说，“天人合一”思想是非常有价值的。

根据这种思想，一方面，人只能认识自然规律，不能违背自然规律。人可以利用自然规律去改造现实世界，使之更加符合人类的需要，但不可以超越自然界的承受能力去改造自然、征服自然、破坏自然。另一方面，自然界也不是主宰人类社会的不可知世界，是可以为人类认知并为人类利用的客观对象。这种思想长期实践的结果是达到自然界与人的和谐统一。中国文化的“天人合一”思想，对于解决当今世界诸多问题具有重要的启迪意义，如工业化带来的污染问题、利用科学征服自然带来的生态平衡遭到破坏问题等。

一、“天人合一”思想的形成

著名哲学家唐君毅说：“天人合一是中国哲学上的中心观念——这一观念直接支配中国哲学之发展，间接支配中国之一切社会政治文化的理想。”① 著名思想家钱穆则明确提出：“‘天人合一’论是中国文化对人类文化的最大贡献。”② 20 世纪 90 年代最知名的学者季羡林也随之附和曰：“‘天人合一’这个命题正是东方综合思维模式的最高最完整的体现。”③ 经诸位学界大佬和文化名士的褒扬之后，“天人合一”论不仅成为中国传统思想的代表，而且逐渐被古为今用，似乎可以成为现代人的重要观念之一。一些学者由此断定：“从中国古代文化传统来看，‘天人合一’是中国古代农业文化的一种主要传统，是中国人的一种理想与追求。”④

“天人合一”意识尽管早在先秦时期就已存在，但原版词汇是由张载发明的。在先秦时期，《庄子》提出“人与天一”、西汉时期的董仲舒主张“天人一也”等，这些表述都有“天人合一”的意思。从学派的角度看，儒家、道家和墨家都分别对同一命题提出了自己的独到见解，下面我们从学术流派和学者的角度详细论证这一命题。

儒家“天人合一”观点。儒家是从人的道德与“天命”的关系来论述“天人合一”的。子曰：“周监于二代，郁郁乎文哉！吾从周。”天何言哉？四时行焉，百物生焉，天何言哉？获罪于天，无所祷也。子曰：“天生德于予，桓魋其如予何！”文王既没，文不在兹乎？天之将丧斯文也，后死者不得与于斯文也；天之未丧斯文也，匡人其如予何？子曰：“不怨天，不尤人，下学而上达，知我者其天乎！”“吾十有五而志于学，三十而立，四十而不惑，五十而知天命，六

① 唐君毅．唐君毅全集：卷 11［M］．台北：学生书局，1991：128.
② 钱穆．中国文化对人类未来可有的贡献［J］．中国文化，1991（1）：93-96.
③ 季羡林．季羡林文集：第 14 卷［M］．南昌：江西教育出版社，1996：288-289.
④ 曾繁仁．“天人合一”——中国古代的“生命美学”［J］．社会科学家，2016（1）：28-33.

十而耳顺，七十而从心所欲，不逾矩。”① 从孔子以上对“天”的诠释，我们大约可以得出结论：孔子继承了“三代”（夏、商、周三代）以来的“天命观”。而“三代”的“天命观”的发展脉络是这样的：“天”是指自然之天，带有神秘色彩的神性主宰之天，在道德超越之天。夏代王权的传位原则既然主要取决于“实力”，那么其“天”也就只能是指自然之天而言；《尔雅》之所以要通过“穹，苍苍”来定位天，并以“春为苍天，夏为昊天，秋为旻天，冬为上天”作为对“天”的具体描述，也都是指自然之天。但夏殷王权之更替，从老百姓对夏桀的诅咒到对伐夏大军之“奚独后予”的抱怨，也就给殷商统治者留下了一个极为深刻的历史教训，这也就应当是决定着商汤王朝之崛起与夏桀王朝之灭亡的“天之所命”。而在这一过程中，也一定存在着许许多多超乎人力所能为的因素。所以，殷墟卜辞的出土以及其作为殷人求签问卜的历史记录，充分证明了孔子所谓“殷人尊神，率民以事鬼”论断的准确性。这说明，到了殷商时代，“天”已经成为一种带有神秘色彩的神性主宰。待到西周政权崛起，夏殷两代王权的共同命运以及其历史更替一方面使西周统治者认识到“惟命不于常”，所谓的“天命”已经不再那么可靠了，同时，其历代先祖所积淀的仁爱传统、夏殷两代王权相继灭亡的历史教训所激发的忧患意识，即使西周统治者不再相信外在的天命，但依然从习惯的角度使其深深地期待着来自上天的“天保”，这样，也就只能使其走向“敬天法祖”与“敬德保民”的方向了。这使得周人的“天”带上了深深的道德烙印，从而成为一种道德超越之天。而周公之制礼作乐，也正是试图通过制度性的设施将这种道德超越之天深深地贯注、落实于人伦生活与道德实践之中的具体表现。

在这一背景下，儒家的“天人合一”也就必然是以个体之道德实践的方式来上合于“天意天心”了，这一点当然也可以说是西周以来的传统思路，但其拓展与深入之处则在于这种“天命”已经不再是王权存亡的依据或凭借，而是已经成为支撑个体生存与做人的立身之基了。孔子对于中国德性文化的巨大推进就表现在这一点上。这样一来，儒家的“天人合一”就既可以说是通过道德实践的方式以上合“天意天心”，同时，所谓“天”也就必然会给人以道德秩序的反馈与回应。从《礼记·王制》中所提倡的“父之齿随行，兄之齿雁行”②到张载所诠释的“礼本天之自然”③，也就可以说是“天”对人之道德性反馈的

① 吴哲楣．十三经［M］．北京：国际文化出版公司，1993：1261-1301.
② 吴哲楣．十三经［M］．北京：国际文化出版公司，1993：451.
③ 张载．张载集［M］．北京：中华书局，1978：264.

表现。

道家的"天人合一"观点。道家的天命与儒家的天命观完全不同，它自始至终只有一个指向，那就是自然，道家的学者老子最推崇的道不仅具有"无为"的品格，而且还具有"法自然"的特性，而最为重要的一点，也就在于"道"是永远向着相反的方向转化的。在这一背景下，所谓人伦社会也就只能成为一种"大道废，有仁义，慧智出，有大伪。六亲不和，有孝慈；国家混乱，有忠臣"的格局了。既然老子以"道"为最高追求，而"道"的"无为""自然"以及向相反方向转化之特性也就必然蕴含着一种自然之天。因而对于老子来说，所谓的"天人合一"也就只能是一种自然指向式的"天人合一"———以自然之人合于自然之天。所以，在老子哲学中，也就出现了如下的追求：

"专气致柔，能婴儿乎?""众人熙熙，如享太牢，如春登台，我独泊兮其未兆，如婴儿之未孩。""常德不离，复归于婴儿。""含德之厚，比于赤子；蜂虿虺蛇不螫，攫鸟猛兽不搏，骨弱筋柔而握固，未知牝牡之合而朘作，精之至也；终日号而不嗄，和之至也。"① 在这里，究竟是婴儿的哪一点在吸引着老子，从而使他将婴儿视为人生的最佳状态或最高境界呢? 应当说，这主要是婴儿的与世无争，并且也完全是以自己的自然之姿合于天之自然，至于所谓"含德之厚，比于赤子，蜂虿虺蛇不螫，攫鸟猛兽不搏"之类，则既代表着婴儿的自然状态，同时也代表着人生一种与世无争和与世无伤的状态。道家这种完全以自然为目标的"天人合一"思路在庄子的思想中得到了极为典型的表现，而庄子又居然是借助孔子对人生之深刻感悟才找到这种"天人合一"之路的。

墨家的"天人合一"观点。墨家的基本主张是"兼相爱、交相利"，但"自利"毕竟是人之"有我"的表现，也是所有生命共有的天性，因而一味地强调爱人，也就必然意味着对人之生命"有我"特征的一种放弃与对人"自利"天性的扭曲。所以，墨家就不得不借用国人心中至高无上的"天"，并试图通过"天志"来推行其"兼相爱"的理想。那么什么是"天志"? 墨子认为"天"是有人格的，高贵且聪明，《墨子·法仪》曰："天之行广而无私，其施厚而不德，其明久而不衰。"故应以天为尺度计量自己的行为。墨子认为天是无差别的博爱，怎么知道天是希望人都相爱相利，而不是希望人都相互厌恶和残害呢? 这是因为天对人是全爱和全利的，怎么知道天对人是全爱和全利呢? 因为人类为天所有，天供给他们全部衣食住行。

子墨子言曰："今天下之士君子，知小而不知大。何以知之? 以其处家者知

① 王弼，魏源．老子道德经·老子本义［M］．上海：上海书店，1986：5-34.

之……然而天下之士君子之于天也，忽然不知以相儆戒……然则率天下之百姓以从事于义，则我乃为天之所欲也。我为天之所欲，天亦为我所欲。”① 这就是说，既然人都生存于天下，那么天的意志就是绝对不可违逆的，正像生存于家而不可得罪家长一样。那么天的意志究竟是什么？这就是“天欲义而恶不义”，因而人就必须服从天的意志，将“贵义”“爱人”作为自己处世的最高原则。进一步看，如果一个人能够以天的意志作为自我的意志，则必然会收到“我为天之所欲，天亦为我所欲”的效果。在这一基础上，墨家的“天人合一”主张得以全面展开。在墨子看来，既然“兼爱”主张是以“天志”的方式表现出来的，那么它就必然具有无坚不摧、所向披靡的力量。

子墨子言曰：“既以天为法，动作有为，必度于天，天之所欲则为之，天所不欲则止。然而天何欲何恶者也？天必欲人之相爱相利，而不欲人之相恶相贼也……爱人利人者，天必福之；恶人贼人者，天必祸之。”② 显然，在墨家看来，“兼爱”不仅代表着“天之所欲”，而且也是“天志”的直接表现，因而，“爱人利人者，天必福之；恶人贼人者，天必祸之。”而那种一味自利而不爱人的人，也就必然会受到“天”的惩罚。如果将“兼爱”提升到“天志”的高度，那么履行“兼爱”的精神就等于是在贯彻“天的意志”，所以，所谓“天意”“天志”之类的说法也就完全成为墨子贯彻其“兼爱”主张的一种强有力的手段，而这种手段，同时也成为墨子号令天下的“法仪”。天下苍生，也就必须无条件地按照墨家“法仪”所提供的规范，从而使整个人伦社会成为一个“天人合一”的整体。

子墨子言曰：“故子墨子之有天之意也，上将以度天下之王公大人为刑政也，下将以量天下之万民为文学出言谈也。观其行，顺天之意，谓之善意行；反天之意，谓之不善意行。观其言谈，顺天之意，谓之善言谈；反天之意，谓之不善言谈；观其刑政，顺天之意，谓之善刑政；反天之意，谓之不善刑政。故置此以为法，立此以为仪，将以度天下之王公大人卿大夫之仁与不仁，譬之犹分黑白也。”③ 在对这种“天人合一”的追求中，关键也就在于每个人必须时时处处以“法仪”为准，而以“顺天之意”作为人生的根本指向，这样一来，也就可以使整个社会既以“天志”为追求指向，同时也就以“兼相爱”作为人伦规范了。

---

① 墨子．墨子［M］//诸子集成：第4册．上海：上海书店，1986：118-119.
② 墨子．墨子［M］//诸子集成：第4册．上海：上海书店，1986：12-13.
③ 墨子．墨子［M］//诸子集成：第4册．上海：上海书店，1986：129.

以上是从学派的角度来分析“天人合一”，如果从学者的角度看，先秦的老庄（老子和庄子的合称），汉代的董仲舒，宋代的张载，明代的王明阳等学者都对“天人合一”命题进行了充分的论述，因为时代不同，所以表现为各种具有不同特色的“天人合一”论述。

老庄对“天人合一”命题的论述。道家的“天”特指自然界及其自然法则，老子特别强调“天”的自然属性，他在《老子》一书中多次使用“天”的概念（多达29次），都毫无例外地特指无道德属性的自然之天。正所谓“人法地，地法天，天法道，道法自然”①，即人是取法与自然之“道”。庄子对老子的思想有进一步的发展，他已经将“天”作为一个哲学概念来使用，他对“天”有两种解释：一是自然界的统称，二是自然而然之谓。“不以人助天”中的“天”是指自然界的“天”，“牛马四足，是谓天”中的“天”是自然而然之谓。自然界的“天”是“万物之总名”，自然而然则是万物的自然属性。与自然的“天”对应的是人类，与自然而然对应的是人为。所以，道家的“天人合一”有两层意思：第一层意思是人与自然和谐共生，即“天地与我并生，万物与我为一”；第二层意思是崇尚自然，反对人为，即“不开人之天，而开天之天”②。

董仲舒对“天人合一”命题的论述。董仲舒提出表现为神性主宰的“天人合一”观。首先，董仲舒认为：“天地人，万物之本也。天生之，地养之，人成之。天生之以孝悌，地养之以衣食，人成之以礼乐，三者相为手足，合以成体，不可一无也。”③ 其次，董仲舒认为：“天有阴阳，人亦有阴阳。天地之阴气起，而人之阴气应之而起；人之阴气起，而天地之阴气亦宜应之而起；其道一也。”④ 再次董仲舒认为：“人之形体，化天数而成；人之血气，化天志而仁；人之德性，化天理而义；人之好恶，化天之暖清；人之喜怒，化天之寒暑；人之受命，化天之四时；人生有喜怒爱乐之答，春夏秋冬之类也……天之副在乎人，人之情性有由天者矣，故曰受，由天之号也。”⑤ 此外，董仲舒提出：“是故事各顺于名，名各顺于天。天人之际，合而为一。同而通理，动而相益，顺而相受，谓之德道。”⑥ 最后，董仲舒得出结论：“道之大原出于天。天不变，

---

① 王弼．老子注［M］．北京：中华书局，1978：32.
② 孙海通．庄子［M］．北京：中华书局，2007：23，38，117，278.
③ 苏舆．春秋繁露义证［M］．中华书局，1992：168-169.
④ 钟肇鹏．春秋繁露校释［M］．石家庄：河北人民出版社，2005：814.
⑤ 钟肇鹏．春秋繁露校释［M］．石家庄：河北人民出版社，2005：702.
⑥ 苏舆．春秋繁露义证［M］．北京：中华书局，1992：288.

道亦不变。"① 董仲舒是首个将"儒家之道"上升到"天道"的古代学者，在他的眼里，人道和天道合一，是宇宙的永恒真理。

张载对"天人合一"命题的论述。张载提出"天人一体"的"天人合一"观，何为"天人一体"（"天人一物"）？张载曰："天人一物，辄生取舍，可谓知天乎？孔孟所谓天，彼所谓道者。惑者指'游魂为变'为轮回，未之思也。大学当先知天德，知天德则知圣人，知鬼神。今浮屠极论要归，必谓生死转流，非得道不免，谓之悟道可乎？悟则有义有命，均死生，一天人，惟知昼夜，道阴阳，体之不二。"在张载看来："天良能本吾良能，顾为有我所丧尔。明天人之本无二。"换言之，世上万物种类虽然繁多，但却最终统一宇宙万物，宇宙万物共同组成一个生命体。对于万物一体张载进一步诠释为："乾称父，坤称母；予兹藐焉，乃混然中处。故天地之塞，吾其体；天地之帅，吾其性。民吾同胞，物吾与也。"在张载眼中，宇宙万物共为一物，这就是所谓的"一物而三才"："易一物而三才备。阴阳气也，而谓之天；刚柔质也，而谓之地；仁义德也，而谓之人。一物而两体者，其太极之谓欤！阴阳天道，象之成也；刚柔地道，法之效也；仁义人道，性之立也；三才两之，莫不有乾坤之道也。易一物而合三才，天（地）人一，阴阳其气，刚柔其形，仁义其性。"② 天地人合力形成一个有机的生物体，这便是张载的"天人合一"。

王明阳对"天人合一"命题的论述。到了宋朝，王明阳提出"万物一体"的"天人合一"观，王阳明曰："夫圣人之心，以天地万物为一体，其视天下之人，无内外远近，凡有血气，皆其昆弟赤子之心，莫不欲安全而教养之，以遂其万物一体之念。"③ 何为"万物一体"？王阳明曰："大人者，以天地万物为一体者也，其视天下犹一家，中国犹一人焉。若夫间形骸而分尔我者，小人矣。大人之能以天地万物为一体也，非意之也，其心之仁本若是，其与天地万物而为一也。岂惟大人，虽小人之心亦莫不然，彼固自小之耳。是故见孺子之入井，而必有怵惕恻隐之心焉，是其仁之与孺子而为一体也；孺子犹同类者也，见鸟兽之哀鸣觳觫，而必有不忍之心焉，是其仁之与鸟兽而为一体也；鸟兽犹有知觉者也，见草木之摧折而必有悯恤之心焉，是其仁之与草木而为一体也；草木犹有生意者也，见瓦石之毁坏而必有顾惜之心焉，是其仁之与瓦石而为一体也；

---

① 班固．汉书［M］．北京：中华书局，1987：2518-2519.

② 张载．张载集［M］．中华书局，1978：22，62，64，235.

③ 王守仁．王阳明全集［M］．上海：上海古籍出版社，1992：54.

是其一体之仁也，虽小人之心亦必有之。是乃根于天命之性，而自然灵昭不昧者也。”① 在这里，儒家的仁爱之心与鸟兽草木连为一体，则标志着儒家的“天人合一”发展到了一个崭新的境界。

二、“天人合一”思想的实践

“天人合一”无疑是中国古代哲学乃至中国传统文化中最具特色的思想，其深刻的内涵的确值得现代人深入地领会和阐释。时下生态危机遍布全球，中国更是日渐严重。据此有观点认为，中国古老的“天人合一”思想就是“人与自然合一”的思想，是站在以人为中心的立场上强调对生态环境的重视与保护，反对功利主义地改造自然，主张适应自然的一种生态观念，或者一种生态智慧。更有甚者将“天人合一”视为校正西方天人对立而导致的环境问题的文化武器。固然，鉴于现实的需要，有必要对古老的“天人合一”思想做现代阐释。但需要明确的是，古人“天人合一”的思想与现代人站在现实需要对其做出新的阐发，赋予其时代意义是两个层次的问题。一言以蔽之，“天人合一”不是针对人与自然如何相处的问题，核心是中国古人深入思考的人生和社会政治的问题。相较西方“天人相分”“天人对立”的思想，其无疑极具特色与意蕴。对今天的世界，“天人合一”的思想意义或许远大于其对现实产生的作用。生态问题的解决，归根到底，一要靠环保思想，二要靠政策法规，三要靠科学技术。而这一切都有赖于经济的发展。成也萧何败也萧何，面对基于满足人的欲求的无限经济扩张和人的贪婪，现在所缺的恐怕不是思想，而是厉以行之的行动。这在中国如此，整个世界也是如此。②

学者对儒家“天人合一”观念从不同的角度做了论述，归纳学界的各种观念，主要有以下几种代表性的思想。第一，将“天人合一”看作是处理人与自然关系的重要原则，因此奠定了现代生态文明的理论基础。这种观点将“天”理解为自然之天，认为“天人合一”主张的是人与自然的和谐，而不是对立。张载对“天”的论述成为理论基础，他认为，人与万物都是由自然和宇宙产生，是合为一体的。张载《西铭》说：“乾称父，坤称母，予兹藐焉，乃浑然中处。故天地之塞吾其体，天地之帅吾其德。民，吾同胞，物，吾与也。”第二，将“天人合一”作为德性修养的最高目标，由此体现出现代人性修养的生态伦理智慧。这种观点将“天人合一”的“天”理解为伦理之天，德性修养的最终目标

① 王守仁．王阳明全集［M］．上海：上海古籍出版社，1992：968.
② 张德寿．“天人合一”与生态观［J］．学术探索，2014（4）：108-111.

是与天道合一。在传统文化中，孟子思想具有代表性。孟子说："尽其心者，知其行也；知其性，则知天矣。存其心，养其性，所以事天也。"第三，将"天人合一"作为社会政治统治人类的工具，由此论证神权统治的合理性。这种观点将"天"理解为神秘之天，进一步为封建社会的等级秩序作铺垫。董仲舒是这种观点的代表。他从神秘之天出发，由"天人合一"推理出天人感应，《春秋繁露·阴阳义》中记载："天亦有喜怒之气、哀乐之心，与人相符。与类合一，天人一也。"传统社会中对"天人合一"思想的理解主要有以上三种观点，将"天人合一"理解为神秘之天，由此论证随着人类对自然界认识的深入，天的神秘性已逐渐为科学解释所代替，所以这种观点已失去其存在的合理性。将"天人合一"理解为自然之天或伦理之天，其实质都是追求人与自然的和谐。将"天人合一"理解为自然之天，强调的是人与自然浑然一体的状态，将"天人合一"理解为伦理之天，通过人的德性修养达到与自然的合一，对"天"的不同理解追求的结果都是一样的，达到"合一"，达到和谐。所以，"天人合一"的核心思想是和谐。①

以上是自然的"天"与人，道德的"天"与人，神秘的"天"与人的和谐关系，但也有学者将这三者的悖论毫无保留地表达出来。对于自然方面的"天人合一"，该学者认为，天、地、人都是有限的，都有成有毁，而宇宙是无限的，天地不过是人生活着的世界，它们之间并没有构成实质上的联系。因此，古人在物质层面的"天人合一"只是"天""人"关系的一种说法，与之相对应的"天""人"相分的思想亦同时存在，后者对于破除人对天的迷信，更加科学认知天人关系发挥着积极的导向作用。对于道德方面的"天人合一"，天道和人道绝对统一的观念是有片面性的，天道和人道的统一并不意味着人道即天道，更不能以人道取代天道。对于个体而言，在实践中"天人合一"思想境界体现的是个体的一种认知，一种审美所能达到的最高境界。不但作为常人很难达到，即使是圣贤也只是一种美好的愿望而已。简言之，道德层面的"天人合一"人们只能在努力中无限地接近而无法真正实现"合一"。对于政治层面的"天人合一"，古人说"君权神授"都是愚弄欺骗百姓的，天和人间的福祸没有任何的直接关系，从政治层面上看，"天人合一"论带着明显的意识形态色彩和阶级倾向，理论比较肤浅，缺乏足够的说服力，因此，往往被反对者发现其漏洞进行驳斥或回击。② 那么，到现在为止，我们要对"天人合一"做定性地描

① 苗俊玲．"天人合一"思想与生态文明的渊源［J］．人民论坛，2010（14）：240-241.
② 丁虎．浅析"天人合一"的三个层面及其悖论［J］．理论界，2022（1）：31-37.

述了，它究竟是处理人与社会关系的命题还是处理人与自然关系的命题？从老庄的“天人合一”观看，它似乎是在表达处理人与自然关系的观点，但有鉴于老庄将“无为而治”作为道家的处世哲学理念，能够得出结论，从源头上看，无论是自然的“天人合一”、道德的“天人合一”还是政治的“天人合一”，开启这一命题的初衷都是处理人与社会关系问题的，而不是处理人与自然关系问题的，而且处理的社会问题不是一般的社会问题，也就是说，“天人合一”中“人”不是指普通的民众，而是指封建社会的最高统治者——君王，既然是涉及君王与“天命”的关系，社会问题便转变成为政治问题，所以说，“天人合一”不是讨论一般的社会问题，而是讨论君王如何治理“天下”的政治问题。但是，由于儒家学说将“仁”作为古代政治的基石（道家和墨家换了一个说法，它们分别将“善”和“兼爱”作为各自的政治基石），从广义的“仁义”（“仁”“善”和“兼爱”都属于广义的“仁义”）角度看，最高统治者不仅仅要爱人，而且要爱鸟兽草木，所以，道德和政治意义的“天人合一”必然表现为自然意义的“天人合一”。正因为如此，历代的封建统治者对待自然的“天”都非常谨慎，这是因为道德的“天”和神性的“天”是虚无缥缈的存在，统治者随意作为都可以自圆其说，而自然的“天”是现实的存在，统治者的肆意妄为（对“天”肆意妄为）可能被反噬。因此，一般的统治者都能够做到以下三点：尊重自然和敬畏自然；顺应自然和保护自然；合理地利用自然。

儒家认为自然向人类呈现出两个面向：一是“天行有常”的一面，“顺天者存，逆天者亡”。天的运行有着不以人的意志为转移的客观规律性，人和自然都要服从同样的规律，这是人类可以感知、学习和效仿的。二是天“神化”的一面，自然万物相互作用的方式、机制具有神妙性和不可测度性。“神”是对变化的状态与性质的描述，同时也可视作自然界变化的动力，那是阴阳之气自身所具有的一种能动性力量。这种力量条贯畅达，流行于自然万物之中，形成一切生物及其生命过程。在今天看来，自然界中生态系统的演化和生态危机的发生仍然是以一种我们还没有充分理解的机制在进行。对自然的占有和控制一定会带来自然不可避免的报复，就此而言，孔子所言的“畏天命”仍然具有强烈的时代感和现实意义。

顺应自然就应尊重事物固有的性质和发展规律，不戕害万物的生命，让万物按照自己的本性发展，使其“各得其所”“各遂其性”。顺应自然就要顺应自然变化发展的时序和节律，春夏秋冬和日月、昼夜、寒暑的推移、动植物的生长繁殖都是通过“时”来体现的。儒家理解的“时”就是自然的律令、气化的顺序和场景，并非是纯物理意义上的抽象时间，而是有具体规定性的体现天道的时序和时节。《周易》从哲理方面说明了人要做到“时中”并“与时偕行”，而《礼记·月令》则具体规定了当政者每月应该做的事情。荀子提出春耕夏耘秋收冬藏，四者需要不失其时，砍伐、捕捞等活动也要遵守时节，这是对大自然规律的一种顺应，也是基于此而对万物的合理保护。

对于山林川泽土地等资源，《礼记·月令》提出在春夏时节要采取多项措施来保护、恢复这些基础性资源。孟春正月，天气下降，地气上升，天地之气相互混合，草木便开始抽芽。政府发布农事的命令，派遣农官住在东郊，把冬天荒废下来的耕地疆界全都修理起来，把小沟及小径重新查明，修理端正。好好地斟酌地形，如高地应种植适宜于高地的作物，低地应种植适宜于低地的作物，种植标准不要出现混乱。这个月里，祭祀山林川泽，牺牲祭品不要用雌性的，禁止砍伐树木，不要捣毁鸟巢，不要掏取鸟卵，不要杀害幼兽、胎兽、刚出生的动物、初飞的小鸟。在这个月里，不可以举兵征伐，举兵必遭天殃。不要改变天道，不要断绝地理，不要混乱人伦纲纪。

若在正月里做夏天的事情，将有风雨不按时到来，草木早落，国家时有惊恐的事情出现；若在正月里做秋天的事情，则有大瘟疫、旋风暴雨、藜莠丛生等祸事出现；若在正月里做冬天的事情，就有洪水泛滥、霜雪大至、头蕃的种子无法播下的祸事出现。仲春二月如果做秋季的事情，国家就会发生大水，寒气就会突然降临，敌寇就会前来侵犯；如果做冬季的事情，就会导致阳气经受不住，麦子不能成熟，百姓中频繁发生劫掠之事；如果做夏季的事情，就会导致国家大旱，炎热的天气提前到来，虫螟危害庄稼。季春三月如果做冬季的事情，就会导致寒流时时出现，草木枯萎，国都发生大的骚乱；如果做夏季的事情，就会导致百姓多染时疫，该下的雨不下，山陵上的庄稼不收；如果做秋季的事情，就会导致阴沉的天气增多，秋雨连绵的现象提前来到，战乱四起。孟夏四月如果做秋季的事情，就会导致苦雨频繁到来，五谷不长，边境上的居民因外敌入侵而躲进城堡；如果做冬季的事情，就会导致草木提前枯萎，接着发生洪水，毁坏城郭；如果做春季的事情，就会导致蝗虫为灾，暴风袭来，草木华而不实。夏五月如果做冬季的事情，就会导致冰雹冻伤庄稼，路不通，盗贼到来；如果做春季的事情，就会导致五谷晚熟，害虫一时皆起，国家遭到饥荒；如果做秋季的事情，就会导致草木凋零，植物提前结实，百姓受到疫疾的祸害。季夏六月如果做春季的事情，谷籽就会未熟先落，国人就会较多地伤风咳嗽，百姓就会迁移搬家；如果做秋天的事情，就会高地洼地都出现水灾，庄稼不熟，怀孕的妇女容易流产；如果做冬季的事情，就会使寒潮不按时令来到，居民就要躲入城堡。孟秋七月如果做冬天的事情，就会导致阴气太盛，甲虫危害谷物，敌兵来侵；如果做春天的事情，就会导致国家发生旱灾，阳气回归，五谷不会结籽；如果做夏天的事情，就会导致国内经常发生火灾，冷热不常，百姓多患疟疾。仲秋八月如果做春季的事情，就会导致该下的秋雨不下，不该开花的草木又重新开花，国内发生叫百姓惊恐的事；如果做夏季的事情，就会导致其国发生旱灾，蛰虫也不进入洞穴藏身，各种作物又重新生长；如果做冬季的事情，就会导致风灾屡次发生，雷声提前消失，草木早死。季秋九月如果做夏季的事情，就会导致其国大水，储以过冬的粮食蔬菜腐败，老百姓容易伤风感冒；如果做冬天的事情，就会导致国多盗贼，边境不宁，叛者割据土地；如果做春季的事情，就会导致暖风吹来，百姓的精神懈怠懒惰，战争兴起。孟冬十月，如果做春季的事情，就会导致冰封地冻不严密，地下的阳气泄到地面，百姓多流亡；如果做夏季的事情，就会导致国多暴风，冬季不寒冷，蛰虫又从地下钻出；如果做秋天的事情，就会导致下霜下雪不按时，小的战争不断发生，国土被敌人占领。仲冬十一月，如果做夏季的事情，就会导致国内发生旱灾，雾气嚎嚎，冬天打雷；如果做秋季的事情，就会导致经常雨雪交加，瓜瓠不收，国内有大战发生；如果做春天的事情，就会导致蝗虫为灾，河水井水一齐干竭，百姓多患恶疮。季冬十二月如果做秋季的事情，就会导致白露早降，甲虫为祸，四面边境上的居民要进入城堡避敌；如果做春天的政事情，就会导致尚未出生的和刚刚出生的小动物多被损伤，人们易患不易治愈的病，这种现象被称作反常；如果做夏季的事情，就会导致水灾危害国家，该下雪时反而不下，冰冻融化。

为了生存和发展，人类不得不取用万物以作为自己的生活资料，但万物的一体性要求人们对万物的取用必须是合理的、有限度的。在取用万物的情景、次序、程度和心态上，应当体现出由人与万物的对立统一关系所带来的理性考量和价值关怀。儒家主张仁爱万物，又主张爱有差等。王阳明在《传习录》中说："禽兽与草木同是爱的，把草木去养禽兽，又忍得。人与禽兽同是爱的，宰禽兽以养亲，与供祭祀、宴宾客，心又忍得。至亲与路人同是爱的，如箪食豆羹，得则生，不得则死，不能两全，宁救至亲，不救路人，心又忍得。"与此同时，人在利用自然时应保持一种泛爱万物的共同体意识，有此意识，人的自我不再是一个孤立的个体存在，而是一个与自然融为一体的大我。宇宙之内的事，就是人自己分内的事情，"见鸟兽之哀鸣觳觫而必有不忍之心""见草木之摧折而必有悯恤之心""见瓦石之毁坏而必有顾惜之心"，这种仁爱之心能促成人类肩负起应有的道德责任，做到爱万物与有节制地取用万物的统一。①

---

① 周广友．儒家"天人合一"思想的生态意蕴［J］．人民论坛，2017（36）：140-141.

第二节 “求雨礼”和“祈谷礼”中的公共关系

在中国古代，礼和法没有明确的界限，在“礼主法辅”的原则下，诸多祭祀礼节便成为统治者处理公共关系的主要手段，如祭天礼是君王处理与普通百姓政治关系的公关手段，雩祭礼、祈谷礼是君王处理农民与自然关系的公关手段，“祭鬼礼”是君王（或民众）处理民众（活着的人）与先辈（死去的人）关系的公关活动，“祀师礼”是君王（或民众）处理师生关系的公关活动。

一、祈雨礼

祈雨礼在古代有一个专有名词“雩祭礼”，何为“雩”？古人对“雩”的定义还是比较统一的。《说文解字》：“雩，夏祭乐于赤帝以祈甘雨也。”《尔雅·释训》郭璞注：“‘雩’之祭，舞者吁磋而请雨。”《左传》注云：“雩，远也，远为百谷求膏雨也。”《公羊传·桓公五年》：“大雩者何？旱祭也。”《谷梁传》：“是月不雨……雩者，为旱求者也。”《祭法》：“雩，宗祭水旱也。”《周礼·司巫》：“雩，旱祭也。”《礼记·月令》郑注云：“雩，吁磋求雨之祭也。”《春秋繁露》：“大雩者何？旱祭也。”总而言之，雩是古代天气大旱时人们求雨祭祀之礼仪称谓。

封建社会的雩祀礼，非常完备，封建君主通过祈雨的公关环节，在世人面前展现出一个勤政爱民并且被上天眷顾的好君王形象，通过祈雨公关，达到了调节社会关系、稳定人心、巩固君王地位的作用。所以，从这一角度说古代的所有祭天、祈雨、祈谷等礼节都是天子处理与百姓关系的公关手段。

古人相信“君权神授”，他们认为能得天下者必然是具有某种神性或是受神灵差遣的人，他们具有神力或者通过神力来掌管或协调天地万物，而祭祀祈雨只不过是他们具有神性的一种证明。从前文我们对古代祈雨活动的论述可以看出，早期的君王都兼任着祭祀的角色，商汤桑林祷雨，齐景公到野外暴晒为民请雨，及后来历代帝王亲自“暴露请雨”，这些事例都是君王通过祈雨的方式在百姓面前验证神性的一种证明。他们借助祈雨活动这一重要契机和场合，使人们在不知不觉中按照他们的意愿完成了“神道设教”的目的，如果大雨如期而至则证明他们具有神性，他们就是天子；若大雨未如期而来，也不妨碍证明他们具有神性，他们就说灾害是苍天示警，他们转而进行自我反省，采取措施改善民生等，直至甘雨临盆。可以说每一次雩祭礼的举行都是君王不断强化臣民对其神性的一次认同。

雩祭礼虽说是由政府组织举行的，但它也是一个由许多人集体参与的社会公共性活动。参与者不论是政府高官抑或是庶民百姓都集合在某一固定的祈雨场所，庄严肃穆的礼节仪式让他们都处于这样的状态之中：此时此刻大家感同身受，休戚与共，民心空前地团结在以国君为中心的整体之中，所有的仪式活动和思想活动都集中在一个目标上，即同心期盼甘霖普降。此时，集体成员达到了最大程度的团结、融洽与和睦，而且每个参与者都强烈感受到了这种团结、融洽与和睦。雩祭仪式过程使个人感受到了这一情感，以此维持了社会的融洽。我们可以认为，产生这种状态就是雩祭仪式的主要社会功能。

此外，雩祭也有利于统治者改善民生，施惠于民。秦汉以后，统治者举行雩祭礼正式用行政手段颁布各项政策措施，如宽赋赈灾、察理冤狱、减刑慎罚、赈穷恤寡、救疾存老、掩胔埋骼、进贤退佞等，这些措施不仅在一定程度上调节和缓和了社会矛盾，有利于政治清明，稳定社会秩序，而且也使统治者在百姓心目中树立了良好的政绩形象。同时，雩祭礼这种“补政纠政”的功能也让我们从侧面看出，中国的封建制度之所以延续两千年之久而不衰，原因之一就在于统治者善于借鉴前人的施政经验，不断地弥补和完善自己在施政过程中所出现的失误。

中国神话传说中就有关于史前的雩祭仪式的情况。《山海经·大荒北经》有神话曰：“有人衣青衣，名曰黄帝女魃。蚩尤作兵伐黄帝，黄帝乃令应龙攻之冀州之野。应龙畜水。蚩尤请风伯雨师，纵大风雨……先除水道，决通沟渎。”①以上神话传说说明一个非常简单的道理：祈雨仪式与农业的生产发展有很大的关系。中国历史文献最早的雩祭仪式是在商朝，《吕氏春秋》曰：“汤克夏而正天下，天大旱五年不收，汤乃以身祷于桑林曰：余一人有罪，无及万夫。万夫有罪，在余一人，无以一人之不敏，使上帝鬼神伤民之命。于是剪其发，磨其手，以身为牺牲，用祈福于上帝。民乃甚说，雨乃大至。”古人不知道干旱形成的原因，因此把天不下雨视作是上天对人类的惩罚，汤作为万民之首，敢于主动承担责任，自罚以换取甘雨降临，这本身可以视作一场“天人”之间的公关活动，商汤王自罚求雨的真正目的不仅仅是为万民求雨，而且通过这场公关活动达到树立自己爱民如子光辉形象的政治目的，顺便也完成了宣传“君权神授”的任务。

自周朝开始，我国形成了固定求雨的祭祀礼制。由于周朝已经将自然神和

---

① 郑慧生．山海经［M］．开封：河南大学出版社，2008：234.

祖先神分开祭祀，周人雩祭的祭祀对象是“五精帝”（即东、南、西、北、中“五方上帝”，也称“五精帝”）。《礼记·月令》曰：“命有司为民祈祀山川百源，乃大雩帝，用盛乐。乃命百县雩祀百辟卿士有益于民者，以祈谷实。”春秋战国时期我国的旱灾频繁，这一时期的雩祭仪式传承了西周的祈雨传统，但又有新的变化，那就是雩祭时间的不固定，不仅如此，另一个最大的变化是，统治者不仅仅将祈雨传统视作保丰收、宽慰民心的公关活动，还以祠祀山灵河伯之名向民众滥征赋税，以大旱“伐无道”为借口向弱国发动战争。齐国大旱之时，齐景公召群臣曰：“天不雨久矣，民且有饥色，吾使人卜之，祟在高山广水，寡人欲少赋敛以祠灵山，可乎?”晏子曰：“不可。祠此无益处也。”景公曰：“今为之奈何?”晏子曰：“君诚避宫殿暴露，与灵山河伯共忧，其幸而雨乎!”① 景公出野居暴露，三日，天果大雨，民尽得种时。

秦朝因为存在的时间比较短，秦人又重法制而轻礼仪，所以秦朝留存下来的祭祀礼制资料相当匮乏，考古资料也无这方面的印证记载，因而其雩祭仪式不可考。

西汉时期，阴阳五行思想盛行，所以，西汉的雩祭仪式也非常注重将“亢阳纵阴的厌胜术”贯穿其中，既然“天旱不雨既被视为阳盛阴衰，所以厌胜求雨的原则便是‘闭诸阳，纵诸阴’”②，以“利用调节五行的属性来促进阴雨的酝酿”③。东汉时期的雩祭仪式与西汉的大致相同，但稍有变化，大致相同是指东汉的雩祭仪式依然包含着浓重的阴阳五行色彩，认为干旱是“阴阳闭隔”的结果，稍有变化是指，东汉的雩祭仪式中的政治蕴意更加浓厚，东汉时期，皇帝、大臣亲自“暴露请雨”，以显示政府官员对雩祭仪式的重视。

魏晋南北朝时期雩祭仪式。魏晋南北朝除雩祭礼仪大致相同外，各朝出现的一个共同特点是祈雨时过于夸大个人能力，神化某些人物在祈雨中的作用，这是因为，魏晋南北朝时期玄学盛行，这种思想源于先秦时期的阴阳学说，是对阴阳学说的一种消极发展，但是当时人们普遍信奉这种学说，用这种学说解释自然和社会现象，而这种解释方法往往带有神秘隐晦的成分，用这种学说来解释旱灾出现的原因和雩祭礼，往往给人一种离奇荒诞之感。《晋书》载：“郡界大旱，皙为邑人请雨，三日而雨注，众谓皙诚感，为作歌曰：‘束先生，通神明，请天三日甘雨零。我黍以育，我稷以生。何以畴之？报束长生。’”④

---

① 陈涛．晏子春秋［M］．北京：中华书局，2007：34.

② 詹鄞鑫．神灵与祭祀［M］．南京：江苏古籍出版，1992：361.

③ 詹鄞鑫．神灵与祭祀［M］．南京：江苏古籍出版，1992：362.

④ 房玄龄．晋书［M］．北京：中华书局，1974：142.

隋唐时期是雩祭礼制较完备的一个时期，这一时期摒除了魏晋时期的玄学思想，重新传承了先秦时期的雩祭礼制。隋朝设有雩坛，位于国都南郊，每年“孟夏龙星”出现之时，国君亲自在此祈祷祭祀五方上帝等，乐官奏《诚夏》辞迎神，祭品用牲犊十头，牲犊的颜色依照五方帝所配的颜色而定。京师如果出现大旱，统治者祈雨采用的政治性措施依然是“行七事”，即“理冤狱失职，存鳏寡孤独，振困乏，掩骼埋胔，省徭役，进贤良，举直言，退佞谄，黜贪残，命有司会男女，恤怨旷”①。如果这些措施不能感动神灵普降甘雨，则实行七日一祈制，以七日为一轮，直至降雨为止。唐初因礼制殆废、百事待兴，雩制礼与隋朝相比显得相当粗略。盛唐之时又制定《开元礼》，进一步细化了七日一祈制的礼节仪式，因旱祈雨的种类包括时旱祈太庙、时旱祈太社、时旱祈岳镇海渎、时旱祈岳镇以下于北郊等，其礼仪大同小异②，均设有祈雨礼官，撰有祝文，谱有乐章，雩祭仪式冗繁而有序，过程大致相同。另外，唐代时期佛教祈雨开始盛行，唐朝政府也开始将佛教的祈雨仪式纳入雩祭祭祀典礼中。到五代时，因各朝所存在年限比较短，有关雩祭礼制的史料留存的也很少，但从现存的史料来看，这一时期的雩祭礼制主要是继承了唐代佛教的祈雨文化，各政府组织的雩祭活动也多在寺庙举行。帝王们多迷信佛院寺庙的灵光，如果出现久旱的情况，他们多亲幸寺庙祈祷。

宋代是我国历史上的旱灾多发期，因此宋人对祈雨祭祀相当重视。宋初便规定孟夏雩祀为国之大祀，皇帝率百官祭祀昊天上帝，又依唐雩祭故事，“皆以始封受命创业之君配神作主”以“四祖迭配”昊天上帝，“从祀群神”，以明严父之道。雩祭仪式通常在圆丘举行，或别立雩坛，神宗五年（1072 年）己酉“始建雩坛祀上帝，以太宗配”。祭品用犊、羊、小猪各一，“其仪用尊、笾、豆各一，实以酒、脯、醢。宫寺以素馔、时果代，用祝币，行一献礼”。又仿《云汉之诗》作雩祀歌，率舞僮六十四人穿“玄衣”起舞而歌，雩祭仪式与唐开元礼同。北宋在沿用传统雩祭礼的同时，又承袭了五代时期于寺观祈雨的方法。宋太祖太宗时举行雩祭礼，先“遣官告祖宗配侑之意”，又命近臣仿旧制在北郊“告天地宗庙社稷，及望告岳、镇海渎”，但其礼则“不祀配座及名山大川”。真宗时，如久旱不雨，帝则下诏求直谏，理冤狱，减刑法，埋骨骸，驰渔猎，又亲自“宫寺祈雨”，如“五月甲子，幸大相国寺祈雨”；“戊子，幸太一宫、天清寺祈雨”；“丁巳，幸大相国寺、上清宫祈雨”；“二月乙巳，幸大相国寺、

---

① 魏徵．隋书［M］．北京：中华书局，1973：126.
② 马端临．文献通考［M］．北京：中华书局，1986：709-710.

上清宫祈雨"①。北宋举行雩祭仪式还分为两个阶段，太祖至英宗时，皇帝皆亲自雩祀，祭祀昊神宗后，群臣详细制定了"郊庙"礼仪，认为雩祭从祀群神与诏书相违，乃罢"祀群神"之制，又改筑雩坛于国都南郊。皇帝也不再亲祀祈雨，而命令有司代替皇帝行雩祀之礼。

南宋时雩祭礼有了新的突破，主要表现在两个方面。第一，统治者引进了印度祈雨文化。高宗绍兴八年（1138 年）雨愆期，高宗就命"临安府差官，迎请天竺观音赴法慧寺，建置道场如法祈求。俟到宰执率侍从前诣烧香"。"其后每祈水旱，则迎天竺观音入城，或就明庆寺建置道场，或差官就天竺寺祈祷。"② 第二，统治者大力颁行推广祈雨之法。孝宗时期，就曾两次颁行祈雨法，如"（孝宗）八月乙未，班祈雨雪之法于诸路"③，"（孝宗）六月戊寅，以久旱，班画龙祈雨法"④。

明初，雩祭无常仪，"凡水旱灾害伤及非常变异，或躬祷，或露告于宫中，或于奉天殿陛，或遣官祭告郊庙、陵寝及社稷山川"。明世宗嘉靖接受夏言的建议，仿古制修雩礼，主要遵仿周代古制，没有任何新的发展。明神宗时，皇帝不再将干旱归罪于自身，他在面谕大学士时说："天旱，虽由联不德，亦天下有司贪婪，剥害小民，以致上干天和，今后宜慎选有司。"⑤

清人在入关前没有雩祭礼，入关后始仿照唐代的雩祭礼制定祈雨礼仪。顺治十四年（1657 年）夏旱，开始规定于每年孟夏四月在圜丘举行常雩礼，祀天配祖。其具体仪节为："世祖始祷雨圆丘，前期斋三日，冠服浅色，禁屠宰，罢刑名……既得雨，越三日，遣官报祀。"⑥ 以后清代帝王常雩必亲躬步祷的制度由此确立，以示对神灵的虔诚。常雩礼之后若大旱仍旧不止，皇帝就到天神坛、社稷坛、太岁坛、黑龙潭等处祈雨祷告，或命亲王或皇子代替皇帝举行求雨礼。

二、祈谷礼

中国的"祈谷礼"是中国古代礼仪制度的重要部分，农业收成的丰歉直接关系到人民生死、国运兴衰，而古代农业生产技术落后，主要是"靠天吃饭"，故古代帝王重视"祈谷礼"便是自然的了，"祈谷礼"始于周朝，终于清朝。

---

① 脱脱．宋史［M］．北京：中华书局，1985：108，140，308，709，2470，2497.
② 马端临．文献通考［M］．北京：中华书局，1986：712.
③ 脱脱．宋史［M］．北京：中华书局，1985：644.
④ 脱脱．宋史［M］．北京：中华书局，1985：655.
⑤ 张廷玉．明史［M］．北京：中华书局，1974：270.
⑥ 赵尔巽．清史稿［M］．北京：中华书局，1977：2511-2512.

随着清王朝的灭亡，在中国古代举行数千年的“祈谷礼”也宣告终止。①

历代典籍史料中，《汉书》《宋书》《南齐书》《梁书》《陈书》《北齐书》《新唐书》等都有关于“祈谷”的记载，但是每一朝代举行“祈谷礼”的次数显然比“祭天大礼”“明堂大礼”要少得多，与“释奠礼”“祈雨礼”比起来也是明显不如。唐宋以后，在马端临的《文献通考》、黄以周的《礼书通故》、秦蕙田的《五礼通考》中，对“祈谷礼”的论述较为详细，其他著作则语焉不详。礼制规定“祈谷礼”于正月“上辛日”（农历每月的第一个辛日）举行，但不同朝代都有所微调，大体而言，“祈谷礼”举行时间是在立春的前后，“祈谷礼”变动的原因也不相同，如清朝的“祈谷礼”若在斋戒日期之内，则需要改期举行。

“祈谷礼”之所以受到古代帝王的重视，原因主要有二。其一，“祈谷礼”祭祀的对象是昊天上帝。在人类社会早期，由于对世界万物惶惑不解，产生了万物有灵的原始宗教，并直观地把辽阔高远的天当作了神灵的世界，加以崇拜。随着国家政权的诞生，“天”的地位被逐步抬高，从物质的天、与人关系不大的神的世界变成了操纵人间权力更替、给人间赐福降祸、有意志又时刻管理人间事物的“昊天上帝”，此时，王权要靠天命来支撑，而帝王又自称为上天之子，因而祭天成为古代帝王祭祀活动中最隆重的典礼。古代帝王一年之中大规模的祭天活动主要有四次，即正月“上辛日”在南郊祭祀昊天上帝，以祈谷；夏季的中间月份到南郊设“雩坛”举行“大雩礼”，以祭天祈雨；秋季于大明堂祭祀昊天上帝，以宣明政教；冬至日于南郊圜丘祭祀昊天上帝，进行年终大报谢。以上诸项祭天仪式按序排列，祈谷位列榜首，可见其地位的重要性。其二，“祈谷礼”的目的是祈求昊天上帝保佑农业大丰收。古代农业是国家经济的基础，农业收成的丰歉直接关系到人民生死、国运兴衰，而古代农业生产技术落后，主要是“靠天吃饭”，故古代帝王重视“祈谷礼”便是自然的了。

“祈谷礼”在周代很受重视，但到了汉代，因不分“正祭”和“祈祭”，且开始合祭天地，之后单独的“祈谷礼”就好久不举行了。直至南北朝时期，梁武帝于天监四年（505 年）春正辛亥日，亲赴南郊举行“祈谷礼”，且在位期间十五次到南郊祭天祈谷，才重开后世帝王“祈谷礼”之端。陈因梁制，北齐、北周亦有，之后便盛行起来。②

唐朝历代君主举行“祈谷礼”的大致历史是这样的，前期的君王由于物力

---

① 王炜民．中国古代的祈谷礼［J］．阴山学刊，1998（3）：61-64.

② 王炜民．中国古代的祈谷礼［J］．阴山学刊，1998（3）：61-64.

和财力的相对充足，所以举行“祈谷礼”频率较高，后半段由于政治宣传的重要性，也会举行“祈谷礼”，利用“祈谷礼”的封建正统性和权威性，加强统治阶层的内部团结，向臣民宣示恩德，是唐中后期政治局面下的必要措施。

宋朝的历代君主都非常重视“祈谷礼”，北宋和南宋两个朝代的政府都频繁举行“祈谷”仪式，一是因为宋朝的礼乐思想更加成熟，二是因为宋朝的军事力量非常的羸弱，宋朝不能通过收复失去的国土而显示执政的合法性，只有通过各种礼乐来显示其正统性和合法性。频繁举行“祈谷礼”能够加强宋朝内部的团结，宋朝的有些皇帝还亲自创作祈谷的音乐，以显示对“祈谷礼”的重视。

元朝的国祚不长，加之缺少文化传承，所以“有元一代”没有专门的“祈谷礼”。明朝的初期也没有单独的祈谷仪式，只是和其他的礼节合起来祭祀，到了嘉靖十年（1531 年），不仅“祈谷礼”开始单独在大祀殿举行，而且还制定了新的“祈谷”礼仪。清代自顺治时起，即定于每年正月“上辛日”在“大享殿”祭上帝，为民“祈谷”。

清朝在“康乾盛世”期间对“祈谷”礼仪非常重视，其间尤其是康熙帝和雍正帝对“祈谷”礼仪格外重视。康熙皇帝很少不亲行“祈谷礼”，这显示他对“祈谷礼”的理解和重视程度，从康熙九年（1670 年）第一次到天坛行“祈谷礼”，到康熙六十一年（1722 年）最后一次到天坛行“祈谷礼”，康熙皇帝先后三十五次亲自到天坛行“祈谷礼”①，有时候身体欠佳也如期前往，比如，康熙四十七年（1708 年），因为康熙“圣体初愈”，有臣子奏请康熙暂停，但康熙皇帝仍然坚持，康熙说：“祈谷坛乃为天下万民粒食之计，敬事天地正朕之责，岂可不亲诣行礼耶?”② 上述话语表现了康熙帝强烈的“物阜安民”愿望。康熙二十七年（1688 年），直隶旱情非常严重，清政府采取“蠲免赈济”方式救济灾民，但局势未见好转，康熙希望借“祈谷礼”求得上天宽恕，康熙皇帝亲自前往行礼，并亲自撰写“祈谷”祝文，这充分表达了康熙祈求上天护佑以风调雨顺的政治意图。③

雍正非常重视农业的发展，所以也非常重视“祈谷礼”，雍正在位十三年，除雍正十年（1732 年）一年因病没有亲行“祈谷礼”外，其余十二年都是亲行“祈谷礼”。雍正十年，北京一带雨雪不足，而且正好赶上月食现象的发生，雍正帝本打算“于正月祈谷之期，虔祷上帝，以迓天和”，但“因朕躬偶感风寒，

---

① 中国第一历史档案馆．乾隆朝上谕档：第 11 册［M］．北京：档案出版社，1991.

② 佚名．清圣祖实录［M］．北京：中华书局，1985.

③ 崐冈等修．（光绪）清会典事例（第 804 册）［A］．续修四库全书．影印清光绪石印本，1978.

医家奏请避风静摄”，所以未能亲行“祈谷礼”。由于雨雪未降和雍正未能亲行“祈谷礼”同时发生，所以，雍正认为是“上天垂象以示儆”，于是，谕令其下大臣虔诚修省，密切关注农业情况。① 雍正皇帝还把“祈谷礼”的举行和祥瑞联系在一起。雍正八年（1730 年）正月初二，当雍正皇帝亲行“祈谷礼”回宫之时，恰巧贵州巡抚张广泗奏报稻根之瑞，于是，雍正谕旨曰：“黔省土薄性寒，而普安州乃有稻根之瑞，皆因地方大吏劝稼重农而该省民人力田务本，是以感格上天昭示瑞应，嗣后当更加黾勉以承天赐。”② 很显然，统治者把“祈谷礼”与祥瑞相连，是政权稳固的需要。

“祈谷”大典是由人来主导的，而人要通过舞蹈和文学作品表达内在情感，其中文学作品最具有传播效果。唐宋的文人和士大夫都有通过祈谷乐章、诗、文、赋等多种文学体裁描写“祈谷礼”的习惯，而“受众”包括了所有参与大典之人，以及后来的祭祀实施者。仪式带动情感体验，文学作品传达精神感受，而“礼”在其中所创造出的审美意境也使得本体对象的心灵得到升华。从这一角度说，祭祀仪式通过文学途径，进入了“人神共娱”的精神层次。在实施“祈谷礼”的过程中，大典的参与者得到的更多是一种心灵的洗涤和精神的升华，面对仪式情境和具体的文学作品的传达，大典的核心人物——帝王最能达到情感高潮。

“祈谷赦文”有如下四个作用：第一，赦免，除了造反等十条大罪，其他罪行都可以赦免，因违法等行为而降职的官员也会恢复原职；第二，“祈谷礼”举行以后，也往往改元，以表示万象更新；第三，给赐年高，优恤孤寡残弱，由于战乱、天灾、疾病等所造成的人民疾苦，南郊大赦中颁布一些具体措施，以期从实际出发给这些特殊群体以优厚的照顾；第四，文武官员加官晋爵，这也是南郊大赦的核心内容之一，古代封建社会皇权紧密联系着士大夫阶层，很多文武官僚家族世代为官，与皇族关系盘根错节，可谓一荣俱荣，南郊大礼是收复人心的大好机会，“皇恩浩荡”即在“祈谷赦文”中体现出来。杜甫《有事于南郊赋》，所颂扬的就是南郊“祈谷大礼”。赋的内容有以下几条：首段申明南郊之宗旨在于厚祖考，通神明，然后各官僚衙门依据职责进行准备工作；其次，形象地刻画了天子举行大礼的肃穆神态和至诚之情，通过天子斋宿、仪卫之严整，加以渲染；然后又叙述赶赴南郊时所历之景事，其间祥瑞涌现，神灵隐隐约约伴随左右；接着又分别以列数祭品之盛、祭祀时奏乐之盛、祭祀时

① 佚名．清世祖实录［M］．北京：中华书局，1985.

② 中国第一历史档案馆．雍正朝起居注册：第 5 册［M］．北京：中华书局，1993.

"荐牲之礼"来说明祭祀的重要性；另外，以推历数，来尊崇唐朝正统，以追念圣祖为发祥之本，又颂扬玄宗，你能够振兴唐祚；最后强调祭祀是敬事天祖，不同于其他淫祀祈福。通过分析可知，杜甫《有事于南郊赋》的写作线索基本遵循"祈谷大礼"的举行仪式，层层展开，通过艺术手法的加工，非但没有赋的过分夸张所带来的虚假作用，反而通过文人笔下的艺术表达，我们仿佛置身于真实的祀天祈谷现场，让人感到极大的内心冲击和精神涤荡。

祈谷乐章能够起到震人心扉的作用。《仁安》的"乐词"仅仅有四句：（太宗配位奠币）"天祚有开""文德来远""祈谷日辛""侑神礼展"。《绍安》的"乐词"也仅仅有四句：（酌献）"于穆神宗""惟皇永命""荐醴六尊""声歌千咏"。紧接着的两句说明"祈谷礼"的举行时间。日辛，即是"上辛日"，此时盛大的"祈谷礼"将要展开。"侑"古代和"宥"是通假字，亦有宽赦罪过之意。在庄严盛大的场面中，由天子亲自主导祭祀，接着"升坛"再向上帝"酌献"之后，是向太宗神位"酌献"。这是祈谷仪式当中第六次奏乐，整个祭祀达到高潮。《绍安》乐章同《仁安》之乐一样，也是四言四句，结构紧凑，语言有力，达到了一种君臣共鸣、人神传达的效果。宋代帝王乐于亲制乐章，并且采取具有悠久历史和强盛生命力的"四言雅颂体"，还有一个重要的原因——这种形式自上古以来本身蕴含庄重与普遍接受感。"于穆神宗，惟皇永命。""于"，赞叹词，此处含有赞美感叹之意，"穆"，庄严肃穆之意，"神宗"是对祖宗的敬称，这一句连起来的意思就是：呜呼，肃穆神明的祖宗啊，但愿你们能够保佑皇位永固，江山社稷千秋万代！祭祀的虔诚程度前所未有，歌颂之声不绝，整个祈谷场面充分体现出祭天的至高无上和敬祖的浩大。仪式层层推进，祈谷即是回报上天，敬祖也是感恩祖宗，都以五谷丰登为目的，表现出封建君主原始朴素的民本思想和高尚的祭祀观念。整个乐章的含义即在于：上天赐予勇敢和智慧，就像英明的太宗这样，功业卓著，文治武功可以和上帝媲美。配享上天，在庄严祭祀仪式中，表达由衷的敬意，希冀祖宗神灵能够赐予福祉，让人间每年获得丰收。

在中国这样一个以农立国的封建传统国家，祈谷、祈雨、祈雪、祈晴等这些与农业生产有关的祭祀礼节的举行和推广，更加能够拉近与基层民众的关系，获得良好的民心。18 世纪法国启蒙思想家孟德斯鸠就明确地指出了这一点，他说："中国古人把宗教、法律、风俗、礼仪都混在一起。所有这些东西都是道德，所有这些东西都是品德。这四者的箴规，就是所谓礼教。中国统治者就是因为严格遵守这种礼教而获得了成功。"① 可以说，"祈谷礼"的社会功能就是它作为一种传递凝聚力和向心力的文化符号，在治理社会方面起到了良好的作用，而与此所形成的勤俭节约等美德是一种正能量。法国汪德迈说道："礼治是治理社会一种很特别的方法。除了中国之外，从来没有其他国家使用过类似礼治的办法来调整社会关系，从而维持社会秩序。这并非说礼仪这种现象是中国独有的，——此现象是很普遍的，任何文化都具有的。——可是只有中国传统中各种各样的礼仪被组织得异常严密完整，而成为社会活动中人与人关系的规范系统。"② 毋庸置疑，抛却封建制度的局限性，礼仪制度在维持社会秩序、导人向善的教化方面是取得了很大成功的，在当下"以德治国""依法治国"的倡导下，我们似乎更应该从传统文化中寻求和挖掘良好的社会教化方法，祭祖祀天的精神追求与符合社会进步的礼仪规范并不冲突和矛盾。

总之，在古代，统治阶层主导的祈谷、祈雨仪式或者礼节本身就是一种变相的公关活动，在农业立国的封建社会，君王能够亲自参与到与民众生存密切相关的祈谷、祈雨活动，这本身就证明君王是合格的统治者，这种忧国忧民的行为不仅仅拉近与基层民众的关系，获得良好的民心这么简单，统治者通过庄重的仪式和成熟的礼节也能够起到教化民众的作用，它的作用犹如当今社会情景交融的"爱国主义"教育一样，培育人的情感，震撼人的心灵，这是空喊"皇恩浩荡"口号所不能比拟的。

第三节 黄帝祭祀和孔子祭祀中的公共关系

中国自古就有祭祀祖先的传统，民间表现为以家族为单位的"鬼神"祭祀，国家则表现为皇陵祭祀，由于祖先是过去生活在地球上的人类，是自然的一部分，所以，人类的"鬼神"祭祀就从属于自然公共关系处理，黄帝和孔子是中华民族两位特殊的祖先，一位是中华民族的血脉的创造者，一位是中华民族文脉的创造者，因此，中国古代君王的黄帝祭祀和孔子祭祀就是古代统治者最重要的公关活动之一。

---

① 孟德斯鸠．论法的精神［M］．张雁深，译．北京：商务印书馆，1961：331.

② 汪德迈．礼治与法治——中国传统的礼仪制度与西方传统的 JUS（法权）之比较研究［C］//儒家国际学术讨论会论文集．济南：齐鲁书社，1989：112.

一、黄帝祭祀

从黄帝逝世时起，就开始了祭祀黄帝活动，据《竹书纪年》记载：黄帝去世后，他的大臣左彻就开始对其进行祭奠。此后，对黄帝的祭祀逐渐成为国家制度，迄今已有五千年历史。《国语·鲁语》记载，有虞氏、夏后氏都曾经祭祀黄帝。《史记》记载，元封元年（公元前 111 年）汉武帝曾经亲率 10 万大军北征朔方，返回路上，祭黄帝于桥山。《册府元龟》卷 174 载，唐代宗大历四年(769 年)，鄜坊节度使臧希让上言，轩辕黄帝陵在坊州，请置庙，四时享祭，列于祀典，得到代宗批准。宋太祖曾经下诏为黄帝陵守陵，命“春秋祠以太牢”。开宝年间（968—976 年），李昉奉诏将“轩辕黄帝庙”从桥山西麓迁到向阳的台地。明朝建立，朱元璋于洪武四年（1371 年）让礼部“定议”，将全国的 35 位“合祀帝王”按一人一处的原则，明确上陵祭祀的地点，其中，黄帝的致祭场所被确定在当时的中部县，即今黄陵县，规定在每年“仲春”和“仲秋”的朔日，遣使致祭。明成祖、宣宗、代宗、英宗、武宗、世宗、穆宗、神宗、熹宗都曾经遣使致祭。清朝 260 余年间，共遣使祭轩辕黄帝陵 26 次。清世祖顺治 1 次，清圣祖康熙 10 次，清高宗乾隆 9 次，清仁宗嘉庆 3 次、清宣宗咸丰 3 次。多在皇帝登基、寿诞、立太子、平叛等重大国事活动时，遣使祭告黄帝。①

中国历史上对轩辕黄帝的祭祀，大致起于春秋时期（公元前 770—公元前 476 年)，秦文公时祭祀已经相当隆重，在之后的一个时期，恢复了早已荒废的祠庙祭祀，第一次把轩辕黄帝作为中华民族的共同祖先供奉祭奠。汉明帝永平二年（59 年）为了表示对黄帝的尊敬，各地都建立了黄帝庙，作为祭祀轩辕黄帝的专用场所。陕西省黄陵县便在桥山之麓修建了轩辕庙。正式将“桥山轩辕庙”设列为国家祭祀场所是在距今 1200 年前的唐太宗大历五年（770 年)，当时驻守廊（今富县）坊（今黄陵县）节度使藏希让上书唐太宗，奏请将轩辕庙列为国家祭祀场所。唐太宗准奏，降旨依行。从此以后，桥山轩辕庙的祭祀活动，就成为国家组织的具有鲜明祭祀性质的典礼，“轩辕黄帝庙”便成为华夏民族心驰神往、遥寄情思的一方圣地。自唐代以后，历经五代十国、宋、元、明、清，世代相传，绵延不绝。

对黄帝陵的祭祀活动，历史上绝大多数朝代基本上都保持了当时的较高规格。春秋时期秦文公的祭祀活动多由君王亲自主持。西汉汉宣帝本始元年（公

① 方光华．黄帝陵祭典千年回顾［J］．华夏文化，2016（2）：8-9.

元前73年），朝廷对轩辕黄帝的祭祀，规定了极严格的等级，只有皇帝才有资格祭祀轩辕黄帝。汉武帝时，等级稍有松动，除皇帝亲祭外，还可委派朝廷重臣代为祭祀。王莽新朝，又将祭祀活动范围扩大，得以延伸至民间，成为民间祭祀黄帝的重要过渡和前奏。唐太宗大历年间，祭祀活动重新升为国家级祭典。元代沿袭唐代祭祀礼制，但祭祀仪式不再由皇帝亲自主持。明朝开国皇帝朱元璋认为，黄帝是中华民族的远古始祖，其祭祀当为国家大典。为此，他在洪武四年（1371年）降旨拨款维修黄帝陵庙的同时，筹备祭祀仪式，亲自撰写祭文，并派重臣驰抵桥山，主持祭祀活动。这是中国历史上第一个御制祭文，也是在祭祀活动中诵读祭文的首创，为后来历代大祭活动所效仿。清代对黄帝的祭祀活动，基本上保持了明代规格，而且大祭规模更加宏大，仪式更为隆重，祭祀活动更加频繁。据统计，从清世祖至宣统皇帝的260多年间，共祭祀黄帝陵36次，为历朝之最。①

关于历代君王祭祀黄帝祭拜黄帝陵的具体起始年月，从古至今争议颇大。据史书记载和民间相传，祭祀黄帝始于部落时代，大约自虞、夏二代已“禘祀”黄帝。《礼记·祭法》曰：“有虞氏禘黄帝而郊喾，祖颛顼而宗尧。夏后氏亦禘黄帝而郊鲧，祖颛顼而宗禹。”后来得到官方的认可，随之形成一种祭祀仪式。春秋战国时期，“秦灵公作吴阳上畤，祭黄帝；作下畤，祭炎帝。”② 这是轩辕黄帝在历史上第一次由神的地位改为人的祖先。根据《吕氏春秋·安葬篇》《七国考》和《山海经》等史籍的记载，“墓设陵园”在秦初开始形成一种制度。③扫灭六国统一天下后，秦始皇规定天子的坟墓称作“陵”，一般老百姓的坟称作“墓”，黄帝陵便始建于秦代。据民间传说，最早的祭陵活动开始于秦始皇。司马迁在《史记》中记载：“黄帝崩，葬桥山。”④ 司马迁这一“历史考证”让黄帝陵传名于世。

《汉书》记载高祖“祠黄帝，祭蚩尤于沛庭”⑤。其后汉武帝亲自祭祀黄帝陵，这是正史第一次记载黄帝陵，汉书记载：“乃遂北巡朔方，勒兵十余万，还祭黄帝冢桥山，释兵须如。”⑥

---

① 陈志鹏．黄帝祭祀文化与黄帝陵研究——黄帝陵保护初探［D］．西安：西安建筑科技大学，2008.

② 司马迁．史记［M］．北京：中华书局，1982：1355.

③ 田卫丽．浅谈黄帝祭祀与中华民族的礼仪文化［J］．社科纵横，2015，30（4）：113-115.

④ 司马迁．史记［M］．北京：中华书局，1982：10.

⑤ 班固．汉书［M］．北京：中华书局，1987：10.

⑥ 班固．汉书［M］．北京：中华书局，1987：1249.

隋代时，黄帝被当作三皇之一纳入中央的历代帝王陵庙中受祭祀。在唐代，祭祀黄帝陵首次被定为国祭。“先立秋十八日，迎黄灵于中地，祀黄帝。”① 至唐代宗大历五年（770 年），唐王朝正式下诏在中部县（今黄陵县）置庙，建庙于桥山西麓，并将黄帝陵正式列入朝廷祀典。此后，祭黄帝陵几乎成了历代帝王必行的大典。宋代太祖开宝五年（1972 年），因河水浸浊，又把庙址从西麓移到东麓，这就是现在的轩辕黄帝庙址。从此以后，黄陵县便流传着这样的民谣：“汉武祭陵唐建庙，到了宋代把庙迁，不论谁来做皇帝，登基都不忘祖先。”

金代时，“尚书省奏：‘辽东宣抚副使完颜海奴言，参议官浍王尝言，本朝绍高辛，黄帝之后也。昔汉祖陶唐，唐祖老子，皆为立庙。我朝迄今百年，不为黄帝立庙，无乃愧于汉、唐乎？’”②。更引人注目的是，元代泰定皇帝世孙铁穆耳下达的用汉字写成的《蒙遇圣旨碑》，严令保护黄帝陵庙，对违反者严加惩罚。

明代太祖将“三皇庙”扩大为“帝王庙”，并规定春、秋二时祭祀，从而提高了祭祀的规格，并派人把守黄帝陵。

清代康熙皇帝亲笔用满文写成《御制祝文碑》，并镌刻上汉文释译，这蒙、满、汉三文并列一堂的现象，反映了中华民族的多民族性，均认同黄帝是中华全民族的始祖。

正如前文所述，关于轩辕黄帝的祭祀活动在他去世以后即开始出现，并延续至今，其历史非常悠久，且属于中华民族极为重要的历史传统。在唐尧、虞舜的上古时期直至夏禹开启夏朝，其各个部族均将轩辕黄帝当作同一个祖先来进行祭祀。进入战国时期后，华夏文明区域最西端的秦国同样将轩辕黄帝作为祖先来进行祭祀。公元前 422 年，秦国的秦灵公专门建设了吴阳上畤这一祭祀场所用于举办轩辕黄帝的祭祀活动，后来秦人又相继建立了专门祭祀白帝、青帝以及赤帝的祭祀场所，秦人对以上四帝的祭祀活动一直延续到秦始皇时期。汉朝取代秦朝后，泰一神在汉武帝时期被尊奉为地位最高的神，汉武帝专门在甘泉地区建设了用于祭祀昊天上帝的场所——泰一坛，五帝坛便建立在泰一坛的下层，并且在皇帝祭天的时候同时祭祀五方上帝，黄帝作为五帝之一随祀。其后，关于黄帝的祭祀活动便一直作为皇家经常性的祭祀仪礼被延续了下来，王莽篡汉后，把包括黄帝在内的五帝的后人的爵位都降级为公或侯，同时让他们各自保持祭祀自己祖先的活动。另外，王莽分别将轩辕黄帝与虞帝当作人文

① 刘昫．旧唐书［M］．北京：中华书局，1988：4014.

② 脱脱．金史［M］．北京：中华书局，1975：2363.

初祖与人文始祖来祭祀，并且将前者的祭祀当作国家级别的祭祀活动。① 为什么清朝和元朝人也认为自己是黄帝的后代？其实，他们认为自己是黄帝的直接后代，也从血脉上认同自己是中华民族的传人。

远古时代部族林立，首领众多，黄帝是其中的杰出代表。阪泉之战后黄帝与炎帝结盟，涿鹿之战后黄帝"合符釜山""监于万国"，中华文明曙光初现，中华民族雏形初现。中华民族从一开始就打上了黄帝的烙印，"夏商周秦"都是在黄帝所开创的大部落联盟基础上发展起来的。春秋战国是黄帝成为华夏共祖的关键时期，也是各族群融合、中华民族孕育的第一个高潮期。

秦汉时期，大一统局面形成。司马迁从黄帝开始叙史，梳理华夏统绪，真正确立了黄帝人文初祖和华夏始祖的地位。魏晋南北朝是大分裂的时期，也是中国历史上民族融合的第二个高潮期。匈奴、氐族贵族竞相表达对黄帝的尊崇，鲜卑族贵族更是以黄帝子孙自居。

隋唐是胡汉杂糅、多民族联合执政的王朝，墓志中祖述黄帝者不乏其人，甚至有"斛斯人"自称是黄帝之后，粟特人自称是夏后氏之后，焉耆人自称是少昊之后。② 各族各姓争相溯源至黄帝，反映出黄帝文化强大的吸引力和中华民族强大的凝聚力。宋代统治者尊黄帝为赵姓始祖。元代"通祀"三皇，泰定皇帝曾颁旨保护黄帝陵。辽宋夏金元是中国民族融合的第三个高潮期。明代除了短暂的建文帝外，其余诸帝皆派遣官员祭祀过黄帝陵。清代除末代皇帝溥仪外，皆遣官致祭过黄帝陵，致祭次数远胜前朝。顺治皇帝致祭黄帝陵文曰："自古帝王，受天明命，继道统而新治统。圣贤代起，先后一揆。"③ 这充分表达了对黄帝所开创的"道统""治统"的尊敬与传承。《史记》一书不仅称华夏汉族人为炎黄子孙，也称匈奴等少数民族为炎黄子孙。《史记》的这种说法并非是其凭空构建的，而是将史籍中的相关记载以及司马迁经过社会调查获取的各民族传说等经过系统整理后构建起来的。④

司马迁将少数民族说成是炎黄子孙，虽然也有部分历史文献依据，但之前的历史文献记载都没有司马迁记载得如此详细和系统。史载，司马迁曾对少数民族地区进行过调查，或许有关少数民族是"炎黄子孙"的说法出于当时少数

---

① 乐媛．黄帝陵祭祀文化的当代德育价值研究［D］．西安：西安理工大学，2018.

② 陕西省公祭黄帝陵工作委员会办公室，西北大学中国思想文化研究所．"黄帝陵·文化自信"清明学术交流会论文选集［M］．西安：西北大学出版社，2017：89.

③ 曲英杰．炎黄汇典·祭祀卷［M］．长春：吉林文史出版社，2002：68.

④ 赵永春，刘月．多民族"中国"的构建：司马迁《史记》"中国"观［J］．西南民族大学学报（人文社科版），2020，41（2）：1-12.

民族自己的神话传说。司马迁则将史籍记载和自己调查获取的少数民族的传说重新进行整合，构建起了华夏汉族和少数民族都是“炎黄子孙”的“华夷一家”的一源论思想体系。其实，将少数民族都说成是“炎黄子孙”并不科学，因为各民族起源并非一源，而是多源，这已为中国长江流域、黄河流域、燕辽地区丰富的远古人类考古及其文化所证明。① 但生活在西汉武帝“大一统”时代的司马迁却将各个少数民族都说成是“炎黄子孙”，充分反映了司马迁具有对各族的心理认同以及“华夷一家”的思想观念，并在此基础之上构建了范围更大的多民族的“中国”。

二、孔子祭祀

祭孔历史从严格意义上说，应该是从孔子去世以后就开始了，但这时的祭孔在很大程度上更属于祭祖的范畴，还不是后来被广泛推行的官方祭祀行为，因此在孔子身后乃至汉室创立初期的将近三百年的时间里，祭孔之礼并不多么突出。祭孔历史上的第一件大事是汉高祖刘邦过鲁，亲自祭祀孔子，以太牢为献。有了开国之祖的身先表率，此后的诸侯卿相官至鲁地，都要先谒拜后从政。这是孔庙祭祀慢慢进入国家祭祀视野的开始。古代的尊师重道礼，经秦火之后，已经中断。西汉乃至东汉初期，都没有尊师礼的相关记载。孔子本来只是作为一家之祖，接受子孙后裔祭拜，孔庙也只是独立于阙里一地。随着儒学独尊局面的出现以及孔子儒宗地位的提升，“祭孔之礼”逐渐超出宗祖的范畴，孔庙也绝不再仅仅局域于阙里一隅。南北朝时，在各个割据政权的京城内，开始星星点点地出现了几所孔庙。至唐太宗贞观四年（630年），孔庙不仅稳立在京畿国学之内，还遍设于地方州、县学校。孔庙普立于天下后，与学校结合在一起的庙学制，成为传播儒学宣扬教化的重要途径。

孔子之祀长达两千余年，并不因朝代的更替而中止。孔庙祭祀之所以受到如此长久的重视是有原因的。孔子作为首立私学的教育家，作为儒家学派的奠基者，其“开创之功”值得纪念。“古今道德之极，莫盛于孔子矣；古今隆重之典，亦莫盛于孔庙矣。”② 南北朝任昉作《侍皇太子释奠宴诗》时，就对孔子的身份做出过定位：“日月不息，师表常尊。”③ 洪武间朱元璋诏令不再通祀孔子于天下，刑部尚书钱唐立即拜伏于宫阙下，向皇上进呈奏章曰：“孔子垂教万

---

① 王钟翰．中国民族史［M］．北京：中国社会科学出版社，1994：33-42.
② 童翼．孔庙缺典疏［M］．台北：台湾商务印书馆，1986：445.
③ 欧阳询．艺文类聚［M］．汪绍楹，校．上海：上海古籍出版社，1982：696.

世，天下共尊其教，故天下得通祀孔子，报本之礼不可废。”[1] 至清朝，康熙又御书“万世师表”匾额悬于孔庙大成殿内。这都是孔子教育家身份的最好写照，也表明了孔子享祀身份的大端。

孔子所倡导的礼乐教化与人伦典范是治化之本，为历代统治者所推服。儒学理论与儒家思想自罢黜百家独尊儒术后，已转化成施政理念的一部分，渗透于国家治理的方方面面。对于孔子的学说，明宪宗给出过很高的评价，极具代表性，他说：“有孔子之道，则纲常正而伦理明，万物各得其所矣。不然，则异端横起，邪说纷作，纲常何自而正？伦理何自而明？天下万物又岂能各得其所哉。是以生民之休戚系焉，国家之治乱关焉，有天下者诚不可一日无孔子之道也。”[2] 用其道则当报其功，祀其人。崇尚孔子，最重要的不在于祭祀其人，而在于明其道。

孔庙不仅仅是一所祭祀的殿堂，更主要是封建王朝宣讲主流价值观的圣堂。孔庙中除了祭祀孔子外，还供奉了一百多位对儒家的发展做出过重大贡献的先贤先儒。南宋学者熊禾说：“尊道有祠，为道统设也。”[3] 孔庙道统是一条以孔子为源头，连接“颜曾思孟”（颜子、曾子、子思和孟子的简称）等儒家先贤的儒学传道链条，儒家先贤每代都有增加，如同活水源泉，为传道体系注入无限生机，孔庙道统也清晰地展现其演进脉络，不仅达到了供奉的目的，还起到了鼓励后辈的效果，并且成为施政者重要的宣教手段。

孔子逝世于公元前 479 年，鲁哀公十六年夏四月己丑，葬于鲁城北泗水上，祭孔最开始是由孔子弟子对先师的祭祀，是民间自发的祭祀活动。第二年，鲁哀公将孔子生前所住之房改为祀庙，人们将孔子生前之物收藏于庙内，以作纪念。虽然这次祭孔没有形成仪式，却开创了君主祭孔的先例。每年四时，人们都会自发地到孔子墓前祭祀，儒生们在墓侧讲论孔子倡导的乡饮酒礼、大谢礼等。这一民俗直到西汉。由最初的民众自发，到后来的帝王祭祀，孔子德高望重的影响力窥见一斑，官方祭孔顺应民意，也成功拉拢了人心。

古代帝王对孔子的祭祀，并非都是出于对孔子的崇拜，祭孔在漫长的发展过程中，已经融合为历史性与时代性的统一体，它已不单纯是一种祭祀礼仪过程的载体，它更突出地被赋予了政治文化功能。

以礼治国与道统理念。我们看到从封建社会的初期到封建社会的末期，帝

---

① 张廷玉．明史．北京：中华书局，1974：398.

② 陈镐．阙里志［M］．济南：山东友谊书社，1989：1066.

③ 熊禾．勿轩集・卷二・三山郡泮五贤记［M］．四库全书，1736：781.

王对孔子地位的推崇是呈递增趋势的。古代以礼治国，礼包含了个人、家国的方方面面，是规范人们行为的基本规则。而孔子被誉为周礼的传承者，周公的接班人，他已经成为“道统”的化身。所以祭孔已经成为皇帝治国理念的风向标，祭孔就是为了宣示以礼治国，以儒道治国，重建道统秩序。明朝皇帝在祭孔中所立的四大明碑“洪武碑”“永乐碑”“成化碑”“弘治碑”，就是这一功能的形象表述。如开国皇帝朱元璋所立的“洪武碑”曾直言：“朕奋起布衣，以安民为念，训将练兵，平定华夷，大统以正，永为治之道，必本于礼。”又说：“孔子善明先王之要道，为天下师。”① 其祭孔的政治用意，不言而喻。被誉为孔庙第一碑的明朝“成化碑”碑文中说：“朕嗣位之日，躬谐太学，释奠孔子。”可见对孔子的尊崇程度。他盛赞孔子“生民以来之所未有”，“天生孔子，实所以为天地立心，为生民立命，为往圣继绝学，为万世开太平者”。并不无夸张地说“使天不生孔子，万古如长夜”，最后还强调“久安长治之术端在于斯用，是为文勒石，树于庙庭，以昭我朝崇儒重道之意焉”。② 所以皇帝与官员进孔庙与国子监要下马，皇帝祭祀孔子也要像祭天一样行三跪九叩大礼。通过这种方式，统治者来向天下昭示“政统”对“道统”的敬畏，以获得社会认可的双重合理性。

歌功颂德与祈福禳灾。子曰：“祭如在，祭神如神在。”③ 孔子强调祭祀要虔诚，只有虔诚才能真正地感动祭祀对象，达到祭祀的目的。颂扬孔子的功德，一方面通过对孔子德业的追念，表达了祭者的崇敬之情；另一方面还有悦“神”的政治文化功能，而取悦神灵的目的就是为了祈求得到神灵的保佑，希望神灵保佑自己免除灾难的袭扰，平平安安。这份歌功颂德的使命当然就归到祭文之中。孔子是“文”的化身，是中国文人的理想化身，天下学堂私塾都供奉着孔子牌位。“黎民求丰登，学子求登科。”数年寒窗苦读，文人等待的就是金榜题名时，在考试之前祭祀孔子，求得保佑。而在仕途上的成败得失也都要向孔子祭告，宋代文人苏轼就是一个明显的例子。《苏轼集》现存祭孔祝文共5篇，在这几篇祝文中苏东坡几乎每一次在官场的进步，都有记载，都要祭告于夫子之灵，如湖州、浙右、颍州、朝堂，都是“拜赐以时”，表达自己“敢用昭荐，飨于克诚”之情。

宣示正统与安抚天下。由于孔子具有特殊的政治标榜含义，是中国传统社

① 骆承烈．石头上的儒家文献［M］．济南：齐鲁书社，2001：402.
② 骆承烈．石头上的儒家文献［M］．济南：齐鲁书社，2001：408.
③ 杨伯峻．论语译注［M］．北京：中华书局，2009：27.

会道统的象征，所以在一个朝代建立之初，统治者为了取得政权的合法性，显示自己取得天下是顺应天意圣意，马上就整修孔庙，祭祀孔子。祭孔已经成为中国传统社会道统的仪式化表征。皇帝不能亲自祭祀就遣官致祭或祭告，尤其是明清两朝皇帝"遣官致祭"十分频繁，皇帝登基、太后寿辰、国家庆典、平息叛乱、水旱灾害、五谷丰登、大功告成等情况都会祭告夫子之灵，其实祭祀孔子不仅是为了祭告夫子，也是在告诉天下朝代更替，有道者得之，顺从天道者自然会按照圣人之道来治理天下。以顺治八年（1651 年）四月为例，遣都察院副都御史刘昌诣阙里祭告，御祭文曰："朕惟治统缘道统而益隆，作君与作师而并重。先师孔子无其位而有其德，开来继往，历代帝王未有不率由之而能治天下者也。朕奉天明命，绍缵丕基，高山景行，每思彰明师道以光敷至教，而祀典未修，曷以表敬事之诚，登嘉平之理？兹遣专官祀阙里，仪惟备物，诚乃居歆，伏惟格思尚冀鉴享！"① 透过这一祭文，我们不仅可以明白清初对祭孔之所以格外重视的原因，也显示出清初帝王眼中，祭孔与中原王朝之间存在密切的历史关联。顺治帝承袭了历代中原王朝的统治正当性论述，并重申了明清兴亡，实乃天命运数所决定，进而表明自己入主中原的合理性。

尊师重教与思想钳制。由于孔子秉持有教无类的教育原则，打破了学在官府的格局，开了私人教育的先河，使平民都有了受教育的机会，改变了平民的命运。因此，孔子作为尊师重道的"师"的光辉代表，被天下学子文人所祭祀。古时学校建立之后，首先就要祭祀孔子，将孔子灵位摆到正位，立碑纪事，而这种类型的祭孔，多标榜尊师重道的事迹，鼓励后学用功学习，弘扬道义。尊师重教也是为维护封建纲常伦理和统治秩序的儒家思想和教义，所以得到统治阶级的政治认同，如明太祖的"永为治之道，必本于礼"，顺治帝的"率由之而能治天下"之论，都暴露出他们想要通过祭孔，来申明学统在兹，以联络知识分子的愿望。可以说，祭孔不仅是皇帝在宣告天下自己的治国之道，也是在向孔子祈祷天下太平，凭借儒家思想压制文人。

本章小结：

中国古代政府与自然的关系的历史经验告诉我们：在人与自然的关系上，不要违反自然规律处理与世间万物的关系，不要试图征服自然破坏生态平衡，按照自然规律规划人类的生产和生活行为，否则会受到自然的惩罚。中国古代政府的统治者从"天人合一"理念出发，将"天人合一"思想运用在生产上，

① 孔继汾．阙里文献考［M］．济南：山东友谊出版社，1989：289.

按照自然规律进行生产，按照“天人合一”的思想处理与世界万物的关系，才使得世界万物都能和谐相处。在对待孔子的问题上，吸取古人的经验教训，尊重历史和中国古代文化，任何否定孔子的历史虚无主义都不利于国家传统文化传承；在对待中国共同的祖先黄帝的问题上，以虔诚的态度对待它，否定始祖就是否定国家的血脉根基。

第六章

中国古代政府的信息管理

本章提要：

信息传递从来就是公共关系事业主要的工作手段，在古代社会的战争期间，军事信息能否准确而又快速地传递关系到战争的成败，在古代社会的和平年代，民情的上达和政令的下传（政治信息的“上传下达”）是政府良好治理的重要保证，所以，古代社会的统治者非常重视对各类信息的管理。为了准确而又快速地传递各类信息（特别是军事和政治信息），古代社会的统治者构建了“四通八达”信息的传播网络——邮驿系统。对于军事信息，为了保证战争信息的快速和准确传播，发明了“烽火台”（又称烽候或瞭望台）这一特殊的信息传递方式；对于政治信息，为了保证民情准确而又及时从地方上达至中央，体制内设置“陛见陛辞”“奏对”，体制外设置“禁中夜对”（带有秘密性质的君臣会谈）等信息传递方式；为了保障政治信息在体制内的畅达，发明了“邸报”这一特殊的传媒。

第一节　古代社会信息的传播方式

一、“自下而上”的信息传播

自秦汉以来，“视朝”或者“常朝”是君主了解民情的重要方法之一。《后汉书·周党传》曰：“及陛见帝廷，党不以礼屈，伏而不谒，偃蹇骄悍，同时俱逝。”① 这是关于朝见（陛见）最早的记载。在宋朝，官员的陛见陛辞开始受到皇帝的重视，陛见陛辞制度在元朝和明朝时期得到了进一步发展，《明史》曰：

① 范晔．后汉书［M］．北京：中华书局，1965：1421.

"陛见，慰谕甚至，赐玉带，织金蟒衣。"① "陛辞，赐白金、宝钞、彩币、袭衣。"②《元史》曰："陛辞，赐尚醖、御衣、弓矢、甲胄、卫卒十人、纱万五千贯以行。"③ 陛见陛辞制度在清朝达到了顶峰，该制度尤其在雍乾时期得到了很好的运用，具体体现在雍正和乾隆两位皇帝身上，它不仅对当时的政治巩固发挥了重要作用，而且对清朝后期的政治稳定发挥了重要作用。

据史料记载，宋朝的皇帝是视朝听政时间最长的帝王，每日用于"御朝听政"的时间不少于三个小时，这反映了宋代帝王对"下情上达"的重视，通过对底层信息的广泛收集，防止政务凋敝。宋朝的最高决策者非常清楚地知晓，要制定出有效的公共政策，广泛收集各方面的信息是非常重要的，因此，增加"视朝"活动的频率和开放性，为皇帝提供与众多臣僚进行面对面交谈的机会，这样，大量的民间信息能够从地方官员处传到君主耳中，为君主的正确决策提供了有力的依据。宋朝君主与臣僚沟通的渠道有以下四种。一是通过"御殿视朝"的形式实现君臣的面对面交流，这种"视朝"活动通常包括在京城机构的"日常凑对"、在京官员"请对""轮官转对"和地方官员的"凑对"四种形式。二是通过"内引奏事"的形式实现君主与臣僚之间的面对面交流，"内引奏事"与"视朝凑对"有相似之处，但也有不同之处，大体而言，"内引奏事"比"视朝凑对"更为宽松，它能够为双方（君臣）创造出更多的面对面交流的机会，日程的安排上，"视朝凑对"比较固定，而"内引奏事"则相对灵活，更具弹性，每次交流的时间不受严格限制，这有利于君臣的深入交流，而且在交流的内容上，"内引奏事"涉及的较为广泛，不受文本（札子）的限制，更多涉及政风民情等实际内容。三是通过"经筵问答"形式实现君臣的面对面交流，"经筵"比"内引奏事"还要宽松，在交流的内容上，往往没有固定的范围，可以随意交谈，形式也多种多样，这种形式灵活、内容多样的交流更加有利于君王从对话中获取更多有价值的信息。四是通过"禁中夜对"的形式实现君臣私密性质的交流，"夜对"具有以上诸多奏对没有的优势，内容完全没有任何限制，时间则是更为宽松，君臣可以就双方感兴趣的所有问题展开交流，双方交流的问题也不必记录下来，因此保密性极强，交流双方可以就各种问题尽抒己见，而不必有任何的顾虑。一方面，通过"夜对"可以防止信息被垄断，另一方面，通过"夜对"为君主提供其他渠道无法获取的信息，君主利用上述信息

---

① 张廷玉．明史［M］．北京：中华书局，1974：4280.
② 张廷玉．明史［M］．北京：中华书局，1974：5637.
③ 宋濂．元史［M］．北京：中华书局，1976：3435.

能够及时纠正一些政策失误。总之，“夜对”能够为君王提供一条体制之外的获取信息的渠道，这样便于君主全面了解各种信息，防止权臣弄权。

雍乾时期陛见陛辞（相当于宋朝的“视朝”）常常有如下三种类型：一是君臣礼节性日常朝觐；二是官员在特殊情况下（包括致仕、乞休、丁忧等原因）的陛见陛辞；三是其他原因的陛见陛辞。

朝觐是中国古代官员定期朝觐君主的一项礼仪和行政制度，说它是一种礼仪制度，是因为“故朝觐之礼，所以明君臣之义也”①，即通过朝觐实现君臣礼仪；说它是一种行政制度，“朝觐，所以教诸侯之臣也”②。安排诸侯定期朝觐天子，就是为了教育诸侯如何恪尽臣职。所以说，朝觐，既是一种礼仪制度，又是一种行政制度。

礼节性的日常朝觐同时也是君王获取信息的重要手段之一，比如，臣子剿匪有功，获胜归来朝觐君主时，君主能够从臣子口中获取大量地方信息。乾隆三十四年（1769 年），由于哈国兴剿灭土匪有功而且将地方治理得井井有条，于是将哈国兴调补为云南提督并且兼太子少保卫，乾隆三十五年（1770 年）四月，谕来京陛见。③ 再比如，地方发生突发事件，朝廷会任命官员处理此事，事情完成之后朝觐君主，君主便可以从臣子口中获取大量的相关信息。乾隆五十一年（1786 年），河南伊阳县发生农民杀死县官逃逸的事件，乾隆帝任命伊阳县县令王兰泉为云南布政使，让其将杀死县官的农民缉拿归案，并令其“事竣入都陛见”④。

致仕丁忧的陛见陛辞。官员致仕时的陛见陛辞，是指当官员行将退休时，官员陛见陛辞，官员退休得到君主的批准后，在即将离职前，需要将任期内的诸多事项对君主交代清楚，这是君主掌握地方事务的方法之一，“请嗣后抚藩离任，奏请陛见之日，即将在任库项曾否挪借、有无亏空之处，另附奏折”⑤。官员向皇帝陛辞时，聆听皇帝的教诲，此时，君主会对即将退休的官员进行一定的赏赐，借以表彰其对朝廷的贡献，这是古代君王稳定地方行政的一项非常重要的举措。官员丁忧时的陛见陛辞，是指当官员遭遇父母过世时，一律回到祖籍守孝三年（又称 27 个月），守孝期过后陛见。尽忠尽孝是古代官员的基本素质之一，所以，丁忧是中国古代所有官员必须遵守的一项礼制，官员服满三年

① 朱彬．礼记训纂［M］．北京：中华书局，1996：282.
② 朱彬．礼记训纂［M］．北京：中华书局，1996：282.
③ 清史列传［M］．北京：中华书局，1987：1793.
④ 钱仪吉．碑传集［M］．台北：文海出版社，1966：1937.
⑤ 清史列传［M］．北京：中华书局，1987：1739.

丧期之后再回来任职，前者是尽孝，后者是尽忠。

其他原因的陛见陛辞。出现水患灾难时候的陛见陛辞。古代中国以农业立国，所以，以君主为代表的朝廷非常重视与此有关的相关事项，如平时的修建水利工程，水灾来临时候的防范工程。一旦地方出现水患灾难，君主都会诏令地方官员亲自参加陛见陛辞，君主在与当地官员的面对面交流时，能够准确地掌握当地的水灾信息，并及时做出政策应对。与此类似的还有其他灾难，如传染疾病暴发、匪患猖獗、地方出现造反或者边疆告急等，上述事件都会对君王的统治造成极大的威胁，所以，一旦出现上述事件，君王都会要求当地官员亲自面圣，或者以奏折的形式对皇帝做详细的报告。训示即将赴任的封疆大吏时的陛见陛辞。所谓的封疆大吏是指掌管一省或数省军政大权的总督或巡抚，或者是执掌边关大印的统帅。由于封疆大吏是清朝政府最重要的地方行政官员，这些官员是否能够“上传下达”（下情上达与上情下达的简称），关系到整个国家的稳定，所以，这些官员上任之初，皇帝要亲自面授机宜，传达政令和要求，“地方大吏，一切关系地方的事件。务必实力行之，不可视为具文。即如严保甲、查私铸、断烧锅、禁赌博，皆朕令尔等奉行之事”①。同时，这些官员要及时向皇帝传达地方百姓的想法，让皇帝了解民情，这关系到内地和边疆稳定。从上述谕旨中，我们能够判断出封疆大吏在清朝官员中的地位，他们负责掌管地方的军政大权，而皇帝在其任职前对其进行训示，是为了让其明白自己肩负的重任职责。

当然，皇帝了解地方实情的方法除了上述所有的陛见陛辞之外，还有官员对皇帝的奏折（清朝之前称奏本）。地方官员所在处每每发生重大事件（如各种蝗灾、荒灾、水灾、匪患、叛乱或者外敌入侵等事件）都会以奏折的形式向朝廷（也就是向君王）做详细的汇报，例如，曾国藩剿灭太平天国之后，撰写了一份奏折——《奏报攻克金陵尽歼全股悍贼并生俘逆酋李秀成洪仁达折》。在该奏折中，曾国藩详细地描写了湘军是如何剿灭太平天国并俘虏太平天国将领李秀成的。

二、“自上而下”的信息传播

皇帝收集到各种来自地方的信息之后，需要出台管理地方的公共政策，这种政策的颁布往往是以圣旨的形式向下推进的，但圣旨的产生过程及其后续的工作其实就是一个完整的“上情下达”的过程，这个过程大体分成三个环节，

① 四库全书［M］. 上海：上海古籍出版社，2003：265.

分别是：殿前的准备工作、殿上的“进呈取旨”工作、圣旨的传达工作。

殿前的准备工作。皇帝与臣僚之间的文书往来。在皇帝与宰执（宰相与执政官的合称）正式奏对之前，皇帝与宰执的交流主要依靠各种文书，而文书主要是指皇帝与文武臣僚在交往过程中留下的对各种事宜的批示、下级机构呈送给上级机构的公文、有主要臣僚（这里的主要臣僚特指宰辅）陈述意见的奏扎等，但文书中最重要的还是经由皇帝批阅的奏章之类。一般而言，臣僚的奏章议题若要变成政策实施，首先要交付宰辅，由宰辅提出处理意见，经过皇帝与宰辅共同协商后才能最终形成政策方案。如果宰辅有不同意见，可以面奏皇帝。例如，康定元年（1040 年），仁宗下令：“自今内降指挥与臣僚迁官及差遣者，并令中书、枢密院具条执奏以闻。”① 宋徽宗时，在蔡京的支持下，皇帝（宋徽宗）绕开宰执，直接指挥官吏发布政策，“这在当时造成了很大的弊端，后来被认为是北宋衰亡的重要原因之一。此后的君主，不敢不以为戒”②。同僚的相互讨论。中国古代的公共政策表面上看是由皇帝制定的，但实际上是朝廷官员合力完成的，在政策制定过程中，需要由群臣集体讨论，然后才形成政策方案，宋朝自真宗朝开始，基本上形成了一种制度，凡是国家的重大决策，在没有上殿奏事之前，都要召集两府宰执于“都堂”集体谈论，尽管如此，效率仍然不高，“长者得以专决，同列难尽争也”③。经过调整之后，效率得到了很大的提高，由此，这一制度得以保持下来。对于相关议题如何处理，也就是说在与皇帝奏对时，应该拿出什么样的统一建议是至关重要的，在集体讨论过程中，有时候能够达成统一的意见，但也有时候意见无法统一，这时候往往换一个谈论的场所继续谈论，直到达成统一的意见为止。总之，在与皇帝奏对之前，大臣通常会想好马上与皇帝奏对的具体内容和具体的展开方式，以便为政策的顺利出台提供便利的条件。

殿上的“进呈取旨”工作。进呈文书。如前文所言，君臣奏对通常需要依托各种文书，皇帝与文武臣僚在交往过程中留下的对各种事宜的批示、下级机构呈送给上级机构的公文、主要臣僚（这里的主要臣僚特指宰辅）陈述意见的奏扎都在呈送范围之中。在进呈文时，大臣们一般都用两种方法，一是展读，二是节略进呈。所谓的展读就是将文书当着皇帝的面一一展开阅读给皇帝听，并实时回答皇帝的问题，但由于文件太多，或者一份文件太长，所以，第一种

---

① 李焘．续资治通鉴长编［M］．北京：中华书局，2004：761.

② 王化雨．面圣：宋代湊对活动研究［M］．北京：生活·读书·新知三联书店，2019：221-222.

③ 李焘．续资治通鉴长编［M］．北京：中华书局，2004：879.

方法并不适合于处理所有的文书。第二种方法是提炼文书，所谓的提炼是省略繁杂的论证，直接将结论展示出来，然后奏请皇帝做进一步的批示。表面上看，在进呈文书时，大臣没有太大的作用，仅仅是做辅助性的工作，其实不然，由于皇帝不可能对所有的文书信息都了如指掌，所以，很大程度上，宰执掌握着文书信息，也就存在利用信息蒙蔽君主的可能性，"一日万机，势未能尽览，不过如平时下之中书、密院，至于无所行而后止"①。但宰执也并非就可以胡乱作为，因为他们也面临着台谏官员的巨大压力，一旦蒙蔽皇帝之事坐实，极有可能遭到疾风暴雨般的攻击，所以，在进呈文书的过程中，君臣便是政策制定的第一步合作，哪份文书需要进呈，哪份文书不需要进呈，相当于说，哪件是大事，哪件是小事，按照现在公共政策的术语说，就是哪项提案需要纳入政府的议程，哪项提案不需要纳入政府议程，这需要君臣双方商量着办。"进呈"之后便是最重要的"取旨"工作，所谓的"取旨"就是对各种事务处理策略之简称，从"取旨"的表面文字看，"取旨"工作的大权完全由皇帝掌握，即皇帝有绝对的决策大权，有时候也的确如此，"圣德如此，中外所不知……陛下圣德仁厚……，外人往往不知"②。皇帝对某项事务做出自己的决策，而臣子在一旁称赞，但有时候也不尽如此，当皇帝做出决策之后，如果圣旨有不合理或者不恰当之处时，宰执也会立即指出圣旨的瑕疵，而皇帝也往往会根据宰执的建议，当场做出一定程度的修改，这就是说，政策的决策并非由皇帝独断。首先，皇帝在"取旨"之前往往会对宰执进行咨询，一般而论，皇帝对宰执的正确建议都会采纳，而且皇帝都是以宰执的意见为依据做出决策的，故此，皇帝的决策不是个人的独断，而是集体智慧的结晶。其次，在皇帝做出决策之前，宰执通常会预先呈上自己对议程的初步处置方案，由于宰执对具体议程的信息收集比皇帝更加齐全，所以，他们往往比皇帝更加能够做出准确、全面的判断。再者，政策决策必须符合各种现有的制度，而宰执毋庸置疑比皇帝更加了解这些制度，所以，在大部分情况下，皇帝的决策不会完全脱离宰执的大体框架，从这种意义上说，皇帝的最终决策是君臣合力的结果。

最后是圣旨的传达工作。圣旨的传达工作是"上情下达"的最后一个步骤。皇帝决策的圣旨相当于今天中央发布的文件，而古代中央政府下达的文书旨令向下传递通常有两种方式，邮驿传递和专使传递。专使（一般是太监）传递圣旨就是代表君王传达处理某事的意见，或者宣布重要的人事任免。我国古代封

① 脱脱．宋史［M］．北京：中华书局，1985：867.

② 曾布．曾公遗录［M］．顾宏义，点校．北京：中华书局，2016：342.

建社会的“覃恩封赠”就是通过圣旨的形式来实现的。自秦汉以来，历代的封建帝王为了维护其专制统治，利用官僚士大夫“上荣祖考，下及子孙”的虚荣心，构建了一套完整的等级森严的官员封赠制度。建立这套制度的目的，无非是希望受到封赠的官僚士大夫家族永远忠心耿耿地维护君王统治，在这里，“覃恩封赠”实际上成为帝王处理朝廷与官僚士大夫家族关系的一种公关手段。值得注意的是，“覃恩封赠”不仅仅针对官员本身，而且恩及官员的先代和家属，并可延及其子孙后人，有的可以延续数代。尽管这些“封赠”仅仅是一个名号，并没有实际的权力，但它从形式上满足了官僚士大夫“上荣祖考，下及子孙”的虚荣心，不仅使他本人，而且使得他的家族和后代都从此效忠于朝廷。① 邮驿传递是传递一般的政策指令，如《唐大诏令》载：“除事关急切须遣专使外，其余书诏文牒，一切分付度支入递发遣。”② 它不仅传送诏旨，还兼传送各种各样的文书，如皇太子所下的“令”、亲王公主所下的“教”、尚书省下达各州县的“符”，涉及政治、经济和军事等诸多领域。

第二节 古代社会里信息的传播网络——邮驿系统

一、邮驿的发展历史

在古籍中“邮”“驿”均指在道路上隔一定距离为传递信息的人设置的站，站上提供食宿和车马，同时也指以邮驿方式传递信息。中国的邮驿何时出现，尚未有确证。见于史籍记载的邮驿制度和邮驿的正式名称始于周代。西周时邮驿系统已初具规模。诸侯国之间为了政治、军事活动的需要，在交通要道上设置驿站，负责传递政府文书、运转货物、接待过往官员等。反映西周初年到春秋中叶诗歌的《诗经》记载了驿道设计在速度与宽度上的要求：“四牡騑騑，周道倭迟。”③ 除了驿道的设计，还有驿站建设也有相当的成就，《周礼·地官·遗人》记载，官道上十里设庐，提供饮食；三十里设委，供人夜宿；五十里设市，市有专门用来接待信使、官员、宾客的馆。④ 中国的邮驿发轫于何时，尚待

① 刘莉．从明清几道圣旨看封建社会之覃恩封赠［J］．东方收藏，2012（8）：53-55.

② 宋敏求．唐大诏令集［M］．北京：中华书局，1991：59.

③ 孔子．诗经·礼仪［M］．北京：中国华侨出版社，2013：13.

④ 周公．周礼［M］．曹海英，译注．哈尔滨：北方文艺出版社，2014：29.

考证。可以明确地说的是，西周的邮驿已初具规模，至春秋战国已相当发达，到秦、汉年代则已很规范化和制度化了。在古籍中，“邮”“置”“传”“驿”四字意义相同，均指在驿道上隔一定距离为传递信息的人设置的站头，站上提供食宿和车马。它也为过往官员提供服务，有时亦兼为旅客服务。亦称“邮传”“邮置”“置邮”“置传”“驿站”。“邮”“置”“传”“驿”亦指以邮驿方式传递信息这一事情。古代用于驿传的车辆多为马车，一般称呼为“驿车”“传车”，也称“驲”“遽”“递”。古代驿车有等级之分：以4匹上等马拉的驿车叫“置传”，4匹中等马拉的驿车叫“驰传”，4匹下等马拉的驿车叫“乘传”，而1匹马或2匹马拉的驿车则叫“轺传”，是等级最低的驿车。古代征调军队或传递紧急军情、紧急国事的公文称为“羽书”或“羽檄”，这个称呼在古籍和古典小说中常见。在发明纸以前，羽书是用木简做的。为什么叫羽书或羽檄呢？那是为了区别于一般公文，在紧急公文上插上鸟羽，以示紧急并要求速递。插上鸟羽，意为传递速度要像鸟飞一样快。因为有鸟羽标记，故称“羽书”或“羽檄”。为保密起见，羽书装在公文袋内，袋口封泥盖印。

春秋战国时期邮驿的发展情况。春秋战国时期，随着战争的增多，邮驿的军事职能开始显现，邮驿的发展也随之进入了一个小的高峰。当时，一国邮驿的完备情况也成为评价一国执政水平的标准，例如，曾经有人这样评论晋文公：“文公之为盟主也，宫室卑痺无观台榭，以崇大诸侯之馆。库厩修缮，平易道路。馆室诸侯宾至，甸至庭灯，仆人巡官车马有所宾从。”驿站建设在此时也快速发展，并初具规模。《韩非子·难势》记载：“良马固车，五十里而一置。”①这里的“置”是当时对驿站的称谓，在长沙出土的楚国铜龙节上，一面刻着“王命传凭”的字样，另一面则记录着当时沿途的“置”要为持有者提供饮食休息。在官方邮驿体系之外，春秋战国时期的私人邮驿也开始出现，这也是社会快速发展的标志之一。例如，《史记》中记载了战国四公子中的信陵君、平原君、孟尝君通过自有的邮驿体系获取情报的典故，他们的“私邮”甚至要快于国家的“传”。而孟尝君的“传舍”则是当时的高档逆旅。这种“传舍”当时也称为“客舍”，为往来的非公务人员提供食宿，秦国变法失败后四处逃命的商鞅，在被追捕时便“欲舍客舍”②。

秦汉时期邮驿的发展情况。由于大一统帝国的需要，秦始皇尤其注重官道的修整和邮驿的建设。《汉书·贾山传》记载，秦时的官道以首都咸阳为中心，

① 韩非．韩非子［M］．北京：北京大学出版社，2013：32.
② 司马迁．史记［M］．北京：北京燕山出版社，2011：98.

“东穷燕齐，南极吴楚，江湖之上，滨海之观毕至。”① 也是在这一时期，先秦对邮驿的不同称谓统一起来了，用于传递消息和物资的“遽”“驱”统一用“邮”代替，而沿途所建的“置”，则称为“亭”或“驿”，其中“亭”的规模和功能皆弱于“驿”，类似于周时的“庐”与“委”的区别。“严刑峻法”的秦朝，在邮驿方面自然也有着严格的规定。《睡虎地秦墓竹简》记载，三十里一传，十里一亭（驿），驿亭应当提供食宿。并且对于驿传所使用马匹的照料、信使的饮食都有严格的限定，有的甚至具体到供应粮食的升斗、酱菜和韭、葱的数量。《云梦秦简·秦律杂抄》中还有关于特殊文书需要由特殊信使传递的制度，他们被称为“轻车、赶张、引强、中卒”。为了保密的需要，规定了不同的文书要用不同的文字书写，如符传用刻符，公文一般用隶书等。《行书律》对文书收发的时间有了具体的规定，“行传书，手书，必书其起及到日月夙暮”。总之，秦代的邮驿制度已开始规范化。

汉代邮驿制度承秦制，但在此基础上又有所细化。汉代，有关邮驿的称谓进一步具体化：以车传送者称为“传”，“步递”为“邮”，“马递”为“驿”，而为“驿”“传”提供食宿之处，称为“置”，为邮递设置的中转停驻之所为“亭”。1972 年在居延甲渠侯官遗址出土的一枚汉简中，有“义置”“平林置”“居延置”“钧著置”等关于驿站的记载。《汉旧仪》中的“十里一亭，五里一邮，邮人居间，相去二里半”②，也是对汉时邮驿系统的描述。汉代在邮驿体系上最大的贡献当属丝绸之路的开通，延长了驿路的范围，加强了邮驿沟通其他国家的作用。汉初为了抵制匈奴入侵，对西域的建设尤为注重，建元三年（公元前 138 年），汉武帝命使臣张骞出使西域，元狩四年（公元前 119 年），张骞二次出征西域。张骞的两次出征，开辟了一条沟通“亚欧非”大陆，直通大秦（古罗马帝国）的陆路驿路，史称“丝绸之路”。丝绸之路极大地开发了西北地区邮驿体系的发展，也使中西方在经济、文化、政治上有了广泛的交流，中国的丝绸、铁器等流入西方，西方将佛教、马匹等特产传入中国。而邮驿这种交通方式及相关制度，也沿着这条驿路输送给了西方，促进了当时大秦的邮驿事业发展。例如，罗马共和国时期的邮驿体系为“国家邮驿系统”，是使用青壮年以每隔一段距离的方式接力传递政府公文的意思，随着丝绸之路的开通，每个驿站配有驿使和驿马、车辆，为罗马皇帝统治帝国提供了便利。《后汉书·西域传》中也记载了当时中国的驿站制度对古罗马的影响：“出海西至大秦，人庶相

---

① 班固．汉书［M］．北京：中华书局，2012：67.

② 高荣．本世纪秦汉邮驿制度研究综述［J］．中国史研究动态，1999（6）：2-10.

属，十里一亭，三十里一置。”①

魏晋南北朝时期邮驿的发展情况。魏晋南北朝时期，邮驿系统获得了更大发展。蜀汉政权的建立对于西南地区邮驿体系的发展起到了绝对的推力。刘备建立王权之后，为了军事需要，开通了四条沟通四川与汉中的驿道，就是著名的子午道、傥骆道、褒斜道和金牛道。不仅如此，诸葛亮还用智慧说服当地少数民族首领，共同修复了西南边疆地区许多重要的已经荒废的古道，使得中原与西南边疆诸地之间的交流复通。东吴在邮驿上的贡献主要集中于水驿的建设，并在两晋时期得以延续，使东晋时期形成了水陆两驿并存的邮驿体系。据记载当时从九江到南京全部为水驿，一天一夜可行船约 300 里。前秦宣昭帝苻坚在邮驿体系的建构上可谓魏晋南北朝的典范，当时在王猛的协助之下，建立了“二十里一亭，四十里一驿，旅行者取给于途，工商贸贩于道”② 的严密整齐的邮驿体系。而在对外方面，苻坚派遣大将军吕光出使龟兹去接鸠摩罗什（当时著名的佛学大师）来华宣扬佛教，“朕闻西国有鸠摩罗什，深解法相，善闲阴阳，为后学之宗。朕甚思之。贤哲者，国之大宝，若克龟兹，即驰驿送什”③。鸠摩罗什是我国佛教文化发展的里程碑式的人物，人们将罗什译经之前的经文称为旧经，之后的经文便称为新经了。

魏晋南北朝时期的邮驿制度在继承前人的基础之上，呈现出更加多元化的趋势。曹魏时期出现了第一部《邮驿令》，内容主要包括军事布阵中的声光通信、“遣使于四方”的“传舍”规定等。④ 这是我国一部专门的邮驿法，虽然原文已经失传，但是对后世有着深远的影响。魏晋时期的邮驿仍然由法曹（掌握邮递驿传的官署）管控，当时的邮驿体系已成为国家政令传达与物资运输的重要渠道。

唐代时期邮驿的发展情况。唐代国力强盛，声威远震，发达的水陆交通沟通中外，长安成为当时世界上最大的国际城市之一。“凡万国之会、四夷之来，天下之道途，毕出于邦畿之内，奉贡输赋，修职于王都者，入于近关，则皆重足错毂，一听有司之命。”⑤ 当时陆驿以长安—洛阳一线为中轴线，并分别以长安和洛阳两京为东西轴心，向其余方向延伸，水驿以长江和大运河为主干，向支流发展。水路相连，形成了网络发达的唐代邮驿体系。

---

① 范晔．后汉书［M］．上海：上海古籍出版社，2018：91.

② 房玄龄．晋书［M］．北京：中华书局．1974：1102.

③ 朱棣．御制神僧传［M］．上海：上海古籍出版社，2013：102.

④ 刘广生，赵梅庄．中国古代驿站与邮传［M］．北京：人民邮电出版社，1999：67.

⑤ 柳宗元．柳河东集［M］．上海：上海古籍出版社，2010：35.

唐代驿路的设置主要分别以“两都”（首都和东都）为中心，遍布整个疆域。首都长安是唐代经济、文化、军事的中心，沟通国内外，因此全国有六条驿道从长安出发，东都洛阳同样有四通八达的驿路，而“两京”之间的驿路建设最为重要，根据严耕望先生考证，“两京”之间可考驿为都亭驿、会昌驿、幢关驿、湖城驿等30余所馆驿，[①] 维持“两京”之间的驿路畅通是稳定政权的基础。除“两都”交通枢纽外，全国还有几个交通中心：开封、幽州、太原、江陵、广州、益州、扬州。它们将唐代主要的驿路沟通起来，内外贯通，保证着唐代交通的通畅与繁荣。除了上述主要的驿路之外，唐代的驿路种类繁杂，水驿、海驿，甚至空中邮驿都有所记载，尤其其中的水驿道路的设置不容忽视。据敦煌《水部式》的记载，仅登、莱、沧、瀛等地就有水手3400余人。北方缺少大江大河，但是沿海港口却弥补水驿建设方面的不足，成为当时主要的对外交流通道之一；而南方水系发达，驿路多为水陆相兼，《唐会要》里记载：“江淮之间多有水陆两路，近日乘券牒使命或使头陆路则随从船行，或使头登舟则随从登陆。”[②] 唐代对外交流活动频繁，《唐六典》载：“凡四蕃之国经朝贡已后，自相诛绝及有罪见灭者盖三百余国，今所在者七十余蕃。”[③] 其从侧面反映了当时八方来朝的盛世景象。这么频繁的内外交流得益于当时发达的邮驿制度体系，唐代著名边塞诗人岑参的《初过陇山途中呈宇文判官》描写了从敦煌至北庭都护府沿途邮驿体系建设进行的场景，可以看出当时边疆的邮驿管理十分规范，驿站与驿路建设十分发达。根据当时文人贾耽所作的《皇华四达记》中对于外邦来朝路线的记载可以看出，唐时有七条主要的对外交通道路，通往不同方向的外邦民族：沟通东北的营州进入安东道、大同云中道，连接西域的中受降城入回纥道、安西入西域道，通往印度的安南通天竺道，通往南洋、印度洋等地的广州通海夷道，通往朝鲜半岛和日本的海行进入高丽渤海道。根据唐玄宗时期的《唐六典》记载，当时整个唐王朝一共有1639所驿站，“凡三十里一驿，天下凡一千六百三十有九所。二百六十所水驿，一千二百九十七所陆驿，八十六所水陆相兼。”[④] 由此可见当时网络密集的驿站分布情况。唐代的驿站又称为驿馆，到唐后期，已确定了“馆驿”的官方称谓，也是邮驿体系职能上变化的体现。韩愈在《酬裴十六功曹巡府西驿途中见寄》中将驿站比喻为“鱼鳞”，这是为了彰显其稠密。不仅是中原地区，唐代驿馆甚至在边疆地区也建设

① 严耕望．唐代交通图考［M］．上海：上海古籍出版社，2007：1.
② 王溥．唐会要［M］．北京：中华书局，1960：203.
③ 李林甫．唐六典［M］．陈仲夫，点校．北京：中华书局，2014：28.
④ 李林甫．唐六典［M］．陈仲夫，点校．北京：中华书局，2014：45.

得十分完备，例如，王周的《路次覆盆驿》就是很好的体现："曾上青泥蜀道难，架空成路入云寒。如何却向巴东去，三十六盘天外盘。"① 表明当时西南地区的道路架构。唐代的驿站不仅数量多，而且建筑十分精美，这也是唐朝时期驿站的特点。

宋元明清时期邮驿的发展情况。宋代邮驿制度沿袭唐代，只是规模不如唐驿。宋驿与唐驿相比，又有几点不同：1. 驿卒由民夫改为兵卒担任。2. 战时设急递铺。沈括在《梦溪笔谈》中说："驿传旧有步、马、急递三等，急递最遽，日行四百里，唯军兴用之。熙宁中又有金字牌急递脚如古羽檄也，以朱漆木牌金字，日行五百里。"宋高宗绍兴十一年（1141 年），岳飞被秦桧陷害，一日连发 12 道金牌召回临安（今杭州），使抗金大业功亏一篑，一代名将岳飞也以"莫须有"之罪而冤死大理寺狱中。3. "递铺"与"馆驿"分了工。递送文书的工作由"递铺"承担，递铺设置完备，"递夫"皆由士兵充当，为宋驿一大特色。馆驿则成了宾馆，只负责过往官员、递夫，甚至旅客的食宿，不再承担递送文书的任务。以上几点宋驿与唐驿的不同处，实在是因为宋朝先后与辽国、西夏国、金国之间战事频繁而采取的改革。

到了元代，由于疆土扩大，军事活动频繁，邮驿亦随之有所发展。蒙古语称邮驿为"站赤"。元驿的特点是：驿政有蒙古站赤和汉地站赤之分，蒙古站赤由通政院管辖，汉地站赤归兵部管辖。全国驿站按功用分为 3 类：一类为军站，快马昼夜可行 700 里以上；二类为一般驿站，与唐宋旧制相同；三类专供外国贡使来往，在京师则设会同馆，归礼部掌管。元驿的规模大于唐驿，仅在中国境内就有站赤 1496 处，此外还有大量急递铺。

明、清两代邮驿，大多沿承旧制。至清末，中国古代邮驿为近代邮政所代替。中国近代邮政的出现晚于西方约 200 年。中国古代邮驿即使不算萌芽时期的夏、商两代，只从有史籍记载的周代算起，至清末产生近代邮政止，也有三千年左右的历史，可谓源远流长。②

二、邮驿传播的信息内容

政治信息传播。邮驿传递的政治信息包括政府下达的政令，如《唐六典·卷六》"事当谋叛已上，驰驿奏闻"，是公文由上而下的传递；而如长庆二年（822 年）三月一日诏"除事关急切须遣专使外，其余书诏文牒，一切分付度支

① 蘅塘退士．唐诗三百首［M］．北京：中国文联出版社，2016：87.
② 陈燮阳，乔惠英．中国古代邮驿沿革［J］．汽车研究与开发，1999（3）：59-61.

入递发遣"①，也是公文由上而下的传递。而邮驿一旦失效，公文传递将中断："时驾在坤维，音驿阻绝，以为朝廷无能复振。"② 也有自下而上传播的政治信息，如地方的灾异信息，通过邮驿传到朝廷，如《后汉书·张衡传》载，张衡发明了候风地动仪"尝一龙机发而地不觉动，京师学者咸怪其无征，后数日驿至，果地震陇西"。除了运送正式文书外，中央政府还利用邮驿监视各地官员，以加强控制。如《后汉书·郅恽传附子寿传》载，当时郅寿辖地有不少分封的亲王，为了监视他们，郅寿"徙督邮舍王宫外，动静失得，即时骑驿言上奏王罪及劾傅相，于是藩国畏惧，并为遵节"。邮驿传播的某些信息，如通过邮驿系统传播到各地的邸报，各级官员都可以接触到，加强了地方政府之间的横向联系。

军事信息传播。军情要务是国之大事。军事信息通常发自边疆，而中央政府又必须及时应对，因而对信息传播速度、质量的要求非常高。对军事信息的处理显示了一个社会邮驿系统运转的最高水平。因此军事信息的传播是邮驿传播的一个重要内容。自西周始，就开始用邮驿传递军情。此后，紧急军情都有专门的邮驿部门传递，以确保信息的及时到达。

军事信息主要有烽驿通信、中央的军事指令、檄文和露布等。古代边防最主要的通信方式是烽火通信，这是一种利用烽堠（又称烽候、瞭望台或烽火台）进行驿传的通信方式，根据《唐六典》记载，大约每三十里设一烽火台，③ 为了防御北方突厥入侵，根据《元和郡县图志》记载，设三受降城"中城与东西两城相去各四百余里，遥相接应。北拓三百余里，于牛头、牟那。山北置烽候（烽堠）一千八百所"④。边防将边关的军事信息以烽驿的形式传达给中央政府后，中央政府同样要将中央的军事指令传达给边防军队指挥官。露布一般是写于战争结束的军事情报（或战报），而檄文则是写于战争开始之前的文书，其作用主要是鼓舞士气和招揽兵马。唐朝文学家骆宾王曾写"兵部奏姚州破贼设蒙俭等露布"⑤ 和《代徐敬业檄天下文》战斗檄文。

经济信息传播。邮驿系统是覆盖全国的信息传播网络，各类信息的流通在一定程度上使得古代中国社会以封闭式自给自足为特征的小农经济，在内部进行了经济信息及物资的流通，尽管这种流通是有限的，但在信息相对匮乏的传

---

① 宋敏求．唐大诏令集［M］．北京：中华书局，1959：361.
② 刘昫．旧唐书［M］．北京：中华书局，1975：1587.
③ 李林甫．唐六典［M］．陈仲夫，点校．北京：中华书局，2014：208.
④ 李吉甫．元和郡县图志［M］．贺次君，点校．北京：中华书局，1983：34.
⑤ 董诰．全唐文［M］．上海：上海古籍出版社，2010：657.

统社会，这种流通对社会经济发展的作用是相当巨大的。邮驿系统对经济发展的作用首先体现在通过邮驿进行的经济信息传播。在这方面最典型的例子就是《新唐书·刘晏传》所载，唐代宗时转运使刘晏善理财，他的办法之一就是“置驿相望，四方货殖低昂及它利害，虽甚远，不数日即知，是能权万货重轻，使天下无甚贵贱而物常平，自言如见钱流地上”①。当时的刘晏已经明确意识到经济信息的流通对平抑物价、增加财政收入、促进经济发展的作用，经济信息如得到迅速流通，便“如见钱流地上”。而在当时传播工具落后的情况下，利用邮驿这个信息传播系统是最快捷的办法。

社会信息传播。邮驿事实上是中央政府与各级地方政府之间的组织传播，这种传播是把广大老百姓排除在外的。但作为一种覆盖全国的信息网络，除了政治、军事、经济信息之外必然有一部分社会信息混杂其间。这些社会信息除各地乃至边疆、域外的风土人情、灾异变化外，很大一部分属于私人信息的流通。这类信息的混入一方面是因为邮驿系统中的驿站同时承担着馆舍的功能，不仅各级官员赴任、出巡要留宿驿站，各类民间百姓出门也有入住，如商人、僧侣等。尽管入住驿站需要凭证，但从各朝都苦于驿站招待费庞大的情况看来，这种制度执行的并不严格，何况还有对普通人的有偿服务。因而在各驿站就等于一个小型的信息集散地，各类信息在这里得到交流。另一方面各朝都允许一定级别的官员利用邮驿系统传递家信。到了宋代，政府甚至规定凡朝廷命官，不论职位高低，均可以通过“递铺”传递家信。这个措施从一定程度上说可以算是近代邮政制度的早期萌芽。被落后的交通条件限制了的单独的个人正是通过这个遍及社会每个角落的信息网络，结成了一个整体的社会。

中国的古代社会由于有了一个高效运转的邮驿系统，各类信息得以相对高速、有序流通使得中央政府与各地方之间的联系并没有因国家幅员辽阔而松散，相反却随着邮驿系统的逐步完善、交通条件的不断发展而日益紧密，从而为古代中国建立并运行高度集权的封建君主专制政体提供了信息层面的支持。同时，尽管邮驿系统为官方控制，是官方信息流通的主动脉，然而由于邮驿系统不可避免地在一定程度上对社会开放，它发展出无数的“毛细血管”植入整个社会肌体，促成了各种信息在全社会的有效流通，从而逐步消解“壁垒森严”的等级制度、“自给自足”的小农经济所带来的隔阂与闭塞。换言之，邮驿系统在促使封建专制的官僚机构有效运行的同时，也在整个社会内部消解了极权力量赖以生存的基础，尽管这种消解程度不大，但中国社会却在这种对抗的动态均衡

① 宋祁．新唐书［M］．北京：中华书局，1975：1189.

中不断地向前发展着。

第三节　古代社会里信息的传播媒介——邸报

一、邸报的发展历史

邸报何时诞生且属于什么性质到目前为止在学术界普遍存在争议。争议的首要问题便是中国邸报的起源时间，关于这一点，目前有三种观点，第一种观点是起源于周朝，第二种观点是起源于汉朝，第三种观点是起源于唐朝。这三种观点最终形成“周朝说”“汉朝说”和“唐朝说”。

邸报起源所谓“周朝说”。“周朝说”的依据一是《诗经》的“采风”和“采诗”，类似于后来的新闻采访，古代的史官则类似于今天的新闻记者；二是《春秋》等典籍中记载了不少新闻事件，甚至写法都有点类似新闻报道，王安石也称《春秋》为“断烂朝报”。这些“证据”，有些已被证伪，此处不再赘述。但在当时文史哲乃至新闻不分的情况下，这些作品既是文学作品，也是史学作品，某种意义上说也是新闻作品，故而有人将其理解为原始状态的报纸，似也情有可原。众所周知，司马迁的《史记》乃“史家之绝唱，无韵之离骚”，意即这不仅是一部伟大的史学作品，也是一部伟大的文学作品。“新闻者，史之流裔耳。”放到当时的环境下，又何尝不是一部伟大的新闻作品？但以今天的标准视之，《春秋》《史记》显然应归入史的范畴较为合适，过于宽泛地理解古代报纸，将弱化研究的学术价值。

邸报起源的“汉朝说”。虽然种种证据显示汉朝并不存在邸报，但张涛认为，“20 世纪以来，从居延和敦煌两个地区的塞垣线烽燧遗址上出土了数万枚汉简，其中相当部分的汉简内容是制书。西汉朝廷不断地向西北烽燧发送制书，是为了达到政治传播的目的。如果把汉简制书和唐宋以后的邸报作一对比，就会发现，二者除了书写材料不一致外，在传播的广泛性、内容范围、手写抄传的发行式等方面都很相似。这些汉简制书实际上就是西汉时期的木简报。有鉴于此，似可认为，我国古代成制度的官方新闻传播，起始时期不应是较晚的唐代，而应定位在西汉，即推前约 1300 年”①。值得一提的是，我国著名的新闻学者戈公振先生还最早提出了有关邸报起源的“汉代说”，他在其著作《中国报学

---

① 张涛．论西汉“木简报”［J］．新闻与传播研究，2001（2）：67-71，96.

史》一书中提道："《西汉会要》'大鸿胪属官有郡邸长丞。'注：'主诸郡之邸在京师者也。按郡国皆有邸，所以通奏报、朝宿也。'通奏报云者，传达君臣间消息之谓，即邸报之所由起也。"① 在《报纸的将来》一文中，戈公振先生进一步推断说"汉因幅员广大之故，不得不利行一种传布朝廷大事要政之官报。同时，驻各地诸侯，亦设邸府于京师，沟通朝廷消息，遂生邸报"②。

黄春平则认为："文章以出土简牍为考察对象，从信息的发布媒介、发布程序、发布方式三个方面揭示了汉代官方的信息发布情况。文章认为汉帝国中央的信息发布媒介主要以布告为主，并且存在着一定的由上至下的发布程序。当时的信息传布方式主要是：转抄、宣读、题壁、挂壁等，前者（转抄）是一种多层级的纵向的信息传布方式，后者（宣读、题壁和挂壁）是一种面向大众的横向的信息传布方式。布告尽管在很多方面有着与唐代邸报相同的特征，但它最多只是具备了政府公报的性质，而不能等同于报纸。"③ 最终，黄春平得出结论："'布告'和'邸报'是有着本质区别的。正是这一点，决定了它只能归属于告示的范畴，而不能属于报纸范畴。"

邸报起源的"唐朝说"。唐代中叶以后，朝廷开始在一些边远地区设藩镇，藩镇中以节度使为最高行政长官。随着藩镇势力的日益发展，各节度使又要在首都长安设类似于现在的"办事机构"。这些由各藩镇节度使建立在首都的"办事机构"，起初以"邸"命名，后又改称"上都留后院"，或"上都邸务留后院"。代宗大历十二年（777 年）后，又改称"上都知进奏院"，简称"进奏院"，有时简称"留邸"或"邸"。邸的负责人最初称"上都邸务留后使"，后又改称"上都知进奏官"，简称"进奏官"，有时也被社会上泛称为"邸史"或"邸吏"。这些进奏官们既为所代表的地方藩镇向朝廷呈递章奏，接收和代转朝廷下达的文书，办理和朝廷相关的各项事宜，也及时向地方藩镇转发他们掌握的各项朝廷政治信息。这些经由进奏官们传发给各藩镇的书面报告，就是我国最早的"官报"。这些初始状态的官报，在当时并没有固定的名称，有称"进奏院状"的，也有称"状报"或"报状"的。

由此观之，中国古代邸报与现代报纸及西方早期出版物有很大的差异，与官

① 黄春平．汉代邸报问题辨析——兼论戈公振的"邸报说"［J］．中国社会科学院研究生院学报，2009（4）：112-119.

② 江向东．对中国古代报纸产生于先秦或两汉之说的质疑［J］．福建论坛（文史哲版），1990（5）：66-69，65.

③ 黄春平．从出土简牍看汉帝国中央的信息发布——兼评张涛先生的"府报"说［J］．新闻与传播研究，2006（4）：2-11，93.

文书、政府公报和情报则有着千丝万缕的联系。破解有关争议，需采用联系的观点和发展的眼光看问题，使用更准确的概念，避免立场先行，由对“汉唐—邸报”的研究转向对有组织新闻传播活动的历时和共时研究，从报刊史书写转向传播史书写。以上分析我们做出判断：从狭义的“邸”字的礼节上看，邸报就应该是起源于唐朝，但从邸报的性质和功能而言，其实邸报和现代意义的报纸是有本质的区别，无论是从内容还是政治倾向看，邸报都不可能达到现代报纸的高度，至多是古代中央政府的内参，不是为经济和社会服务，仅仅是为政治服务。

邸报在唐宋元明清时期的发行情况。唐代的邸报是非周期性地由派驻首都的进奏官向地方传发的，它不像现在的报纸是日报或者周刊之类，它的读者也不是普通民众，而是地方的藩镇和诸道长官，它在行文上还保有一定的官方文书的痕迹，但又与一般的官方文书不同，它所提供的官方信息通常要比正式的官方文书更早，邸报上的内容有一些是进奏官们自行采集的，也有一些是从朝廷动态消息中挑选出来的。需要注意的是，由于唐代的进奏官是由地方派遣的，它只对藩镇长官负责，不受朝廷的管辖，因此，进奏官们通过邸报主要传递他们的长官们较为关注的内容。此外，我国的印刷术虽然在中唐时期就已经达到了相当的水平，但当时主要用于印刷佛经，还没有用来传递其他的信息。因此唐代的邸报是非印刷品。

到了宋代，由各进奏院的进奏官自发地向地方藩镇传发邸报的体制发生了重大的改变，邸报被改为在政府中枢部门的统一管理下统一发布。负责邸报发布工作的机构是都进奏院，在都进奏院的管辖下，负责信息采集和传报工作的是进奏官。进奏官一般由地方委派，但由中枢部门的门下省统一管理。《宋会要辑稿》中“国朝置进奏院于京师，而诸路州郡亦各有进奏吏，凡朝廷已行之命令，已定职差除，皆以达于四方，谓之邸报”① 的记载，经典地概括了宋代邸报的发行体制。宋代的邸报同唐代相比，已经具有了更多的报纸的特征和封建政府官报的色彩。宋代的邸报已经完全从官方文书中分离出来，成为当时社会上传播朝廷政事信息的重要载体。由不定期发行转为定期发行，前后的刊期不完全一致，有时为“每日”，有时为“每五日”，有时为“逐旬”，有时为“每月”，它的读者已经扩展到京朝官员、地方各级行政官员，以及广大的士大夫知识分子。因此，可以说，宋代的邸报已经发展为在封建中枢部门统一管理下，按一定制度，统一编发给诸路州郡，向地方官员们传报朝廷信息的中央一级的官报。至于宋代的邸报是否印刷目前还不能确定。唯一可以确定的是，至少有

① 方汉奇．中国新闻传播史［M］．北京：中国人民大学出版社，2004：12.

一部分邸报或邸报中的一部分材料是用雕版印刷的。

到了元朝，大部分的学者认为，邸报已经停止发行了。宋代文献中关于邸报的记载可谓比比皆是，然而一到元代邸报就不再在史料中“露面”，似乎它已经成为历史的陈迹。元代的国祚很短，没有建立起全国性的官报发行体制。尽管元代的“驿传”制度非常发达，为军情和官方文书的及时传送提供了保证，但是，迄今为止，学术界还没有发现元代邸报的实物，现存的公私文献中也没有找到有关元代邸报发行的明确记载。有元一代，和唐宋时代的进奏院名称相近的，有一个通政院，隶属于军事部门，只负责驿传等事宜，没有将朝廷政事“报行天下”的职责。官方的信息传播活动主要集中于中书省。中书省设有一名正八品的低级官员，负责官方文书的收发工作。地方官员主要通过下行的官方文书获知朝廷的信息，没有单独发行的邸报。当然，也有学者持相反观点的，戈公振引用周密《癸辛杂识》中的一段话，用来证明元朝存在过邸报，《癸辛杂识》中有载：“浙之东，言语黄王不辨，自昔而然……邸报既行，而评事之邻有李应麟者，为维扬幕，一见大惊……及归则家无恙，乃知为误耳。”① 这段文字成为元朝存在过邸报的唯一证据，但即便如此，方汉奇先生的《中国古代报纸》一书，以及现任全国新闻核心期刊《新闻大学》主编姚福申先生的《关于元代“邸报”的考证》一文，都通过论证，判定《癸辛杂识续集》中载有“邸报既行”的这段文字谈论的是南宋末年的事情，不能作为直接证据证明元朝存在邸报。

明代的邸报由封建中央政府统一安排发布和抄传等事宜。明代邸报的抄传和发行要通过“通政司”“六科”（吏、户、礼、兵、刑、工）、“提塘”三个环节。通政司汇集各类章奏和地方上报的信息，六科收集和发布有关的诏旨和章奏，提塘（递送公文的官员名称）将这些诏旨和章奏从六科抄出，经过筛选和复制，传发到省，再传到府县，通过辗转抄录，在官绅中传阅。这就是明代邸报“抄传活动”的全过程。明代的邸报基本上是每日都发行的，读者也主要是政府官员和士大夫知识分子。明代的邸报外观如书册，每期出一小册，页数不固定，时有增减，字数通常在三五千之间。明代中叶以前的邸报，大多是由各级抄报人用手写的方式抄写的。明代中叶以后，部分邸报开始印刷。明思宗崇祯末年，有部分邸报开始使用活字版。但直到明王朝终结，邸报的复制手段始终是多元的，既有抄写的，也有印刷的，两种复制手段并存。

清代邸报的发行渠道、发布方式与明代十分相似，即经由“通政使司”“六

---

① 周密．癸辛杂识［M］．上海：上海古籍出版社，1987：106.

科”“提塘”三个环节。通政使司是收受臣僚章奏的机关。六科是发抄皇帝谕旨和臣僚章奏的机关。“提塘”则主要负责邸报的抄传发行工作。清代的邸报也是逐日发行的，有手抄的，也有印刷的，随着发行数量的不断提高，印刷部分的比重也逐渐增加。清代官报的读者主要是各级政府官员。上自中枢大员，下至知府、县令，乃至各级衙门中的小吏，他们都依靠邸报获知朝政，了解朝廷内外各方面的消息。而一般的平头百姓则与邸报无缘，即使能够看到，也往往受到干涉。由于清初就有禁止私抄邸报的规定，所以，如此可见，清代的邸报只是为官僚服务的，与普通的民众毫无关联。

二、邸报内容及其功能

邸报的内容：第一，关于皇帝的诏令谕旨以及朝廷的重大决策、法令、政令等；第二，关于皇帝的起居言行以及皇室的动态；第三，关于官吏的选拔、任免、升迁、贬斥、奖罚等政务消息；第四，关于大小臣工的章奏表笺等反映朝廷议题的信息；第五，关于战报、科考的结果、刑案的审结等其他方面的内容。

为了保证邸报的发行能够维护封建王朝的利益，巩固封建统治秩序，对于邸报的传播制度，历朝历代都有严格的制度控制，对一些不利于封建宫廷的传报活动，加以限制。其中限制较严的，涉及灾异、军情、朝廷机事，以及未经公布的臣僚章疏几个方面。对于水灾、旱灾、蝗灾，以及日食、地震等自然灾害和异常的天象，邸报一般很少报道。因为这些都被认为是上天对天子的不满和警告，有损于皇帝的威望，不利于皇权的巩固。对涉及军事行动，特别是兵变、农民起义、少数民族武装反抗官军等方面的军事行动消息，一般也是不准邸报报道的。因为对封建统治者而言，这些信息会扰乱民心，对封建统治政权构成最为直接的威胁。需要指出的是，各个朝代有关邸报的具体的传播制度也不尽相同。

宋代邸报的发报制度，以太宗太平兴国六年（981 年）为界，前后有所不同。太宗太平兴国六年以前，邸报由地方诸路州郡设在首都的进奏院和进奏官们自行采集编发，没有统一的章程。太宗太平兴国六年之后，邸报改由中枢有关部门实行集中管理，统一发报，和前一阶段的邸报比较起来，权威性有所加强，作为中央政府官报的性质也更为明显。实行统一管理以后，宋代邸报的发报工作仍由各州进奏院和进奏官们负责，稿件的采集、编辑、整理、审定等环节，则逐步由中枢部门接管。邸报的稿件，大部分是进奏官们从门下省的敲门司等部门抄录的，抄录的过程即是选择和采集的过程。就这一点而言，进奏官们带有官报记者的性质。除“进奏官”外，宋代宫内的女官内夫人和门下省的起居郎，以及中书省的起居舍人，也负有采集、记录和向有关方面提供皇帝起居言行等动态信息的责任。他们有点类似于“宫报的御用记者”。宋代邸报的编辑审定工作，自太宗时期成立都进奏院起，即由中书省、门下省的“检正”“检详官”负责，后来又增加了“判报”这一环节。他们的任务主要是决定发报稿件的取舍。皇帝和负责传报活动的进奏官，有时也部分参与这项活动。皇帝的参与，主要是指他需要做出指示，哪些消息可以传报，哪些消息是不可以传报。进奏官的参与，集中表现在传报的具体环节上。经审定允许传报的稿件，到了进奏官的手里，也还会做一些筛选和删节。邸报定稿后，经由驿站传之四方。宋代的驿递分“步递”“马递”“急脚递”“水运步递”等几种。南渡以后，为了适应军事上的需要，又创设了“摆铺制度”，有金字牌、急速文字牌等名目，这些都属于快递，用于传递紧急文书。一般的邮件，使用的是一般的步马水递，路上耽搁的时间较长。如从当时的首都临安（今杭州市）发往安徽广德就需要六天，发往四川则需要一个月。邸报发出后，允许传抄和复制，并允许这些复制件以朝报或邸报的名义在社会上公开发售。

值得注意的是，为了加强邸报传报活动的管理，使有关传报的禁令得到贯彻，宋代还曾经实行过“定本”制度。所谓“定本”指的是根据进奏官们采录来的各种发报材料，经本院监官编好，送请枢密院或当权的宰相们审查通过后，才产生邸报的样本。进奏官们必须根据这一样本进行发报。“定本”制度的制定和执行，加强了当局对邸报的控制，迫使进奏官们只能按照当局允许发布的内容进行传报活动，不得随意增加当局没有准许的内容，这使邸报能够更好地贯彻皇帝和当权宰辅们的宣传意图。而宋代有关邸报发行的严厉的制度控制，以及邸报之所以能够在宋王朝开国后不久，就成为封建中枢部门掌握下的政府官报，和宋朝的高度集权于中央封建体制有着密切的关系。

明代的言论出版之禁也很严格。对新闻传播活动，明代虽然没有像宋代一样有专门的法规，但也有很多的限制。对邸报，明代的封建统治者主要抓的是“抄传”这个环节。《明史》卷二百五十三所载：“故事，奏章非发抄，外人无由闻非奉旨，邸报不许抄传。”指的就是这一点。由于臣僚的章奏在邸报中占有很大的比重，所以，明代的统治者深知，控制了邸报的这一“抄传”环节，也就基本上控制了邸报的内容。不过，对于邸报“抄传”环节的控制，明代各个时期的宽严程度并不完全一致。如明宪宗成化年间，西厂太监汪直掌权期间，主管方面往往以防止“泄露机密”为名，诸多约束，对邸报抄传活动的控制就比较严。相对而言，明神宗万历年间就比较松一些。由于万历皇帝长期不见大臣，不理朝政，大量的章奏被留中不发，“科臣”们只好把一些未经皇帝阅览批示的章奏直接发抄，曾因此受到禁止，但时紧时松，并未一直追究下去。天启以后，由于内忧外患严重，明王朝的形式岌岌可危，对“抄传”环节的控制又明显地加紧。从保存下来的明代文献资料中可以看出，天启以后，明代禁止在邸报上“抄传”的内容主要是涉及军事、刑狱和朝廷机密等方面的材料，尤以涉及军事方面的文件限制最多。其结果是“凡涉边事，邸报一概不敢抄传，满城人皆以边事为讳”。此外，同皇帝及当权大臣观点相悖，公布出去足以涣散人心、动摇统治者权力地位的材料，也在限制之列。需要特别强调的是，由于明代严厉限制邸报抄传活动，使很多章奏都不能发抄，使众多依靠邸报获知朝政和国家大事的官员和在野的士绅们耳目闭塞，信息不灵。

清代是皇权高度集中的王朝。在清代，邸报的“抄传发行”工作，包括谕旨和臣僚章奏哪些应该发抄，哪些不宜发抄，往往都由皇帝做最后的决定。一般说来，非明降的谕旨，直接发给地方重臣的“廷寄”，以及未经皇帝审阅批示同意公布的臣僚章奏，是不允许“发抄”的。在清代，尽管大臣们呈递上来的章奏很多，但是能够批下来，经过六科、提塘，以邸报方式抄传出去的，仅仅是其中较少的一部分，估计不足全部章奏的三分之一。

本章小结：

中国古代政府的信息管理非常有效。通过四通八达的邮驿系统把多种地方信息（包括边疆的军事信息）准确地传递到朝廷（也就是君王）的手中，同时又利用四通八达的邮驿系统，准确而又快速地把朝廷的信息（君王的诏书）传达到地方。由于有了这样一个高效运转的邮驿系统，各类信息得以相对高速、有序地流通，为古代中国建立高度集权的封建君主专制政体提供了信息层面的支撑。尽管邮驿系统为官方控制，是官方信息流通的主动脉，然而由于邮驿系统不可避免地在一定程度上对社会开放，促成了各类信息在全社会范围的流通，从而逐渐消解了壁垒森严的等级制度、自给自足的小农经济所带来的隔阂与封闭。

第七章

中国古代政府的形象策划

本章提要：

在中国古代社会，政府或者君王形象之所以很重要，是因为它本身也是政府合法性的重要来源之一，政府或者君王形象一旦受损而不能得到恢复，其政权的合法性就会受到严重的威胁，所以，政府或者君王非常注重自身形象的建设。在皇权至高无上的古代社会，传统史馆作为上层建筑的一部分，必须要反映古代统治者的意志，维护古代统治者的利益，最终沦落为美化政府或者君王的工具，而史馆中的史官往往成为政府或者君王的“形象代言人”。除此之外，政府或者君王还会通过策划重大的公关活动来提高其在民众中的形象（形象受损的则是修复形象）。“大赦天下”是古代社会统治者惯用的提高自身形象的方法，通过对犯罪人员的赦宥，一来可以彰显君王的宽宏仁爱，二来也是缓和社会矛盾的实际需要，赦宥政策又往往和减税免役政策叠加，这对政权的稳定有莫大的促进作用。

第一节　中国古代史官制度与政府形象塑造

中国古代创立史官制度的初衷，是通过编纂前朝的历史和记录当朝的史实，达到吸取前朝历史教训和制约当朝政治的目的。史官制度源起于殷周，形成于春秋战国，之后贯穿封建社会始终。就像中国古代创立谏议系统的初衷，是希望通过谏官向君王进言，从而达到制约君王权力失败一样，中国古代的史官制度是不可能真正制约君王专制的，从我国古代的史官制度诞生的第一天起，就决定了它是我国古代社会国家机器的一个组成部分。如梁启超所说：“史官之初起，实由古代人主欲纪其盛德大业，以昭示子孙，故纪事以宫廷中心，而主旨在隐恶扬善。"① 古代史馆作为上层建筑的一部分，必须要反映古代统治者的意志，维护古代统治者的利益。换言之，古代史官制度最终沦落为美化君王形象的工具。

一、中国古代史官制度的发展历程

商周史官制度。我国最早的史官制度出现在何时无法推断，但从梁启超的《中国历史研究法》我们得知，商周时期史官制度已经成型，梁启超在该书中说："泰西史官之建置沿革，吾未深考；中国则起源甚古，其在邃古，如黄帝之史仓颉、沮诵等，虽不必深信，然最迟至殷时必已有史官，则吾侪从现存金文甲文诸遗迹中可以证明。"② 这个时期的史官与巫官没有明确的分工，同是神权的掌握者。但是，由于统治者和民众都很迷信，"殷人尊神，率民以事神"③。"贞人"从事大量的占卜活动，并将之记录下来，从事该项工作的"贞人"应该就是当时的史官，史官不仅仅负责占卜和记事，而且还负责制作、保管典册，在某些时候还要参与祭祀和君王的赏赐活动。吴怀祺和林晓平在《中国史学思想通史・总论 先秦卷》一书中说，商代史官的职责"至少包括记事、占卜和祭祀"④。周朝的史官制度比殷商时期更为发达，体现在不仅周王室内有完备的史官制度，而且在各诸侯国里面亦设有史官。唐朝著名政治家、史学家杜佑在我国历史上第一部记述历代典章制度的典志体史书《通典》中说："周则曰大史、小史、内史、外史。而诸侯之国，亦置其官……似当时记事，各有其职。"⑤ 大史、小史、内史、外史相互配合且分工各不相同，除此之外，《礼记》和《汉书》还认为周朝的史官制度有左、右史之制，分别掌记言记事。后世学者对此持有不同意见，有的认为，记言记事本来是不可分割的，言中有事，事中有言，但后来的事实证明，史官制度中确有"左史记言""右史记事"的精细分工。春秋战国时期，社会动荡，王室衰微，但史官制度并未废除，"降及战国，史氏无废"反而更加普遍，各国都有史官。战国时各国都有史书，并呈报周天子保存，所以"史记独藏周室"。历史上史官直书史实而遭君王杀害的故事就发生在春秋战国时代，《左传・襄公二十五》记载："大史书曰：'崔抒弑其君。'崔子

---

① 梁启超．中国历史研究法［M］．北京：商务印书馆，1930：79.
② 梁启超．中国历史研究法［M］．北京：中华书局，2014：10.
③ 阮元．礼记正义［M］．北京：中华书局，1980：1642.
④ 吴怀祺，林晓平．中国史学思想通史：总论 先秦卷［M］．合肥：黄山书社，2005：191.
⑤ 杜佑．通典［M］．北京：中华书局，1984：126.

杀之。其弟嗣书而死者二人，其弟又书，乃舍之。”①

秦汉史官制度。公元前213年，也就是秦始皇统一中国的八年后（秦始皇统一中国时间是公元前221年），他采纳了李斯焚书的建议：“臣请史官非秦记皆烧之。非博士官所职，天下敢有藏《诗》《书》、百家语者，悉诣守、尉杂烧之。”② 从此，大秦王朝开始实行文化独裁政策。六国的史书被焚烧殆尽，《史记·六国年表》曰：“秦既得意，烧天下《诗》《书》，诸侯史记尤甚，为其有所刺讥也。《诗》《书》所以复见者，多藏人家，而史记独藏周室，以故灭。惜哉！惜哉！独有《秦记》，又不载日月，其文略不具。”③ 由于没有详细的古籍资料考证大秦帝国的史官制度，故有学者揣测，春秋战国时期的史官制度到秦朝之后，因为秦始皇的文化专制而消亡殆尽，但秦朝太史令胡母敬和他的作品的存在有力地反驳了这一恶意的揣测，《汉书·艺文志》载：“《博学》七章者，太史令胡母敬所作也。”④ 无独有偶，能够证明秦帝国有史官制度的还有古籍《史通》，唐朝刘知几所撰写的《史通》是我国首部系统性史学专著，刘知几在《史通通释》中曰：“至秦有天下，太史令胡母敬作《博学章》。”⑤ 西汉的史官体制中设有御史中丞和太史令。其中，御史中丞是御史大夫之属官，《汉书》在谈到御史中丞的职责时说：“在殿中兰台，掌图籍秘书，外督部刺史，内领侍御史员十五人，受公卿奏事，举劾按章。”⑥ 由此可见，御史中丞的职责很广泛，似乎只有掌图籍秘书这部分属于史官的职责范畴。武帝时恢复太史或太史令，司马谈父子先后担任此职。太史或太史令的职责就与古代史官类似，既掌星历，又掌记事，相当于天官与史官合二为一。这一时期，太史令的史官功能开始逐渐弱化，这种趋势从司马迁就开始显现出来了。本来，太史的主要职责应该是著史而非改历，但到司马迁这里，著史变成私人行为的副业，而改历成为官方行为的主业，以至于有学者认为：“西汉太史令能称得上史官者，实即司马迁父子两任。”⑦ 到了东汉时期，太史令已完全变成了天官，不再拥有史官的职能。《史通·史官建置》可以佐证这一变化：“于是太史之署，非复记言之司。故张衡、单扬、王立、高堂隆等，其当官见称，唯知占候而已。”⑧ 东汉史官体制中

① 阮元．春秋左传正义［M］．北京：中华书局，1980：1984.
② 司马迁．史记［M］．北京：中华书局，1959：255.
③ 司马迁．史记［M］．北京：中华书局，1959：686.
④ 班固．汉书［M］．北京：中华书局，1964：1721.
⑤ 刘知几．史通通释［M］．上海：上海古籍出版社，2009：282.
⑥ （汉）班固．汉书［M］．北京：中华书局，1962：725.
⑦ 牛润珍．汉至唐初史官制度的演变［M］．石家庄：河北教育出版社，1999：42.
⑧ 刘知几．史通［M］．上海：上海古籍出版社，2008：218.

设“兰台令史”和“校书郎”。前者是由掌管兰台图籍秘书的御史中丞演变而来，但职责比较单一，主要是校阅图书、编辑汉史。后者的职责应当与兰台令史类似，其主要职责是撰写国史，班固先后任这两个职位并参与撰写国史。章帝之前，“兰台”是东汉初撰写国史的固定场所，章帝以后，“东观”成为撰写国史的固定场所，在这一时期，虽然史官的著作官制度还没有形成，但“东观学者”撰写《东观汉记》的经历为曹魏的“著作郎制”的诞生奠定了坚实的基础。

魏晋史官制度。魏晋史官制度是中国史官制度的重要组成部分，其主要的贡献是在曹魏时期设置了史官著作官，在西晋时期设置了修史机构著作局。曹魏史官制度。如前文所云，曹魏史官制度主要是著作郎制，而这种史官著作官制源于东汉的著作东观。《晋书·职官志》曰：“著作郎，周左史之任也。汉东京图籍在东观，故使名儒著作东观，有其名，尚未有官。魏明帝太和中，诏置著作郎，于此始有其官，隶中书省。”①《通典》亦云：“始置著作郎官，隶中书省，专掌国史。”② 这是中国历史上首次设置专职的国史修撰之官。著作郎，编制一人，不仅担任修史的职责，还掌管宫中起居注。《通典》云：“自魏至晋，起居注则著作郎掌之。”③ 最早的起居注要追溯到战国时期的《穆天子传》，但由于其记事有神话传说的风格，故不可作为史料来考究，由此看来，汉武帝的《禁中起居注》可以看作最早的正式起居注，但曹魏之前的起居注没有专人负责撰写，即使是兼职也没有载明由谁负责，所以，曹魏的著作郎兼管起居注是一个重大的史官制度突破，这为不久之后的北魏专设记载起居注的起居令史奠定了基础。当时虽然设置了专职的修史官——著作官，但修史及相关工作并非全由他们负责。《史通》云：“魏史。黄初、太和中始命尚书卫觊、缪袭草创纪传，累载不成……其后王沈独就其业，勒成《魏书》四十四卷。”④ 换言之，其他官员兼任史官职责是这一时期史官制度的最大特点，修史工作除了必须倚仗著作官之外，还必须由众多学者参加，如荀顗、阮籍等。两晋史官制度。两晋的史官制度对曹魏的史官制度有继承，同样设著作郎，但也有创新，那就是设立专门的著作机构——著作局。《晋书·职官志》有记载：“及晋受命，武帝以秘书并中书省，其秘书著作局不废。”⑤ 以上记载表明，在西晋武帝时期，朝廷已经

① 房玄龄．晋书［M］．北京：中华书局，2014：735.
② 杜佑．通典［M］．北京：中华书局，1984：156.
③ 杜佑．通典［M］．北京：中华书局，1984：124.
④ 刘知几．史通通释［M］．上海：上海古籍出版社，2009：321.
⑤ 房玄龄．晋书［M］．北京：中华书局，2014：735.

设置了著作局，并隶属中书省，且位于宫禁之中，之后，著作局就隶属秘书，并迁出宫禁，正如《通典》所言："自是秘书之府，始居于外。"两晋除著作局下面设著作郎外，还设"佐著作郎"和"著作令史"等。著作郎，编制与曹魏相同为一人，官级为六品，"专掌史任。进贤两梁冠，介帻，绛朝服"。其主要职责除了撰写史书，修起居注之外，还要撰写碑文等。佐著作郎（宋齐多称著作佐郎）编制八人，官级七品，"进贤一梁冠，绛朝服"①。著作郎和佐著作郎的分工非常明确，后者是负责收集史料的，前者则是根据这些史料修史，但也不是任何时候都严格执行这一规定，如佐著作郎有时也可以参与修史工作。关于著作令史，《唐六典·秘书省》注曰："自晋以来，秘书著作皆有令史，史阙其员、品。"两晋时史官除著作官外，还继承了曹魏体制，设有掌国史的秘书监，秘书监处有"秘书监"一人，官级为五品，"绛朝服，铜印、墨绶，进贤两梁冠，佩水苍玉"。秘书丞两人，官级为六品，"铜印、墨绶，进贤一梁冠，绛朝服"。秘书郎四人，"中品第六，进贤一梁冠，绛朝服"②。共同掌管图籍。

南北朝史官制度。南朝经历了宋、齐、梁、陈四个朝代，北朝经历了北魏、东魏、北齐及西魏、北周五个朝代，南北朝最后为杨坚统一，南北朝的史官制度大同小异。前者以刘宋史官体制为例，后者以北周史官制度为例。刘宋史官体制继承东晋的体制，设著作郎、著作佐郎，由秘书监统领。著作郎，又称大著作，编制一人，官六品，俸禄六百石。这一时期共有著作郎 11 人，其中 8 人来自身世显赫的家族。《通典》记载："晋制，佐著作郎始到职，必撰名臣传一人。宋、齐以来，遂迁'佐'于下，谓之著作佐郎，亦掌国史，集起居注。"③该时期的"著作佐郎"共 17 人，其中 15 人来自世显赫的家族。此外还有著作令史、著作正员郎、史学生等。除著作官外，还有别的职务参与修史的史臣，如谢灵运"征为秘书监……使整理秘阁书，补足遗阙。又以晋氏一代，自始至终，竟无一家之史，令灵运撰《晋书》，粗立条流"④。萧齐史官体制继承了刘宋的体制，设有著作郎和著作佐郎，但分工有所变化：著作官专职于起居注工作，而国史的撰修工作由其他官职的人员来负责。《南齐书·崔祖思传》载曰："古者左史记言，右史记事，故君举此书，尽直笔而不污；上无妄动，知如丝之成纶。今者著作之官，起居而已；述事之徒，褒谀为体。世无董狐，书法必隐，册阙南史，直笔未闻。"可见萧齐著作官是专职于起居注工作。此外，还有以侍

① 杜佑．通典［M］．北京：中华书局，1984：155-156.
② 李林甫，等．唐六典［M］．陈仲夫，点校．北京：中华书局，1992：297-302.
③ 杜佑．通典［M］．北京：中华书局，1984：156.
④ 沈约．宋书［M］．北京：中华书局，1974：1772.

中掌管起居注工作的，如王思远“迁为侍中，掌优册及起居注”。国史的修撰一般是由其他的官员来完成，如丘灵鞠“建元元年，转中书郎，中正如故，敕知东宫手笔。寻又掌知国史”①。北周的体制在西魏的基础上有所变化，改“著作郎”“佐郎”为著作上士、中士，执掌国史工作，隶属于春官府，官品和俸禄都不改变。如《史通·史官建置》所言：“唯周建六官，改著作之正郎为上士、佐郎为下士，名谥虽益，而班秩不殊。”②《唐六典》的“著作郎”和“著作佐郎”条款曰：“后周春官府置著作上士二人，即其职也。”“后周春官府置著作中士四人，即著作佐郎之任也。”③ 北周沿袭西魏体制，设“记注官”，且起居与著作分离，如《通典》言：“后周有外史，掌书王言及动作之事，以为国志，即起居之职。又有著作二人，掌缀国录，则起居注、著作之任，自此而分也。”④ 总之，魏晋南北朝战乱不断，朝代更替频繁，统治者为了巩固自己的政权，欲借助史学标榜正统地位，并为本朝宣扬创业的功德，极为重视史书的修撰。

唐五代宋辽金元时期的史官制度。唐代设立了专门的史馆机构，这充分说明我国古代的史官制度开始逐渐趋向规范化。到了唐代的贞观年间，唐太宗专门在禁中成立了史国馆，宰相来监理修史的事情，废除了著作郎的职务，这是史官制度的一次重大变化。另外，在唐朝初年，也专门设置了起居郎，后来又在中书省中专门设置了起居舍人，分成左起居舍人、右起居舍人，在大殿中对立设置，主要是负责起居的事情，所以有时候也称之为左右史，专门负责记录皇帝的起居言行。唐朝的统治阶级非常注重总结历史经验，他们把历史当作一面镜子来检查自己在政治上的得失，唐太宗多次对大臣说：“夫以铜为镜，可以正衣冠；以古为镜，可以知兴替；以人为镜，可以明得失。”⑤ 唐太宗把历史当作一面镜子，“朕常保此三镜，以防己过”⑥。并认真吸取历史的经验和教训，付诸行动。五代之后的宋辽金元时期，史官制度都是根据当朝实际有了一定程度的变化，虽然名称上有变化，但是职责基本相同，特别是在宋朝。宋朝的史官制度发展比较迅速，史馆的规模进一步扩大。可以毫不夸张地说，宋朝的史馆机构是最多的，不仅有国史院、实录院、会要所、圣政所等多种修史机构，

---

① 萧子显．南齐书［M］．北京：中华书局，1974：520，766，890.
② 刘知几．史通通释［M］．上海：上海古籍出版社，2009：293.
③ 李林甫，等．唐六典［M］．陈仲夫，点校．北京：中华书局，1992：301.
④ 杜佑．通典［M］．北京：中华书局，1984：124.
⑤ 刘昫．旧唐书［M］．北京：中华书局，1975：2561.
⑥ 刘昫．旧唐书［M］．北京：中华书局，1975：2563.

史官的地位也进一步提升。宋代继承了唐代的制度，逐渐形成了史馆为基础，玉牒所、起居院等为常设的分支机构以及多种专门编纂的修史机制，逐渐创制了科学的修史程序，创建了严格的收集史料、报送史料与档案存储方面的制度。北宋皇帝的实录中，太祖、太宗、神宗、哲宗、徽宗的实录都进行了多次的重修和增修。由于当朝皇帝对先前实录修撰的不满或者实录中先皇有负面的史实，皇帝要对实录进行重修，以便实录的修撰完全按照皇帝的意愿进行，这样就使修史工作成为当时政治的附庸，也破坏了"书法无隐"的修史原则。宋政府继承了前代撰修实录的传统，每个皇帝都有实录，有的皇帝的实录还进行了重修。李昉"受诏与扈蒙、史馆修撰李穆、郭质、宋白同修《太祖实录》"①，迁延时间最长，"前后凡三修"。《哲宗实录》先后进行了多次重修，直到南宋高宗绍兴八年（1138年）九月监修国史赵鼎上《哲宗实录》150卷。在辽金两个朝代，虽然是少数民族创建的政权，但是在史学逐渐发展的过程中，还是沿用了原来唐宋的制度，设定了专门的修史机构。金朝设定的修史机构主要有著作局、国史院、记注院，主要任务是记录朝仪，记录宰相大臣与皇帝议论的事情，服侍皇帝。国史院是当时的常设机构，在史官设定上有修国史、编修官、监修国史等，主要的任务是负责修本朝的实录，史官的特点是民族史官占有特定的比例，用一流的人才担任史官，翰林官负责兼任等。辽代设有国史院，而元代则设有翰林兼国史院。

明清时期的史官制度。明清时期，正好是我国封建社会处于衰落的阶段，在史官的设置方面也充分体现了这一特点。明代是翰林院负责管理史事。史官负责编纂国史天文、礼乐、地理以及兵制等，同时也负责实录方面的编纂。在明朝初年设置了起居注，在万历时期主要是翰林院的官员兼职，后来废除了起居注的官职。清代主要是翰林院负责修编国史，实录馆负责编纂修史，起居注衙门负责起居方面的事务，史官的官职一般是其他官员来兼任。综上所述，我国古代的史官制度经历了从无到有、从兼管到专职，逐渐发展到系统化、制度化的这样一个过程，顺应了我国古代的政治、文化发展变化的需要，是不断发展的政治、文化的缩影。②

二、中国传统史官制度与政府形象塑造

《史记·廉颇蔺相如列传》载秦赵渑池之会时，"赵王鼓瑟，秦御史前书曰：

① 脱脱．宋史［M］．北京：中华书局，1977：9136.

② 何捷．中国古代史官制度的历史沿革及史官精神探索［J］．贵阳学院学报（社会科学版），2014，9（3）：101-103.

‘某年月日，秦王与赵王会饮，令赵王鼓瑟’”，后蔺相如使秦王击瓴，召御史书曰：“某年月日，秦王为赵王击瓴。”① 可见，御史跟随帝王记录一言一行，以为修史资料。《史记·滑稽列传》载：“齐威王宴请淳于髡，髡曰：‘赐酒大王之前，执法在傍，御史在后，髡恐惧俯伏而饮，不过一斗径醉矣。’”② 御史有监察之责，至秦汉更为明显。以上材料足以证明，在中国战国时代，御史就已经在维护国家形象方面做出了杰出的贡献，那时候，御史要跟随君王出入重大的外交场合，其重要的使命是记载君王的一言一行，维护国家的外交形象。

但史官准确地记载君王的一言一行固然对君王是一种震慑和鞭策，但在中国几千年的封建社会里，史官制度成为封建社会塑造国家和君王形象的工具，在这种情况下，秉笔直书的史官固然存在，但在大多数情况下，史官是需要“曲笔”书写历史的，一来为君王的形象服务，二来成为国家形象的代言人。

从史官制度存在开始，就有“书法无隐，秉笔直书”的史官精神，这是史官这个职业的性质决定的，史官的天职是真实地记载君王的言行和国家大事，所以，自古以来就有忠于这份职业的人，中国古代史官记录历史有一套“君举必书”的制度和“一字褒贬”的“书法”，这就是中国古代的史官精神。为了确保史官记事的真实性，并且保护史官的安全，从“汉晋”（汉朝到两晋之间的年份）开始规定“人主不得躬自观史”，如果说在秦代以前，还存在“显言其忧”的情况，新的史官制度出台后，理论上说史官制度已经非常完善。不仅仅有制度的安排，也有“秉笔直书”的史官的存在，“董狐直笔”成语就是从董狐的故事而来。董狐，春秋晋国太史，亦称“史狐”，据《左传》记载，宣公二年（公元前 607 年），晋灵公执政之时，不施仁政，残害忠臣，致使晋朝的朝政一片混乱。大臣赵盾多次苦劝晋灵公要善待百姓，不要残害忠臣，但收效甚微，无奈之下，只有远离晋灵公，但还没有离开晋国，当得知晋灵公已经被族弟赵穿杀死的时候，赵盾又返回朝廷辅佐晋灵公之子成为晋王，继续执政。晋国的太史令董狐就记载道：“赵盾弑其君。”并将此事直接在朝廷上郑重宣读。赵盾去找董狐辩解此事，董狐义正词严地辩驳：“你赵盾是正卿，逃跑的时候没有离开晋国，返回来之后又不讨伐逆贼，难道我说的不对吗？”赵盾一时还无法反驳董狐的言论，就默默承担了杀害君主的罪名。董狐如实地记载君王的言行，这是他的职责所在，在中国古代历史上，有众多如董狐这般的史官，能够坚持自己的职业操守，坚持“务从实录”“秉笔直书”的史官精神，因此，“董狐直

---

① 司马迁．史记［M］．北京：商务印书馆，2020：1424.

② 司马迁．史记［M］．北京：商务印书馆，2020：2108.

笔”的史学传统被各个时代的史官所继承下来。

由上观之，史官精神一直存在，但君权至上的封建社会里，史官制度从来就是我国封建制国家机器的一个组成部分，这说明史官制度从它产生的初期，就已经是剥削阶级维护统治的一种重要工具，作为上层建筑的一部分，历代统治者都把史学作为一种非常有效的精神统治工具加以控制，所修之史，必须要反映统治者的意志，维护统治者的利益。设馆修史制度的确立及发展是修史制度官府化、衙门化的表现，是统治者垄断修史大权以实行封建专制主义思想统治的重要标志，封建政府通过建立史馆，实现了对史学的全面控制。

从史官制度的设计上看，“帝王不得观史”的规矩，对君王有一定的震慑作用，震慑其不要胡作非为，但该制度的设计没有从权力的制衡角度来制约“帝王不得观史”，失去制约的规矩最终还是会被打破。“帝王不得观史”的规矩最终被李世民打破，他干预了房玄龄如实记载唐朝初期的历史，怪不得梁启超会说：“史官之初起，实由古代人主欲纪其盛德大业，以昭示子孙，故纪事以宫廷中心，而主旨在隐恶扬善。”① 梁话（梁启超语）准确地表达了史官制度最本质的东西：“人主（君王）欲纪其盛德大业”和“主旨在隐恶扬善”。

中国古代的史官表面上是“直书”封建王朝的历史，但在君权之上的封建社会，史官往往没有“直书”历史的权力，很多史官因为不按照皇帝的意愿修改历史而惨遭毒手。前文说到有“董狐直笔”的案例，但也有因为直书历史而被君王残忍杀害的案例。春秋时期的齐国太史伯因为在国史上直书“崔杼弑其君”而惨遭崔杼杀害，继任的太史仲同样因为直书“崔杼弑其君”被崔杼杀害，再继任的太史叔照样因为直书“崔杼弑其君”被崔杼杀害，从头至尾，太史氏共有三人被杀。历史上还有一个因为直书历史而被君王痛下杀手的案例，北魏史官崔浩奉命修史，但修史过程中因为“叙述国事，无隐恶，而刊石写之，以示行路”（《史通·古今正史》）而被太武帝所杀，受牵连而被诛杀者，多达128人。

所以大部分的史官是不能够“直书”历史的，只能“曲笔”，把帝国光鲜的历史事件大书特书，借以正面宣传政府的光辉形象，对于帝国阴暗的历史事件，则只能少书或者不书，甚至篡改历史事件。这样一来，史官成为政府形象的塑造者，成为政府形象的“代言人”。

大部分的史书都是从正面来塑造政府的形象，对政府的行为做正面描述，突出政绩，借以塑造政府的高大形象。但由于有很多“不甚光彩”的历史事件

① 梁启超．中国历史研究法［M］．北京：商务印书馆，1930：79.

"不便直书"，但又"不得不书"，因此，无论是奴隶主贵族，还是封建最高统治者，大都亲自干预史官对于史事的记注和编修，凡是重大历史事件的主基调一般都是由封建最高统治者来决定的，典型的有李世民的"玄武门之变"和朱棣的"奉天靖难"。

《高祖实录》在记载玄武门事变，当时称作"六月四日事"的时候，李世民发现"语多微文"，即语义含糊，立场不清。于是他找来房玄龄，对他大义凛然地说："历史周公诛杀兄弟管公、蔡公，让西周获得安定。鲁国的季友毒死叔牙，让鲁国获得安宁。我的所作所为，与此性质一样，这是安社稷、利万民的行动。史官记载的时候，何必多有隐讳？应该修改那些遮遮掩掩的文辞，直接写出历史真相。"但唐太宗的史官焉能不知玄武门事变与周公诛管、蔡不同？管蔡叛乱在前，周公讨伐在后，周公是以皇室的名义讨伐管蔡叛乱。而李世民主动发起"玄武门事变"既没有皇室的授权，也没有对方叛乱的真凭实据，况且对方是法定的皇位继承人，李世民以政变的形式诛杀法定的太子与周公平管蔡哪里有什么相似之处？史官何尝不想为李世民多加粉饰，但事实摆在那儿，想掩盖都很艰难。

唐太宗的观点是，与其遮遮掩掩，反而欲盖弥彰，不如理直气壮、大大方方，坚持自我正义立场。于是，唐朝官修史书将"玄武门之变"比作"周公诛管蔡"，有"安社稷""利万民"之利，是一次正义的行动，而非争权夺利。五代时期撰修的《旧唐书》也持相同的观点。史臣赞曰："建成、元吉，实为二凶。中外交构，人神不容。用晦而明，殷忧启圣。运属文皇（唐太宗），功成守正。善恶既分，社稷乃定。"① 关于"玄武门之变"的具体发生过程，《旧唐书》是这样描写的："唐高祖武德九年（626 年），皇太子建成、齐王元吉谋害太宗。六月四日，太宗率长孙无忌、尉迟敬德、房玄龄、杜如晦、宇文士及、高士廉、侯君集、程知节、秦叔宝、段志玄、屈突通、张士贵等于玄武门诛之。"②

两《唐书》（《旧唐书》和《新唐书》的简称）及司马光编著的《资治通鉴》是依据哪些史料撰写的？毋庸置疑是根据唐初史官所修的《大唐创业起居注》《高祖实录》《今上（太宗）实录》撰写的，这些实录的撰修者就是太宗朝臣，而其主要负责人就是当年"玄武门之变"的谋划者，以当事人的身份撰写历史很难做到客观公正，也正因为如此，这些实录的真实性遭到后世史家的怀

① 刘昫．旧唐书［M］．北京：中华书局，1975：2438.

② 刘昫．旧唐书［M］．北京：中华书局，1975：29.

疑。范祖禹感叹："人君得以观史，而宰相监修，欲其直笔，不亦难乎？"① 司马光在《资治通鉴》中也多次表示了疑惑。其实，随着现代史学研究的加深，"玄武门之变"的事实真相已经大白于天下，这就是李世民蓄谋已久的政变，发动政变的理由也不是《今上（太宗）实录》所描写的"皇太子建成、齐王元吉谋害太宗"，唐初史官所修的实录有篡改历史的嫌疑，据专家研究，唐太宗篡改的历史主要集中在以下几个方面：抬高李世民，贬低李建成；抬高李世民，贬低李渊；虚构李渊许立李世民为太子等。其目的非常明确，抹黑对手，"洗白"玄武门事件，为李世民夺位正名。

范祖禹在《唐鉴》中有力地驳斥了唐人"周公诛管蔡"之说，认为"立子以长不以功"②"以弟杀兄，以藩王杀太子，而夺其位"③ "太宗之罪着矣"④。明末清初的王夫之更加直白地指出，唐太宗"亲执弓以射杀其兄，疾呼以加刃其弟，斯时也，穷凶极惨，而人心无毫发之存者也"⑤。

《奉天靖难记》是记载朱棣"靖难"的一部官修史书，从书名我们就可以看出，此书是站在朱棣立场来宣扬"靖难之役"的正当性和合法性，而且还要证明朱棣的上位是天意难违，不可阻挡。《明太祖实录》记载的是明朝前期（明太祖朱元璋和建文帝朱允炆时期）的历史史籍。在历史上，太祖实录总共有过三次修建，第一次修太祖实录是建文帝在位时期，当时朱棣正起兵"谋反"，修成的《明太祖实录》自然对"靖难之役"是全面否定的，第二和第三次修改是在燕王朱棣成功上位之后，同样的历史事件，朱棣朝代的史官们要重新评价，目的就是美化朱棣，丑化朱标、朱允玟，为朱棣篡位正名。

总之，作为上层建筑的重要组成部分，历代君王都把史学作为一种行之有效的精神统治工具加以控制，所修的历史典籍，都必须反映君王的意志，维护君王的形象，保护皇族的利益。换言之，史官的作用除了让后人记住历史经验教训之外，另外一个主要功能是拔高政府形象。

---

① 范祖禹．唐鉴［M］．白林鹏，陆三强，校注．西安：三秦出版社，2003：74.
② 范祖禹．唐鉴［M］．白林鹏，陆三强，校注．西安：三秦出版社，2003：21.
③ 范祖禹．唐鉴［M］．白林鹏，陆三强，校注．西安：三秦出版社，2003：24.
④ 范祖禹．唐鉴［M］．白林鹏，陆三强，校注．西安：三秦出版社，2003：22.
⑤ 王夫之．读鉴通论［M］．北京：中华书局，1975：710.

第二节　中国古代政府官员的形象策划

在现代公共关系中，企业或者政府组织的形象可以通过策划某种公共关系事件来实现，例如，在现代公共关系诞生地的美国，一旦某个企业或者组织的形象受损，它们的公关人员就会策划相应的公关活动来提高受损企业也或者组织形象，如艾维·李是公司形象最早的策划师。

1906 年 5 月 26 日，宾夕法尼亚州的铁路主干线上发生了一起严重车祸，艾维·李被邀请参与此事的处理，艾维·李首先做的就是纠正铁路公司“封堵”媒体的做法，采用“疏通引导”的做法，就像大禹治水，“改堵为疏”，引导媒体来更加客观地报道事故的原因，而不是将事故的原因一味地推到铁路公司的身上，降低了资本家和普通民众的敌对情绪，让人们更客观地认识到事故的突发性和随机性。在他的协调下，宾夕法尼亚铁路公司成功地处理了这次危机，对此，艾维·李是这样总结的：“公众所拥有的对真理的判断力会为你带来真正的自由。”①

1914 的拉德洛惨案发生之后，艾维·李被邀请参与此事的处理，为了尽快处理此事，艾维·李策划了一系列的新闻简报，主题为“为工业自由而斗争”，之所以使用这一主题，是因为艾维·李考虑到了两方面的诉求，从新闻媒体方面讲，“为工业自由而斗争”显然是符合新闻价值和公共利益的，使用这一主题当然能够争取广泛的媒体报道和公共讨论的热情；从工人方面讲，使用这一主题可以激发工人的崇高情怀并借此消除其负面情绪。同年 12 月，罢工者以投票方式决定复工，这是艾维·李又一次成功的公关策划。②

这种形象策划似乎只有在现代社会才有可能实现，但是这种形象策划早在中国的战国时代就已经存在，而且效果颇佳，在中国漫长的封建社会里，政府官员（尤其是一方诸侯）的形象策划是靠其手下的士人、门客或者谋士来实现的，帝王的形象策划可以通过祭祀、礼仪和政策的改变来实现。

---

① 胡百精. 真相与自由：艾维·李与现代公共关系的诞生［J］. 新闻春秋，2013（4）：60-68.

② 胡百精. 真相与自由：艾维·李与现代公共关系的诞生［J］. 新闻春秋，2013（4）：60-68.

一、战国时代“四公子”通过士人的公关策划提高其个人形象

春秋战国时期，周王室衰败，诸侯霸主国兴起。为了在争霸中取得压倒性优势，各诸侯国开始重用各方面的人才，这无疑给贤能之士提供了“上道”的绝佳机会。各诸侯国国君为了招纳贤士，都不惜重金，于是，士阶层开始兴起。齐国的孟尝君“食客三千有余人”①。赵国的平原君“喜宾客，宾客盖至者数千人”②。魏国的信陵君“为人仁而下士……致食客三千人”③。楚国的春申君“客三千余人，其上客皆蹑珠履”④。以上现象说明，诸侯已经认识到士人的去留能够决定一国的兴衰，而各国诸侯也为了国家强大而四处收罗人才并尊重人才，于是，养士在此时逐渐成了一种社会风气。

那么，士阶层和中国传统文化是什么关系？其实，士阶层是当时的知识分子阶层，按照今天的说法是，士人是拥有高学历的知识分子，是能够将其知识和才华转化为生产力的“高级知识分子”，他们是儒家、法家、道家、墨家、农家、纵横家等诸子百家的代表，他们深受中国传统文化的影响。从基础教育的层面看，首先是受过“六艺”教育，然后刻苦钻研，所以才成就了他们独到的学术见解，或者精于战争术，以孙膑和庞涓为代表；或者精于外交术，以张仪和苏秦为代表；或者精于政治改革，以商鞅和李悝为代表。《战国史》曾说：“在战国时代的社会大变革中，各个学派的代表人物，从不同的阶级和社会集团的利益出发，著书立说，议论政治，阐述哲理，展开思想上的斗争，形成‘百家争鸣’。”⑤ 成功地提高其主人的名声，是春秋士人的基本技能。如历史上孟尝君手下的冯谖就成功地策划了提高其主人形象的一系列公关事件。冯谖烧毁债券的“买义”行为打造孟尝君“仗义疏财、爱民如子”高大形象。孟尝君吩咐冯谖去薛地收债，他假托孟尝君的旨意，免除所有债款，并随即烧毁了那些借契。他是这样回答孟尝君的：“现在您有个小小的薛邑，不把那里的人民看作自己的子女，抚育爱护他们，反而趁机用商人的手段在他们身上谋取私利。我私自假托您的命令，把债款送给了老百姓，随即烧毁了那些借契，老百姓高呼万岁，这就是我用来给您‘买义’的方式啊。”冯谖通过焚烧债券的行为为孟尝君打造了疏财仗义的高大形象。孟尝君在齐国的相国地位岌岌可危，于是冯谖

---

① 司马迁．史记［M］．北京：中华书局，1959：2362.

② 司马迁．史记［M］．北京：中华书局，1959：2365.

③ 司马迁．史记［M］．北京：中华书局，1959：2377.

④ 司马迁．史记［M］．北京：中华书局，1959：2395.

⑤ 杨宽．战国史［M］．上海：上海人民出版社，1980：404.

策划秦国要聘请孟尝君为相的公关事件，冯谖对秦王说："孟尝君是难得的人才，现在孟尝君在齐国受到了奸人的忌妒，受到齐王的疏远，壮志难酬，如果诸侯国中谁慧眼识珠重用他，谁就会国富兵强，称霸诸侯。"冯谖的一番话，打动了秦王的心，于是秦王答应为孟尝君让出相位，即遣使者驾车十辆载黄金百镒往齐迎接孟尝君。冯谖先赶回齐国，提醒孟尝君说，秦国都派来车十乘载着厚礼来迎接您了，这件事情齐王一定会知道。秦国的使者往返三次，孟尝君坚决推辞不就，冯谖以上的公关策划为孟尝君打造了"仗义疏财、忠于国家"的高大形象。齐王听到这些情况，君臣都惊慌害怕起来，就派遣太傅送一千斤黄金、两辆彩车、一把佩剑给孟尝君。封好书信向孟尝君道歉说："我很倒霉，遭受祖宗降下的灾祸，又被那些阿谀奉承的人所迷惑，得罪了你。即使我不值得您帮助，也希望你能顾念同宗的情分，回来辅佐我吧，让我们共同为齐国出力吧！"紧接着，冯谖提醒孟尝君说："你可以答应继续担任相位，同时向齐王提出在薛邑建立宗庙，将先王传下的祭器安放到宗庙。"齐王爽快地答应了孟尝君提出的要求，并拨付资金兴建了宗庙。冯谖的这一次公关行为是为孟尝君打造一个与齐王"同宗共庙"的"孝子"形象。冯谖的数次公关活动对孟尝君的政治事业极为有利，《战国策》有评语曰："孟尝君为相数十年无纤介之祸者，冯谖之计也。"①

为孟尝君赢得声誉的不仅冯谖一人，孟尝君手下有一个叫夏侯章的人，生卒年不详，《战国策·齐策三》载："孟尝君奉夏侯章以四马百人之食，遇之甚欢。夏侯章每言未尝不毁孟尝君也。"② 他策划提高主人形象的方法看起来很特别，孟尝君用"四马百人"之食供奉着他，但他每次都出言不逊诋毁孟尝君，孟尝君却依然供奉着他，这样做是为了彰显孟尝君的雅量，其实是以自己的声誉作注去博取更大的声誉。此等做法不可谓不特别，夏侯章的策略是通过"毁"孟尝君的策略而博取了孟尝君高尚的品格。魏子和栗贤者都是孟尝君门下所养的士，他们对孟尝君的贤德美名也曾做出重大贡献。《史记·孟尝君列传》曰："孟尝君相齐，其舍人魏子为孟尝君收邑入，三反而不致一入。孟尝君问之，对曰：'有贤者，窃假与之，以故不致入。'孟尝君怒而退魏子。居数年，人或毁孟尝君于齐愍王曰：'孟尝君将为乱。'及田甲劫愍王，愍王意疑孟尝君，孟尝君乃奔。魏子所与粟贤者闻之，乃上书言孟尝君不作乱，请以身为盟，遂自刭宫门以明孟尝君。愍王乃惊，而踪迹验问，孟尝君果无反谋，乃复召孟尝君。

---

① 刘向．战国策［M］．北京：中华书局，2005：122.
② 刘向．战国策［M］．北京：中华书局，2005：114.

孟尝君因谢病，归老于薛。愍王许之。”① 魏子的“赠粮”和栗贤者的“刎颈宫门”，都为孟尝君在百姓中赢得了贤德美名。还有公孙戍，他也曾成功宣传孟尝君的贤良美德，这无形中也增强了孟尝君在国家中的影响力。《战国策·齐策三》载：“孟尝君出行五国，至楚，楚献象床。郢之登徒直送之，不欲行。见孟尝君门人公孙戍曰：‘臣，郢之登徒也，直送象床。象床之值千金，伤此若发漂，卖妻子不足偿之。足下能使仆无行，先人有宝剑，愿得献之。’公孙曰：‘诺。’……孟尝君曰：‘善。受之乎？’公孙戍曰：‘未敢。’曰：‘急受之。’”②

上述史料是说，当孟尝君出巡到楚国的时候，楚王想赠送象床给孟尝君，但郢人登徒不想接受这份差事，当时就找了公孙戍，与他商量此事，那人说，我是郢人登徒，如今我当班护送象牙床，以献薛公，可是那床价值千金，稍有损坏，即使卖掉了妻室儿女也赔不起。先生不如设法让我免掉这个差使，愿以先人宝剑为报。公孙戍很痛快地答应了。回去之后，公孙戍便极力劝说孟尝君，使其欣然接受公孙戍的建议，不要楚王的礼物。这在很大程度上传扬了孟尝君的名声，就连孟尝君本人也叹道：“有能扬文之名，止文之过，私得宝于外者，疾入谏。”③ 因此，孟尝君门下士人在策划传播主人的知名度上做出了巨大贡献，并成功地增加了孟尝君的美誉度。

分析完了孟尝君的情况，下面再来分析信陵君、平原君和春申君手下的“士”是如何增加主人声誉的。

首先，来看信陵君，其门下有一个叫侯嬴的门客，为了成全信陵君的谦让之风，他不惜“以身见贤”。《史记·魏公子列传》载曰：“侯生因谓公子曰：‘今日嬴之为公子亦足矣。嬴乃夷门抱关者也，而公子亲枉车骑，自迎嬴于众人广坐之中，不宜有所过，今公子故过之。然嬴欲就公子之名，故久立公子车骑市中，过客以观公子，公子愈恭。市人皆以嬴为小人，而以公子为长者能下士也。’”④ 侯嬴为了成就信陵君的贤能之名，策划了一个这样的场景，让信陵君亲自驾车迎接侯嬴这样一个城门守门的小吏，故意让公子的车骑久等，而侯嬴和朋友在谈话中暗暗观察公子的表情，公子的表情越发恭敬，市场上的人越认为侯嬴是小人，这样才越能体现公子是礼贤下士的长者。侯嬴的策划非常成功，

① 司马迁. 史记［M］. 北京：中华书局，1959：2356-2357.
② 刘向. 战国策［M］. 北京：中华书局，2005：116-117.
③ 刘向. 战国策［M］. 北京：中华书局，2005：116-117.
④ 司马迁. 史记［M］. 北京：中华书局，1959：2378.

成就了信陵君的贤能美名，也让自己从此成为信陵君的座上宾。

其次，来看平原君，其下的门客是如何为平原君塑造形象的。《史记·平原君虞卿列传》曾载曰："平原君家有座高楼面对着下边的民宅，民宅中有个跛子，总是一瘸一拐地出外打水，平原君的一位美丽的妾住在楼上，有一天她往下看到跛子打水的样子，就哈哈大笑起来。第二天，这位跛子找上平原君的家门来，请求道：'臣闻君之喜士，士不远千里而至者，以君能贵士而贱妾也。臣不幸有罢癃之病，而君之后宫临而笑臣，臣愿得笑臣者头。'平原君笑应曰：'诺。'躄者去，平原君笑曰：'观此竖子，乃欲以一笑之故杀吾美人，不亦甚乎！'终不杀。居岁馀，宾客门下舍人稍稍引去者过半。平原君怪之，曰：'胜所以待诸君者未尝敢失礼，而去者何多也？'门下一人前对曰：'以君之不杀笑躄者，以君为爱色而贱士，士即去耳。'于是平原君砍掉嘲笑士人的美妾的头颅，随后，门下的士人又重新恢复如初。"① 平原君门下的门客通过集体辞职的形式威逼平原君杀死讥笑跛脚之人的侍妾，看起来有些残忍，且不符合法律规章制度，但平原君门下的门客是想通过这一事件树立平原君"贵士贱妾"的光辉形象，虽然代价有点大，方法也不可取，但该事件确实为平原君塑造了"重士轻色"的形象。除此之外，平原君门下也有类似为主人传播美名的士人，以公孙龙为例。赵惠文王六年（公元前 293 年），公子赵胜被封为平原君，平原君喜好名家论辩之言，公孙龙是其著名的门客之一，《史记·平原君虞卿列传》曾记载"平原君厚待公孙龙"②。公孙龙没有直接策划提高平原君声名的公关事件，但其在平原君门下多年，吸引大批知识分子来平原君处辩论，并积极传播名家思想的行为，也间接为平原君带来了声名。

最后，来看春申君门下的门客是如何为春申君塑造形象的。《史记·春申君列传》曾记载了这样一次事件："赵平原君使人于春申君，春申君舍之于上舍。赵使欲夸楚，为玳瑁簪，刀剑室以珠玉饰之，请命春申君客。春申君客三千馀人，其上客皆蹑珠履以见赵使，赵使大惭。"③ 从以上史料可知，春申君对待门客待遇优厚，其上客皆蹑珠履，使得赵国使者感到惭愧，一定程度上反映了春申君厚待宾客，这次事件也间接宣传了春申君"厚客"的名声。

二、古代诸侯或者君王的形象策划

古代的诸侯或者位高权重的大臣，有些是未来君王的候选人，为了达到

---

① 司马迁．史记［M］．北京：中华书局，1959：2365.
② 司马迁．史记［M］．北京：中华书局，1959：2370.
③ 司马迁．史记［M］．北京：中华书局，1959：2395.

“闻达天下”的目的，通常都会精心策划一些公关事件，使得其在未来争夺“天下之主”的竞争中处于舆论的有利地位。刘邦的“约法三章”就是一个很好的个人形象策划。

公元前206年，刘邦在秦国灭亡后对诸县父老豪杰说：“父老苦秦苛法久矣，诽谤者族，偶语者弃市。吾与诸侯约，先入关者王之，吾当王关中。与父老约，法三章耳：杀人者死，伤人及盗抵罪。馀悉除去秦法。诸吏人皆案堵如故。”① 关于“约法三章”对西汉政权的建立起了何种作用，现代的史学工作者存在着不同的看法：一种观点认为刘邦仅仅是代表着地主阶级的利益，持这种观点的有著名的历史学家翦伯赞，他在《秦汉史》中写道，“约法三章”的内容，仅仅是保护商人地主的生命、财产和政治利益；一种意见认为，它代表农民阶级的利益，持这种观点的有著名的明清史专家顾诚，他在《谈刘邦向地主阶级转的标志》中认为，“约法三章”是农民阶级的革命政策；一种意见认为它同时反映了地主阶级和农民阶级的要求，持这种观点的有学者彭年，他在《“约法三章”新论》一文指出：“约法三章”同时反映了农民平等要求和地主的禁“盗”要求。以上三位学者的分析都有道理，很难判断孰是孰非，但从公关的角度来分析，刘邦的“约法三章”目的只有一个：拉拢人心、树立威信，为将来的“君临天下”奠定坚实的舆论基础。刘邦乃一介莽夫，史料记载，当其攻下咸阳城后，面对扑面而来的金银和美女，曾一度眼花缭乱，似乎要失去继续进取的雄心壮志，但随后他突然醒悟过来，能够想到推出“杀人者死”“伤人及盗抵罪”和“馀悉除去秦法”等多项政策，不是刘邦有多高明，只是刘邦十分开明，“约法三章”是刘邦帐下的谋士（主要是张良、韩信等人）为主公设计的对老百姓“秋毫无犯”形象的对策，通过“约法三章”先让关中的百姓知晓刘邦“秋毫无犯”的形象，这有利于刘备在关中称王，也为他将来与项羽争夺天下奠定了坚实的舆论基础。

韩信对“约法三章”的分析是“项王所过无不残灭者，天下多怨，百姓不亲附，特劫于威强耳，名虽为霸，实失天下心，故曰其强易弱”②。“大王之入武关，秋毫无所害，除秦苛法，与秦民约，法三章耳，秦民无不欲得大王王秦者”③。与项羽粗犷鲁莽导致大失人心相反，刘邦自颁布“约法三章”后，得到了农民和地主阶级的多方支持，“天下之士归于汉王”“豪英贤才皆乐为之

---

① 司马迁．史记［M］．北京：商务印书馆，2020：206.
② 司马迁．史记［M］．北京：中华书局，1982：2619.
③ 司马迁．史记［M］．北京：中华书局，1982：2619.

用”①。刘邦自己也说：“今吾以天之灵，贤士大夫定有天下，以为一家。”② 刘邦进入关中后，虽然在实力上明显不如项羽，但刘邦善于公关，与关中父老“约法三章”，取得了关中父老的信任和支持，使得关中父老“唯恐沛公不为秦王”③。韩信对后来楚汉战争分析道：“大王举而东，三秦可传檄而定也。”④ 后来局势的发展，果如韩信所言，刘邦再次进入关中，很快就平定司马欣等诸侯，稳定了关中局势。可以说“约法三章”发挥了它的公关威力，而刘邦此时也实现了他当关中王的目的。

李世民在唐朝的建立过程中立下赫赫战功，这使得他成为未来皇位有力竞争者，但“立长不立幼”的原则对李世民非常不利，如此一来，“真英主论”就成为对李世民非常有利的舆论利器。《旧唐书·卷二·太宗本纪上》有这样的记载，有一书生谒见李渊说：“公在相法，贵人也，然必有贵子。”等见到太宗本人又说：“龙凤之姿，天日之表，年将二十，必能济世安民。”以上都是暗示李世民将来要荣登大位的话语，怎么会在《旧唐书》书中出现？唯一的解释就是，李世民事先为争夺皇位而造民间舆论，特别到李世民立了军功后，这一舆论的作用就更大了。类似的话语还在《新唐书》中出现，《新唐书》卷 76 有这样的记载，文德皇后的伯父长孙炽常对其弟长孙晨说高祖李渊为“明睿人，必有奇子，不可以不图昏（婚）”。“故晟以女适太宗。”把李世民说成是“奇人”，同样起到舆论准备的作用，到后来甚至发展到《新唐书》卷 2 所描写的那样，武德元年（618 年）时李密“见太宗不敢仰视，退而叹曰：‘真英主也。’”这事发生在李渊已经立长子建成为太子之后，这种话语是与皇帝的旨意相违背的，如果没有李世民的怂恿或者暗示，李密会如此鲁莽行事吗？

以上种种似乎佐证这一点，李世民在发动“玄武门”政变之前，在舆论上也是在积极谋划，要在普通百姓心中塑造自己的“英主”形象，一旦用武力夺取了皇位继承权，宗法道义上不易被权臣所接受，但推出“真英主论”似乎也是说得通的。李世民夺权后，果然把玄武门斩杀建成元吉比作历史上的周公诛管蔡，虽然从宗法道义上逻辑混乱，但如果套用“真英主论”则是另一种结果。

王莽在称帝之前的身份是东汉的重臣，但要完成臣子向君王的转变是需要进行重大公关的，所以，王莽在登基之前做了两次重大的公关策划。第一次是

---

① 司马迁．史记［M］．北京：中华书局，1982：2698.

② 班固．汉书［M］．北京：中华书局，1962：59.

③ 司马迁．史记［M］．北京：中华书局，1982：362.

④ 司马迁．史记［M］．北京：中华书局，1982：2620.

将有“告安汉公莽为皇帝”的石头埋入深井中，然后又命专人装作在无意中浚井时挖出这块事先做好的石头，石头挖出后，在民间大造“王莽称帝是天意使然，民间不得违抗”的舆论。第二次是诱使梓潼人哀章去制作铜匮，内藏《天帝行玺金匮图》与《赤帝行玺某传予黄帝金策书》，伪托汉高祖遗命，这件事情的本质是借高祖之口“证明”王莽称帝的合法性。这样里应外合，王莽称帝就“名正言顺”。

在儒家看来，君而无道则不成其为君，放逐无道昏君或者取而代之，甚至诛而杀之都是合乎道义的，这也是“内圣外王”的必然要求。孟子说：“闻诛一夫纣矣，未闻弑君也。”① 荀子也说：“诛暴国之君若诛独夫。”② 不仅如此，他还补充道：“夺然后义，杀然后仁，上下易位然后贞，……汤武是也。”③ 这些理论对王莽来说无疑是篡位的最好理论根据和舆论工具，于是他策划了以上两个公关事件，无非是向天下证明，汉王朝天命不再，到了改朝换代的时间了，而我是不二人选，所以，我取汉而代之是众望所归。

公元 8 年，王莽诏告天下，代汉自立，易天下之号为“新”，从此，王莽正式走上了政治舞台。在这里，王莽利用民间的传说加上伪托汉高祖遗命“名正言顺”地登上了皇位。对此，徐复观认为：“王莽早先既被认为是儒家的代表人物，则汉室德衰，由王莽取而代之，乃儒家‘天下为公’的理想之实现。”④

没有登上大位之前的诸侯或者重臣要利用公关来为自己上位制造舆论，已经上位的帝王由于某种特殊的原因也要利用公关来巩固自己的帝位，没有登基之前的刘邦、李世民和王莽属于第一种情况，登基之后的李世民、朱棣和赵恒属于第二种情况。

“玄武门事件”是李世民永远挥之不去的“污点”，没有登基之前，李世民做了大量的公关工作，为自己顺利上位创造宽松的舆论环境，但在采取特殊的方式（宫廷政变）登基之后，李世民面临的舆论压力更大，第一是道义上的压力，发动政变铲除法定的皇位继承人是否正确？第二是良心上的压力，同室操戈是否符合封建礼制？第三是政坛业绩上的压力，自比周公，以“英主论”的外衣登上皇帝宝座，又是否能够创造不负天下苍生的“不世业绩”？终其一生，李世民都在为减轻上述三种压力而进行各种公关，其一，没有全部杀死李建成的旧部，仍然重用魏征；其二，贞观十六年（642 年）封已故李建成为隐太子，

---

① 孟子．孟子［M］．长沙：岳麓书社，1998：308.
② 荀子．荀子［M］．长沙：岳麓书社，1987：58.
③ 荀子．荀子［M］．长沙：岳麓书社，1987：39.
④ 徐复观．两汉思想史［M］．北京：生活·读书·新知三联书店，1962：458.

并过继自己的儿子到李建成名下；其三，在蝗虫肆虐年代“吃蝗虫”表演；其四，多次放弃泰山封禅的机会。

也许李世民从同室操戈的惨烈中生出悔意，为了弥补良心上对建成的亏欠，李世民封已故李建成为隐太子，并把自己的儿子过继到李建成名下，这是很好的亲情公关，为的是树立李世民“重人伦”的形象（不是六亲不认冷血形象）。重用魏征，广开言路是为自己树立宽容豁达有肚量的明主形象。李世民多次放弃泰山封禅典礼，是为了树立实干兴邦不求虚名的圣主形象。在蝗虫肆虐年代“吃蝗虫”表演为李世民树立了爱民如子的形象。

《唐太宗吞蝗虫》曰：“贞观二年，京师旱，蝗虫大起。太宗入苑视禾，见蝗虫，掇数枚而咒曰：‘人以谷为命，而汝食之，是害于百姓。百姓有过，在予一人，尔其有灵，但当蚀我心，无害百姓。’将吞之，左右遽谏曰：‘恐成疾，不可。’太宗曰：‘所冀移灾朕躬，何疾之避?’遂吞之。自是蝗虫不复成灾。”唐太宗见蝗虫要与百姓争夺食物，认为“是害于百姓”，可见他想到的是苍生，忧虑的是民生。然后又说：“百姓有过，在予一人，尔其有灵，但当蚀我心，无害百姓。”① 接着不顾生病的危险吞食蝗虫，其甘愿为人民牺牲的高大形象跃然纸上，其护民之心可谓千古绝伦。

朱棣也是一位登上帝位还需要公关的皇帝，永乐元年（1403 年），明成祖接到礼部尚书李志刚等人的上疏后，立即决定迁都北平。朱棣迁都的原因很多，如国家经济、政治和国防发展等方面的需要，但不是全部，朱棣迁都的另一个重要的原因是政权的稳定。明成祖朱棣是以“靖难”为名从建文帝手中夺得皇位的，这与儒家正统观念不符，朱棣上位后对数百位不愿意迎降的建文旧臣进行了大肆屠戮，经过这番清洗，建文旧臣几乎消失殆尽，但屠戮终究不是改变政治方向的根本性措施，只要南京还是首都，就不能绝对保证篡位的朱棣可以真正控制中央朝廷，更不能保证其大政方针能获得不折不扣的施行，于是迁都北京在这种背景下有条不紊地推进。换言之，在故都南京，朱棣的政权合法性明显不足，他本人的自信也不能完全建立起来，换北京做首都，情况就会发生变化，所以，朱棣才会极力促成迁都。

中国历史还有一位需要通过重大的公关活动来证明自身政权合法的皇帝，他就是历史上赫赫有名的宋真宗，他通过策划天书事件（宋真宗的天书事件开了中国历史上大型公关的先河），进而泰山封禅，人为地塑造宋朝国泰民安的光辉形象，最终摆脱签城下之盟的困境。与辽国签署《澶渊之盟》，使得北宋陷入

① 吴兢．贞观政要［M］．上海：上海古籍出版社，2007：769.

政治上不得民心的困境，为了尽快摆脱这一困境，宋真宗自导自演，策划了历史上著名的祥瑞事件——天降天书，并以此为借口，在泰山举行盛大的封禅大典，所有的这一切，都是为了摆脱打了胜仗却签了耻辱条约的困境。要重振民族精神的方法有很多，如建设强大的军队和快速发展本国的经济等，但宋真宗从精神层面下手，希望通过泰山封禅这种盛世大典向外国使者炫耀宋廷的威严，从而洗刷宋朝君臣内心的屈辱，进而重振民族精神。但这种弄虚作假的政治操弄耗资巨大，不仅仅给北宋的百姓带来了沉重的经济负担，而且损害了北宋的政治清明。

第三节　中国古代政府赦免制度

中国古代政府的赦免制度毋庸置疑是一项非常“得人心”的制度，它的实行有助于调和统治阶级与普通百姓的矛盾，也有助于提高政府的形象。

自春秋战国至明，以匡衡、吴汉、王符、孟光、胡寅、王安石、马端临、邱濬等为代表皆反对大赦，认为“赦非善政，不可轻用”。其理由如下：

频繁地大赦，破坏了法律的威严。上文所引管子之语，表明了法家对赦免的看法，即“赦出则民不敬，惠行则过日益”。汉代思想家匡衡也力陈大赦之害。他认为，大赦原意在于表现皇帝“与民更始”的德政，但事实上却不如人愿：“大赦之后，奸邪不为衰止，今日大赦，明日犯法，相随入狱。”《汉书·匡衡传》写到这种“法外之仁”严重地破坏了法律的威严。明代邱濬总结历代大赦制，认为不分范围的大赦不仅使法律失去作用，而且使仁政也变得虚假，不能感化人心，非独刑法不足以致人惧，而赦令不足以致人感也。这正如东汉王符所说的“民之轻为盗贼，吏之所以易作奸匿者，以赦赎数而有侥望也”。

“大赦制”不能惩罚罪犯，却伤及良民。王符认为，“今日贼良民之甚者，莫大于数赦”。良民之家，以孝悌为本，修身慎行，不犯王法，犯法者多为恶徒，赦令则恰恰是将皇上的恩泽加在恶徒身上，于是“恶人昌而善人伤”。唐太宗曾对侍臣说：“古言赦者，小人之幸，君子之不幸，一岁再赦，善人喑哑。”因此，唐太宗对发布赦令非常慎重，从不轻易赦免。①

近代以来，赦免制度的消极性特征一度被人为地扩大化，在近代刑法学鼻祖贝卡利亚眼中赦免制度“损害了立法独立和司法独立，不利于维护法律尊

---

①　董念清．论中国古代的赦免制度［J］．兰州大学学报，1996（3）：93-99.

严”。被视为对三权分立政治原则的一种威胁。之后的一些刑法学家坚信贝卡利亚的断言，认为法治化社会不能容忍遗留太多人治痕迹的赦免制度。霍姆斯曾告诫：“法律的生命不在于逻辑，而在于经验。”但我国法学界鲜有人从历史经验的角度，沿着古代赦免制度存在的历史合理性研究下去。而概观当世之法治发达国家和地区，无论是英、美、德、法，还是新兴法治国家日、韩，其赦免制度不仅没有废弛，反而经过在法理上脱胎换骨式的性质转变与观念革新，成为国家治理制度中不可或缺的一环。因此笔者认为，作为彰显封建帝王恩德的赦免制度既然能够在西方法治社会中存在，可能正是因为这种性质的共性特征决定了赦免制度在法治框架内仍有其立足之地。亦即是说，在现代法治语境下，赦免制度仍有其存在之价值，适用得法亦可能发挥其应有之功能。①

一、中国古代赦宥制度之源起与发展

中国传统赦宥制度发轫于“上古”或“三代”时期，至今已有数千年的历史。“赦”字很早即出现在汉字中，《说文》载：“赦，置也。”所谓“置”，古文为释放之义，也就是说，汉语中的赦免为国家释放罪犯之意。在秦、汉、唐、宋、明、清等王朝的刑律中，都有赦宥制度的相关规定。对于我国赦宥制度的起始年代，学界一直有争议。一说认为赦宥起源于周，因为《周礼》中有“三赦”的提法：“一赦曰幼弱；再赦曰老旄；三赦曰惷愚。”即国家可以对幼弱、年老、智力缺陷的罪犯施行赦免。《尚书·吕刑》中也有“五刑之疑有赦，五罚之疑有赦”的说法，指的是断狱定案有疑难时，根据罪疑唯轻的原则进行赦免。上述典籍至少说明，西周已有赦宥制度。另一说认为赦宥起源于周之说有待商榷，毕竟从制度化成熟的程度看，绝非始创于周代，而是承自商代甚至夏代的。② 更多的学者则从《尚书》等记载三皇五帝时期的史书中考证出赦宥产生于上古时期。《尚书·尧典》中有“眚灾肆赦”，其注云：“眚，过；灾，害；肆，缓；贼，杀也。过而有害，当缓赦之。”意指因为过失或不幸而犯罪可以得到赦免。同时《尚书·大禹谟》中还有舜帝执政时期大禹运用赦宥降伏三苗叛乱的记载，以上记载可以说明，上古五帝或夏商周三代之时，我国已有赦宥制度之雏形。

“三代”之后，赦宥制度在争议中不断发展。多数朝代的史料中都有关于君

① 伍操．赦免制度的历史存在及其现实合理性刍议［J］．重庆师范大学学报（哲学社会科学版），2009（5）：103-107.

② 蔡枢衡．中国刑法史［M］．南宁：广西人民出版社，1983：185.

王赦免罪犯囚徒的记录，尤其在封建社会初期，赦免施行十分频繁。以汉代为例，西汉初年，汉高祖在位期间共赦免 9 次，汉景帝在位 16 年赦免 5 次，汉武帝在位 55 年赦免 18 次。到西汉中末期赦免盛行的状态得以延续。汉昭帝登基之初就大赦天下，据《汉书·昭帝纪》载："后元二年二月，武帝崩。戊辰，太子即皇帝位，谒高庙。夏六月，赦天下。"昭帝在位 13 年赦免 7 次。而元帝、哀帝在位分别 15 年和 6 年，赦免也达 10 次和 4 次之多。东汉继续保留了西汉"大赦天下"的传统，以东汉光武帝为例，其立后、建储（立太子）时皆施行过全国大赦，其在位 33 年中就施行过赦免 19 次。① 至东汉末年，大汉帝国岌岌可危之时赦令更是多到几乎每年一赦的境地。据统计，汉安帝在位 19 年运用赦令 19 次，顺帝在位 19 年赦免 15 次，桓、灵帝时，也分别赦免过 21 次和 15 次之多。② 魏晋南北朝以后，随着国家政治局面趋于稳定，君王施行赦免次数逐渐减少。尤其是盛唐时期，统治者大多持"赦不妄下"的谨慎态度，《永徽律疏》中就有"常赦所不免""会赦犹流""会赦犹除名""会赦犹征正赃""会赦应改正、征收""会赦犹离之"等规定，这些制度在一定程度上避免了"滥赦"情形的发生。然而，"赦不妄下"并非不能施行赦免。即使是很少施赦的明清统治者，在推行"重典治乱世"过程中也认为赦免是"法外之仁"。如《清朝通制》中就记载，虽然执行刑法应"协中毋枉毋弛"，但遇到"庆覃大典或逢水旱偏灾"也是可以施行赦免的。由此可见，赦宥制度几乎存在于古代中国的历朝历代，大致经历了"从无到有""由少及多""自滥趋简"的历史过程。就其特征而言，赦宥的理由多样，以汉代为例，"大丧""帝冠""郊""祀明堂""临雍""封禅""立庙""徙宫""定都""从军""支捷""年丰""祥瑞""灾异""劭农""饮酎""遇乱""巡狩"等都可以作为赦免的理由和条件；赦宥的类型复杂，如唐代的赦宥就包括"赦""大赦""曲赦"和"德赦"等具体形式；赦宥的程序庄重，明代的赦免仪式分为"颁诏仪"和"迎诏仪"两个独立的组成部分，颇具"权力演示"之意味。就其存在的意义而言，上文所提及的赦宥制度在中国古代几千年的存在证明了赦免制度本身蕴含的某种客观价值。

二、赦宥制度的主要功能

彰显统治者恩德。王朝的更替，天子的即位，都可借大赦来宣告，赦免诏书的颁布宣告了新王朝、新帝王的正统统治地位，宣布了新的统治秩序的开始，

---

① 邬文玲．汉代赦免制度研究［D］．北京：中国社会科学院大学，2003.

② 邬文玲．汉代赦免制度研究［D］．北京：中国社会科学院大学，2003.

也树立了统治者的权威。入主中原后的顺治帝在即位大赦中宣布："我国家受天眷佑，肇造东土。列祖创兴宏业，皇考式廓前猷，遂举旧邦，诞膺新命。迨朕嗣服，越在冲龄，敬念绍庭，永绥厥位。顷缘贼氛洊炽，极祸中原，是用倚任亲贤，救民涂炭……"① 顺治帝在赦免诏书中对满族统治者的艰苦创业做了叙述，并认为其满族统治是"受天眷佑"，遂能"诞膺新命"。顺治帝对满洲统治者能够成功建立统治的原因用中原汉族人民普遍信仰的"天"的观念来解释，借以"天佑"来获得中原人民对其统治的认可。而满洲统治者入主中原代替中原汉族统治者的原因，顺治帝将其称为"救民涂炭"，这等于是将清初统治者对中原人民反抗进行的残酷镇压附上了正义的色彩，满洲统治者入主中原建立统治不是因为个人和民族"私义"，而是为了救中原人民于水火之中的"大义"。赦免诏书内容的起始部分，顺治帝用天命（"天佑"）和道义（"大义"）来彰显自己统治的正统地位和正义色彩，在树立其统治权威的同时，也在极力争取人民的认同。从刑罚赦免到蠲除逋赋，赦免诏书内的这一系列措施，都是新王朝、新帝王在天下还未完全平定的时期，为了获得人民的认同与支持，所做的稳定人心、维护其统治的重要措施。在满洲统治者入主中原民族初期，面对满汉民族矛盾，汉族人民无法认同"异族"统治的情况，统治者这一系列赦宥措施起到了一定的惠民作用，在彰显其"仁德"的同时，也在一定程度上获得了人民的支持与认同。总之，清前期通过赦宥刑罚、蠲除逋赋、抚恤百姓、优赏百官等措施，使得百姓和官僚队伍都可从赦宥中获益，有助于增强百姓的认同感，也有助于提高官员对统治者的忠诚度。对统治者树立"仁德"形象，拉拢人心起到了一定的积极作用。②

不仅仅对平民百姓特赦，而且对官员也进行赦免。但官僚阶级队伍也是封建统治的重要组成部分。清前期统治者除了通过赦宥施恩于百姓，获取平民的支持外，也通过赦宥手段对官僚队伍进行了拉拢。清前期除了有官员适用的赎刑条例外，在大赦中还有专门针对官员的赦免条款，如顺治五年（1648 年）大赦"凡系在议革、议降、议罚及住俸戴罪并内外衙门提问究拟者，尽与豁免。各官已经罚俸，住俸戴罪者俱免……"③。

缓和社会矛盾。赦宥制度是国家政治政策调控的重要手段，它的运用也是为了满足现实社会政治的需要，从这个意义来看，赦宥制度的不定期实行，也

① 佚名．清世祖实录［M］．北京：中华书局，1985：115.
② 孟玉莹．清前期赦宥制度研究［D］．长沙：湖南师范大学，2020.
③ 佚名．清世祖实录［M］．北京：中华书局，1985：273.

是和社会的不断变化有着密切的联系。在很多时候，清前期的赦宥制度是作为缓和社会矛盾、维持社会秩序的一种重要策略而被使用的。

投诚免罪是统治者利用赦宥手段缓和社会矛盾、维持社会秩序的一个重要表现。清前期统治者在天下还未完全平定、地方仍有反抗的情况下，选择采取用投诚免罪的赦宥方式，来招降对抗势力，用柔化的政策来解除所面临的社会危机。

顺治四年（1647 年）在面对广东初定、部分地区仍存在反抗势力的情况下，顺治帝依旧采取赦宥的“怀柔”政策：“旧日领兵各官带兵来归，具表投降者，概赦前罪。果有功绩，仍行升赏……土寇有胁从共擒贼首、赴官连名自首者，俱准赦罪，仍行升赏。凡讹言妖术，煽惑平民、烧香聚众，伪造符契、拥集兵仗，除传头会首不赦外，其胁从人等，果改邪归正者，前罪免论。广东近海，凡系漂洋私船，照旧严禁。至巨寇、并罪逃之人，窟穴其中，勾引剽掠，虽从前犯有过恶、如能悔过投诚，概免其罪。即伪官逆将，寄命海上者，果能真心来投，亦开其自新之路。”① 对明朝旧兵、海盗能有悔过自新、真心投诚者，都免除他的罪责。而对于祸乱社会的土寇和妖言惑众者，则是只将胁从者予以赦免，为首者仍照律处置。将叛乱者分为主谋与胁从，一方面对主谋者施于严惩，另一方面又对主动投诚的胁从者咸加赦宥，不仅赦免其罪，还对有功绩者给予升赏。这样一来，清统治者就可以通过恩威并济的方式，将更多的人招降至其统治秩序下，以缓解其政治社会危机。

康熙十二年（1673 年），康熙帝做出撤藩的决定，“三藩之乱”爆发，在平定三藩的过程中，康熙帝采取赦宥政策，诏诱叛贼，在补充兵力的同时，也能瓦解叛贼内部力量，从而缓解危机。康熙十七年（1678 年），特赦吴三桂旗下伪总督董重民，谕大学士等：“逆贼吴三桂背恩倡乱，其荼毒生民，肆行逆恶，罪在贼渠吴三桂，与胁从之人无涉，彼所部人员，如能悔罪投诚，概行宽免。屡经有上旨，今伪总督董重民，宜即正典刑，但朕已屡上旨宽宥，尔等会同兵刑二部堂官，将董重民免死释放，同解罪人，亦俱宽释。”② 康熙十八年（1679 年），再次招降王屏藩、胡国柱、马宝等叛军势力，谕云“尔等本系吴三桂藩下之人，曾授世职……尔等若悔罪归诚，其从前抗拒之罪、悉为赦免，仍论功叙录。至尔等标下将士，如同心归正亦概从宽宥，酌量加恩”③。事实证明赦免

① 佚名．清世祖实录［M］．北京：中华书局，1985：274.
② 佚名．清圣祖实录［M］．北京：中华书局，1985：909.
③ 佚名．清圣祖实录［M］．北京：中华书局，1985：1083.

“从反官民”（非主犯）的做法确实甚有成效，在利用赦宥的“怀柔”政策下，主谋严惩、胁从赦宥，恩威并施，具有瓦解敌人内部势力、扩充自身统治力量的作用。“三藩之乱”最终也被康熙所平定。独尊儒术，儒家思想成为治国理政的指导原则，法律儒家化也由此开端。那么能够充分体现儒家“仁义”“宽刑”的赦免制度，自然会引起统治者的重视，赦免由此开始成为统治者宣扬“仁政”，维护统治的一项重要举措。

三、赦宥使用的场合

在中国“家天下”的封建社会里，大多数的时候都是战乱频繁，政局动荡不安，君主统治时常受到威胁。为了维护统治，缓和社会矛盾，解决内忧外患，赦免制度这一行之有效的措施被大肆使用。

（一）祭祀

赦宥是统治者宣扬“仁政”“广施恩德”的手段，而祭祀则是古代帝王宣扬“天人感应”“受命于天”的重要活动，这些祭祀活动带有浓重的政治色彩，必然属于国家大事，皇帝往往因此而放赦。

“郊祀礼”是指皇帝祭天的典礼，南郊祭天是典型汉族儒家国家祭典中最核心的一环。史料典籍记载隋唐两代君王多次在圜丘举行“郊祀”活动。“郊祀”活动形式内容为“敬天法祖”，即作为天子的古代隋唐君王，每逢登基、冬至、正月上辛祈谷、孟夏雩祀等重要节日，即率文武百官从明德门（今西安杨家村附近）出，赴南郊圜丘，举行祭祀，以祭拜“昊天上帝”“五方上帝”以及列祖列宗，从而祈祷来年风调雨顺、以期达到“天人沟通”等目的，祭祀之场地为今西安圜丘。有唐一代，基本有“逢郊祀必恩赦”的趋势。据《旧唐书》载武德元年（618 年）：甲子，高祖即皇帝位于太极殿，命刑部尚书萧造兼太尉，告于南郊，大赦天下，改“隋义宁二年”为“唐武德元年”。① 又载：武德九年（626 年）八月癸亥，高祖传位于皇太子，太宗即位于东宫显德殿。遣司空、魏国公裴寂柴告于南郊。大赦天下。② 以上两例郊外祭祀，礼毕之后均“大赦天下”，但亦有即位改元的原因在内。单纯的因郊外祭祀而颁布赦令是武后开始，其后历朝皇帝多因郊祀而放赦，如《旧唐书》记：“（天宝十年正月）甲午，有事于南郊，合祭天地，礼毕，大赦天下。”③ 祭祀除了郊外祭祀之外，还有祀明

---

① 刘昫．旧唐书［M］．北京：中华书局，1975：6.
② 刘昫．旧唐书［M］．北京：中华书局，1975：30.
③ 刘昫．旧唐书［M］．北京：中华书局，1975：224.

堂和封禅及亲谒太庙，“明堂”一词最早见于《逸周书》：“明堂者，明诸侯之尊卑也，故周公建焉。”① 明堂的主要意义在于借神权以布政，宣扬君权神授。一般明堂都建于城南，即所谓“布政之宫，在国之阳”②。武则天在位时期，一方面想重建明堂来彰显自己的仁德，以享无上尊荣，另一方面，重建明堂以彰显其政治地位，树立个人威望。所以明堂落成之时，武则天改明堂为“万象神宫”，允许平民百姓进入紫薇城参观明堂，据《旧唐书》载：永昌元年（322年）正月元日，始“亲享”明堂，大赦改元。由此观之，明堂对于武则天有着非同凡响的意义，明堂和恩赦都是具有儒家“仁政”的象征意义的，她将“祀明堂”与“赦免”结合在一起，无非是为了宣示自己统治的合法性、彰显自己的统治地位，正所谓“天子造明堂，所以通神灵，感天地，正四时，出教化，崇有德，重有道，显有能，褒有行者也”。

（二）政治活动

政治活动是整个有唐一代赦免占比最大的缘由，尤其是诸如即位、改元等活动更是形成礼毕必恩赦的规律。唐太宗自玄武门之变，诛太子建成、齐王元吉后，终于在武德九年（626年）八月逼迫高祖李渊让位，迎来自己的登基仪式。此时颁布大赦，一方面，新君登基，借此与万民同庆，另一方面，大赦意味着荡涤宿恶，与民更始，两者结合便是象征着太宗新统治的开展，具有“新君政始”的宣示作用。此次大赦放还武德年间的流配人大概也是出于宣扬新政开启并收买人心的用意。

巡幸是古代君王巡视地方的重要活动，一为显示自己统治疆域之广大，二为走遍诸州，检阅民生吏治，正如唐玄宗所言“向者屡遣使臣分巡诸道，察吏善恶，今因封禅历诸州，乃知使臣负我多矣”③。皇帝每到一处，大都要审阅一方政事，狱政自然是其中重要的一项事务，故一般皇帝每次出巡或者巡幸而归都会“曲赦”几个特定地区，一般是所巡之地。

（三）皇室庆典

从史书记载来看，唐朝颁行赦免的一个重要原因就是皇室举办庆典，其中最重要的就是册立皇太子、太子加元服以及皇帝册尊号、立后。封建社会国家最鲜明的特点之一就是其“家天下”属性，所以历代立储君都是皇室的重要庆典之一，既是希望以立太子的方式表明统治可以延续千秋万世，也是宣告储君

---

① 孔晁．逸周书［M］．沈阳：辽宁教育出版社，1997：52.

② 徐坚．初学记［M］．北京：中华书局，1962：327.

③ 司马光．资治通鉴［M］．北京：中华书局，1956：6768.

已定，以防其他皇子觊觎东宫之位。正如前引崔慎由所言：“太子，天下本。若立之，赦为有名。”太子作为一国储君，是国家之本，与其有关的册封、加元服等礼仪往往会伴随着恩赦的下达。

（四）天灾异象、祥瑞

当统治者在面对灾异时，也多次颁布赦令，用赦宥的手段来缓解自然灾害带来的社会弊端。“王者至贵，与天精通，心有所想，意有所虑，未发声色，天为变移……故见瑞异，或戒人主。”① 古人信奉“天人感应”，尤其是古代君王，更是宣扬自己是受命于天，是为“天子”，所以每逢天灾异象，人君会认为这是上天给自己的警告或者惩罚，所以常常通过“德赦”天下荡涤宿恶，从而达到消灾弭祸的目的。唐朝君王们常常会因为日食、月食、彗星、旱灾、水灾、祥瑞等异象而下达恩赦，如“（大历五年六月）己未，有彗星出于五车。五月己卯，有彗星出于北方。六月己未，以彗星灭，降死罪，流以下原之”②。“（贞观十一年）三月丙戌朔，日有食之。癸卯，降洛州囚见徒，免一岁租、调”③。

本章小结：

中国古代政府非常善于利用多种工具为自己的形象服务。首先，利用史官制度为自己的形象服务。作为上层建筑的重要组成部分，政府史官制度从来就是为统治阶级服务的，统治阶级让史官修的是反映君王意志、维护君王形象之史，这样一来，史官成为政府形象的“塑造者”，成为政府形象的“代言人”，史官的作用除了让后人记住历史经验教训之外，还有拔高政府形象。其次，通过公关策划，改善和提高政府正面形象，让帝王亲自参加各种祭祀仪式、让帝王亲临救灾现场指挥民众救灾、在民间策划“祥瑞”事件是三种常见的方式。最后，通过“大赦天下”塑造君王的“仁德”形象。

---

① 王符．潜夫论［M］．长沙：岳麓书社，2008：200.

② 欧阳修．新唐书［M］．北京：中华书局，1975：175.

③ 欧阳修．新唐书［M］．北京：中华书局，1975：37.

第八章

中国古代政府的危机公关

本章提要：

对于任何一个合法政府来说，危机公关都是必不可少的，当危机来临的时候（这是不可避免的），政府必须采取断然措施度过艰难时刻，如果政府应对不利，或者政策失效，轻则政府名誉受损，重则政府倒台，国家消亡。中国古代政府在传统危机思想的指导下，形成了一整套处理危机的公关政策，危机公关的手段也日趋成熟。开仓放粮、免税减役等是常规的危机公关手段，灾情严重的时候，还会启动“奢靡消费”（穷人为富人提供特别服务）政策、“捐纳赈灾”（卖官捐款）政策等。中国古代政府应对危机还有一种特殊的手段，每当天灾人祸频频出现的时候，帝王们往往会发出《罪己诏》，对自身过错与失败进行反省忏悔和自我检讨，借以消除民怨，维护政权的稳定，这一手段屡试不爽，已经成为传统社会危机公关撒手锏。

第一节　传统文化中的危机思想

中华民族在漫长的历史进程中不断地探索和积累，形成了一套在语言、思想以及行为方面具有中国特色的文化体系，这套传统的文化体系博大精深，和中国的历史一样悠久，在这套体系中，同样包括了国家如何处理危机的方法，换言之，中国传统的危机思想和中国传统文化思想是一脉相承的。首先，中国传统文化体系决定了中国传统危机思想的方向，其次，中国传统的危机思想又对中国传统思想体系做有益的补充。中国古代政府以传统的思想为武器，在解决古代危机问题上，创造性地提供了众多行之有效的方法和手段，时代在进步，虽然有些危机公关思想和方法已经被历史无情地淘汰，但有些危机公关思想和方法至今仍然值得借鉴。

一、危机意识、预防与责任

危机意识。中华传统文化的精髓之一就是乐不忘忧，时刻要有危机感，时刻要有忧患意识，这在诸子百家的作品中都有不同程度的体现。其不同学派的危机感与责任感，形成了不同学派的忧患意识。如儒家孔子的忧“道”不忧“贫”，孔子在《论语·卫灵公》里说：“君子谋道不谋食。耕也，馁在其中矣。学也，禄在其中矣。君子忧道不忧贫。”① 孔子认为，人生的终极目标是“谋道”还是“谋食”，这是一个不容回避的问题，选择不同，人生就会不同。孔子主张，人生在世，首先追求的应当是“道”，这里的“道”指的是立身处世之“道”，治国安邦之“道”。只有追求仁道，才能体现生命的价值与意义。孟子曰：“人恒过，然后能改；困于心，衡于虑，而后作；征于色，发于声，而后喻。入则无法家拂士，出则无敌国外患者，国恒亡。然后知生于忧患，而死于安乐也。”② 孟子从个人的发展和国家的兴亡两个不同的角度进一步论证忧患则生、安乐则亡的道理，最后得出“生于忧患，而死于安乐”的结论。

法家韩非子忧虑君臣关系不能互相对应，《韩非子》曰：“名实相持而成，形影相应而立，故臣主同欲而异使。人主之患在莫之应，故曰：一手独拍，虽疾无声。人臣之忧在不得一，故曰，右手画圆，左手画方，不能两成。故曰，至治之国，君若桴，臣若鼓，技若车，事若马。”③ 名、实相依赖而成立，形、影相对应而出现，所以君臣愿望相同而各自要做的事情不同。君主的祸患在于没有人响应，一只手单独来拍，虽然很快，但发不出声音来。臣子的忧患在于不能专职，右手画圆，左手画方，不能同时成功。所以说，治理得最好的国家，君主如同鼓槌，臣子如同鼓，技能如同车，事情如同马。道家老子的忧而无为，《老子》曰：“大道废，有仁义；慧智出，有大伪；六亲不和，有孝慈；国家昏乱，有忠臣。”④

首先，中国传统的危机意识表现在居安思危上，即在安稳和盛世中仍不忘将来可能出现的忧患和动荡。《系辞传》中有论述曰：“危者，安其位者也；亡者，保其存者也；乱者，有其治者也。是故君子安而不忘危，存而不忘亡，治而不忘乱，是以身安而国可保也。”⑤“安”和“危”、“存”和“亡”、“治”和

① 杨伯峻．论语译注［M］．北京：中华书局，2006：184.
② 杨伯峻．孟子译注［M］．北京：中华书局，1960：283.
③ 韩非．韩非子［M］．上海：上海古籍出版社，1989：367.
④ 冯达甫．老子译注［M］．上海：上海古籍出版社，1991：68.
⑤ 宋祚胤．周易注译［M］．长沙：岳麓书社，2000：309.

“乱”之间是相互依存、相互转化的，这告诫人们对自己的处境要时刻抱有警惕和忧患之心，只有如此，才可以守身安国。因为“利端始萌，害渐亦芽”①，当事物的“福端”开始发展的时候，它的“祸兆”也就开始发生，所以顺境中也要保持警惕，避免乐极生悲的现象出现。故“君子得意而忧，逢喜而惧”②。此外，危机预防意识还频繁出现在古籍辞典中，《礼记·中庸》曰：“凡事预则立，不预则废。”《说苑·谈丛》曰：“谋先事则昌，事先谋则亡。”《尚书·说命中》曰：“惟事乃其有备，有备无患。”以上名言都是危机预防意识的体现。

其次，危机意识不仅仅表现在对忧患之担忧，而且表现在对忧患产生的原因分析和解决问题的途径上。“若能思其所以危，则安矣；思其所以乱，则治矣；思其所以亡，则存矣。”③ 经验而论，只有时刻都有忧患意识，才能在危机真正出现之时无所惧怕。所以君子应当“虽知今日无事，亦须思其终始”④，自始至终都保持强烈的忧患意识。“古之圣人无事则深忧，有事则不惧。夫无事而深忧者，所以为有事之不惧也。”⑤ 最后一点也是最重要的一点是，解除危机的最佳时机是“祸”还没有真正成形之前便要将其扼杀在摇篮中，所以要“防患于未然，除祸于未形。制治于未乱，保邦于未危”⑥。这才是最好的策略。

最后，解决危机时要有人出来承担责任。古代社会和近现代社会一样，出了问题必须要有人来承担责任，这不单单是律法层面的问题，有人承担责任也有利于全民危难的解除。传统儒家思想认为，灾荒的降临应是统治者的施政方针或者政策出了问题，所以，君王和其手下的臣子都要深刻反省自己的过失，争取早日解除危机和灾难。所谓“灾者天之谴也，异者天之威也，谴之而不知，乃畏之以威……凡灾异之本，尽生于国家之失”⑦。在这种思想指导下，当自然灾害来临之时，统治阶级首先要有过错和道歉意识，先承认自己的过错，然后向民众道歉。“以为天有是变，必由我有是罪以致之。”为感动上天，便通过“自焚祭天”，为取得民众的谅解，便自觉“为民请罚”。一言以蔽之，自然灾害来临之时，要求文武百官以“洁己奉公”等方式来答谢天谴。《淮南子》记载：“汤时大旱七年，卜用人祀天。汤曰：‘我本卜祭为民，岂乎自当之。’乃使

① 范晔．后汉书［M］．北京：中华书局，1973：674.
② 吕坤．呻吟语［M］．王国轩，王秀梅，注．北京：学苑出版社，1993：309.
③ 陈荣．应急管理史鉴：上［M］．杭州：浙江人民出版社，2012：159.
④ 吴兢．贞观政要集校［M］．谢保成，集校．北京：中华书局，2003：654.
⑤ 陈荣．应急管理史鉴：上［M］．杭州：浙江人民出版社，2012：138.
⑥ 王世舜，王翠叶．尚书［M］．北京：中华书局，2012：876.
⑦ 赵尔巽．清史稿［M］．北京：中华书局，1977：269.

人积薪，翦发及爪，自洁，居柴上，将自焚以祭天。火将燃，即降大雨。”① 为了救灾，商汤通过自我牺牲的方式以谢天谴。明朝洪武七年（1374 年）五月，天久不雨，朱元璋在祭文中叹道：“方今仲夏，当农民渴雨之期，予心惶惶，莫知所措，故祈诸神，特降雨泽，神不我弃，为达上帝，苟有罪责，宜降联躬，毋为民灾，神其听之。”② 虽然朱元璋没有采取实质性的自罚措施，但他在祭文中明确地表示愿“为民请罚”，如果上天一定要降罪责罚的话，他愿意独自承担，请不要让他的子民来承担灾难之苦。其实，每次发生大灾大难的时候，朝廷或许没有解决问题的更好办法，但君王作为国家的最高统帅，在灾难来临的时候敢于承担责任，这在一定程度上使得民众在灾害面前的无助和无力感得到缓解，在心理上获得巨大的安慰，对灾民战胜灾难重建家园有鼓舞人心的作用。

二、解释危机的理论体系

中国传统危机文化独具特色，是因为其对天灾人祸的解释与众不同引起的。中国古代社会的人们面对灾难首先是莫名的恐惧，恐惧之后自然要对天灾人祸产生的原因进行探索，在对自然规律认识不足的情况下，这些解释往往弥漫着浓厚的神秘色彩，但总的来说，中国古代的人们对灾害的认识经历了以下三个阶段：第一阶段认为灾害是由超自然力量引起的，由于自然力量是超人类的存在，面对远超人类的自然力量，人类什么都做不了，只有听之任之；第二阶段认为灾害是一种自然神的宏观调控行为，而自然神之所以会降灾害于人类，是因为人类的逆天行为触犯了自然神，所以神灵便以灾害对人类实施惩戒，而人类为了减少甚至灭绝灾害就必须祭拜神灵，在神灵的前面忏悔自己的恶行，争取感动神灵；第三个阶段人类开始对灾害进行更为细致的分类和归因，特别注重将自然灾害与社会事件紧密结合，找出两者的共同点，然后以自然要素来解释社会事件（人祸）。随着对灾害认识的加深和自身某些观念的转变，人们便创造了众多话语体系来解释天灾人祸，如赫赫有名的“天人感应论”，还有“万物有灵论”和“五行灾异说”等。

“天人感应论”。今天我们知道，自然灾害的产生是由两个原因引起的，一是自然本身引起的，二是由于人类社会对自然的过度采伐导致的。但是整个封建社会，几乎无人能看清这种规律，绝大多数人（包括当时的精英）都会认为，人类所有的灾荒，都是天对人类过失的有意惩罚，是天人感应，是上天意志的

---

① 陈广忠．淮南子［M］．北京：中华书局，2011：263.

② 罗冬阳．明太祖礼法之治研究［M］．北京：高等教育出版社，1998：60.

正常表达。在中国的传统文化中，“天人感应”思想起源较早。《洪范》曰：“曰肃、时雨若；曰乂，时旸若；曰晣，时燠若；曰谋，时寒若；曰圣，时风若。曰咎徵：曰狂，恒雨若；曰僭，恒旸若；曰豫，恒燠若；曰急，恒寒若；曰蒙，恒风若。”《尚书·洪范》认为君主的施政方法和态度能影响天气的变化，这是“天人感应论”的萌芽。董仲舒认为，天和人能够相互感应，他在《春秋繁露》中说：“灾者，天之谴也，异者，天之威也，谴之而不知，乃畏之以威……凡灾异之本，尽生于国家之失……惊骇之尚不知畏恐，其殃咎乃至。”① “凡灾异之本，尽生于国家之失”把灾异产生的原因全部概括。董仲舒以为，凡君主执政有过失，在其最初的时候，天便以自然灾害的形式告示于人。但是，如果告示无效，即君主不能及时纠正过失，天会继续以种种怪异现象警示天子。而如果君主对惊骇也无动于衷，还不知道畏惧并改正错误的话，接下来必然是灾祸的到来。正所谓：“如人君出入不时，走狗试马，驰骋不反宫室，好淫乐……则鱼不为，群龙深藏，鲸出现。”② 故此，每当有灾异出现时，君主一定要深刻反省自己的施政错误，以期获得上天的宽恕与原谅。

“万物有灵论”。在没有科学知识的古代，人们对自然灾害恐惧万分，由于不能理解而产生了神秘感，从神秘感进一步发展成崇拜，中国如此，外国也不例外。所以马林诺夫斯基说：“最原始的民族与一切低级蛮野人，都信一种超自然而非个人的势力来运行蛮野人的一切事物，来支配圣的范围里面一切真正重要的东西。”③ 有了这种认识之后便产生了“万物有灵论”。依据这一观点，这个超自然力量便存在于自然界，自然界的万物也因此有了灵性，就像翦伯赞所说的那样：“由于人类对自然之不理解和对自然克服之无力……于是便发生了一种歪曲的幻想，即包围于他们周围的自然物及自然现象，都是一些暗藏着幽灵的象征，于是一切万物都是神灵。”④ 英国人类学家爱德华·泰勒则认为：“万物有灵观既构成了蒙昧人的哲学基础，同样也构成了文明民族的哲学基础。”⑤ 由此观之，“万物有灵论”对人类文化的影响是深远的。后来，“万物有灵论”逐步发展为图腾崇拜，对此，翦伯赞认为：“从万物有灵到图腾主义这一信仰的

① 董仲舒．春秋繁露［M］．上海：上海古籍出版社，1989：54.

② 董仲舒．春秋繁露［M］．上海：上海古籍出版社，1989：78.

③ 马林诺夫斯基．巫术科学宗教与神话［M］．李安宅，译．北京：中国民间文艺出版社，1986：5.

④ 翦伯赞．先秦史［M］．北京：北京大学出版社，1988：52.

⑤ 爱德华·泰勒．原始文化：神话、哲学、宗教、语言、艺术和习俗发展之研究［M］．连树声，译．桂林：广西师范大学出版社，2005：349.

转变绝不是偶然的，这正是反映人类从以广泛的自然环境为范围之流浪生活转向了以特定的自然环境为范围之定居生活。"① 图腾崇拜"主要表现在禁捕、禁杀、禁食或禁触、禁摸、禁视图腾物……在原始人看来，杀害图腾就像杀害自己的亲属、祖先或保护神一样。而且，他们还认为，一旦伤害了图腾，图腾动物也就会翻脸不认亲，以同样手段报复本群体的成员，并从此不再担负不伤害或保护群体成员的义务"②。

依据"万物有灵论"原始社会的人们很容易解释天灾人祸："原始人会认为是他们触怒了这些天地间的精灵，为了使他们息怒，讨好精灵，他们便发明了祭祀。为了避免他们发怒，他们便生出了许多禁忌。在人类还不知道给那些天地精灵定尊卑、分善恶时，认为这些精灵也和人一样有七情六欲，既贪吃又好色，因此便以美食和美色去敬奉他。又认为这些精灵和人一样，有聪明愚蠢，欺弱畏强的个性，因此有各种各样，千奇百怪的祭祀方式。"③《洪范·五行传》中记载："故天子亲耕以供粢盛，王后亲蚕以供祭服，敬之至也。"《礼记·祭义》中记载："昔者圣人建阴阳天地之情，立以为易，易抱龟南面，天子卷冕北面，虽有明知之心，必进断其志焉，示不敢专，以尊天也。"《礼记·表记》也记载："殷人敬神，率民以事神，先鬼而后礼。"总之，"大体上说，殷人对自然崇拜，于天神有上帝、日、东母、西母、风、云、雨、雪等；于地有社、方（四方）、山、岳、河、川等；对祖先神不仅于先王、先妣有复杂的祭典，而且于名臣又有配享制度"④。

"五行灾异说"。阴阳五行解释灾害现象的起点是将各种灾害以五行归纳，然后用阴阳观念分析灾害的性质和规律，各种自然灾害都是五行要素"极阴""极阳"的外在表现，形成了五行为表、阴阳为里的灾害结构模式。中国古代文献中对灾害性质的探讨和解释建立在阴阳五行理论基础上。《左传》中首次将阴阳与五行结合起来论述灾害，《左传·昭公元年》载："天有六气，降生五味，发为五色，征为五声，淫生六疾。六气曰：阴、阳、风、雨、晦、明也。分为四时，序为五节，过则为灾。"所谓六气，即日、月、风、雨、阴、晴六种基本的自然景象，它们对人类社会具有非常大的影响作用，这种作用是双重性的，既有积极的有利作用，也有消极的不利作用。利害之间存在着一个度的转换，适度就是利，有益于人类社会的发展，过度则为害，将会破坏人类社会的生产

---

① 翦伯赞．先秦史［M］．北京：北京大学出版社，1988：110.
② 何星亮．图腾文化与人类诸文化的起源［M］．北京：中国文联出版公司，1991：280.
③ 林河．中国巫傩史［M］．广州：花城出版社，2001：187.
④ 金景芳．中国奴隶社会史［M］．上海：上海人民出版社，1983：97.

和生活。《尚书·洪范》中也有关于过度即为灾害的论述，“庶征：曰雨，曰乂，曰燠，曰燥，曰风，曰时。五者来备，各以其叙，庶草蕃芜。一极备，凶；一极无，凶。”《汉书·五行志》是古代灾害思想领域的杰作，不但确立了古代灾害的范畴和种类，论述其成因，还在阴阳五行和各种灾害之间建立起了直接的对应关系，以木、金、火、水、土五行对应雨、阳、奥、寒、风五类“咎征”。从而使各种灾害有章有序地组合在一起，形成古代灾害系统。各种自然灾害之间并非彼此孤立，而是存在一定的相互作用关系。按照五行理论，金木水火土五要素相生相克，与之相匹配的各种灾害之间也是如此关系。在“天人感应论”和“五行灾异说”的共同作用下，人们对各种灾害的解释和认识体现了极大的主观性，往往根据现实时政和统治阶级的利益需求将其归因。这种归因对当时的政治活动具有重要的影响，自然灾害或奇异天象被当成了政治工具，来为统治阶级服务。现将几种常见的自然灾害在传统意义上的解释列举如下。

水灾是古人最常遇到的自然灾害，董仲舒在《春秋繁露》中认为“水阴旱阳”，水是极阴之物，洪水、雪、冰雹、木冰等灾害都是由水引起的，所以这类的自然灾害是阳衰阴盛之应。《洪范五行传》曰：“阴之盛而凝滞也。木者少阳，贵臣象也。将有害，则阴气胁木，木先寒，故得雨而冰袭之。木冰一名介，介者兵之象也。”《春秋考异邮》也提到过“阴盛臣逆人悲，则水出河决”。臣子举兵反叛、宠信小人、宦官内臣掌政、妻妾强盛干政等都会引起这些灾害的发生。同样，此类灾害的发生也是在提醒君主反思是否存在阴盛阳衰的问题。

旱灾、常燠（长期燠热）是天干少水，阳盛所致。阳盛是指人君骄横寡恩、大兴土木、劳役繁重、民怨沸腾等，这些都会导致旱灾的发生。《洪范五行传》曰：“君持亢阳之节，兴师动众，劳人过度，以起城邑，不顾百姓，臣下悲怨，然而心不能从，故阳气盛而失度，阴气沉而不附。阳气盛，旱灾应也。”蝗灾起时，蝗虫见什么吃什么，所过之地草木皆无。所以古人解释蝗灾是因为人类好吃贪食，人食尽天下万物，上天便派蝗虫来惩戒人类的贪婪。统治者为一己私欲大兴土木、劳民伤财，造成民不聊生也会受蝗灾之应。《易飞候》曰：“食禄不益圣化，天视以虫。虫无益于人而食万物也。”另《洪范五行传》曰：“刑罚暴虐，食贪不厌，兴师动众，取城修邑，而失众心，则虫为灾。”大地象征着江山，地震预示着江山动摇，政权不稳。所以有叛乱、山贼盛行、攻打他国、改朝换代等事件发生时会受地震之应。《洪范五行传》曰：“山者，君之象；水者，阴之表，人之类也。天戒若曰，君人拥威重，将崩坏，百姓不得其所。”大风起战火至，风灾预示着兵戈相见。政事不修、君主独断不善纳谏，外戚强臣干政也会遭到上天的惩罚。

第二节　危机公关策略

中国古代社会主要有三大危机，分别是战争危机、政权危机和自然灾害危机。其一是战争危机，一旦战事发生，如果当朝政府不能够迅速采取有力手段（武力或和平手段都行）平息战端，则国家灭亡，政权瓦解；其二是政权危机，这种危机或来自皇族内部，或来源于皇族的外部，一旦不能把危机迅速消解，政权会“变色”，最严重的情况下也会导致国家灭亡；其三是自然灾害危机，这种危机是三种危机中，危害性最轻的，处理这种危机及时且有效的政府，会在危机处理过后得到民众较高的支持度，反之，政府会失去民心。因此，在中国古代社会，严重的自然灾害暴发后，统治集团通常会派遣位高权重的官员作为代表去灾区安抚基层官员与百姓，并且还会有一系列政策出台，以缓解危机，从而使百姓的生活和生产重新恢复。

一、派遣官员至灾区安抚灾民

在中国古代社会，严重的自然灾害暴发后，统治集团通常会派遣位高权重的官员作为代表去灾区安抚基层官员与百姓。早在南朝刘宋时期，由于自然灾害的频发，遣使救灾就已经成为救灾惯例和制度。据不完全统计：南朝刘宋年间，朝廷为对付频发的自然灾害，向灾区派遣救灾使臣的次数非常频繁，各类遣使救灾的次数高达34次之多。其中，文帝元嘉年间16次，孝武帝年间12次，明帝年间3次，后废帝年间2次。[①] 唐朝初期，统治者吸取隋朝灭亡教训，重视百姓疾苦，特别表现为灾害发生后对灾民的救济和安抚，“赈给使”“宣抚使”“宣慰使”等救灾官职随之出现，[②] 唐朝救灾使臣在安抚百姓时要求做到“纾其垫溺之苦，申以劳来之方，勉谕师徒，安存孤老，将我惠泽，冀苏疲人”[③]。客观上，统治集团通过派遣高官巡视灾区，提升了基层官员和灾民的信心。唐越州刺史杨於陵在上表感谢皇帝遣使宣慰时就称：“（使臣）以今月二十九日到臣本州，颁赐诏书，以示恩化。臣及官吏百姓等咸蒙圣慈，特加存问，爰自城邑，

---

① 武剑青．南朝刘宋遣使救灾述论［J］．西南交通大学学报（社会科学版），2006（1）：87-91.

② 毛阳光．遣使与唐代地方救灾［J］．首都师范大学学报（社会科学版），2003（4）：20-25.

③ 宋敏求．唐大诏令集［M］．北京：商务印书馆，1959：613.

达于里闾，喜气浮川，欢声被野。”① 笔者以为，杨於陵言辞虽有夸大、逢迎之嫌，但也在一定程度上反映出皇帝遣使在安抚和激励灾区基层官员和百姓等方面客观上会起到一定的积极作用。在宋代，皇帝派遣的赈灾使臣不仅要“勉谕师徒”，更要采取一系列措施去救济灾民，元嘉四年（427 年）“五月□□京师疾疫。甲午遣使存问，给医药，死者若无家属，赐以棺器”②，元嘉二十年（443 年）“诸州郡水旱伤稼，民大饥。遣使开仓赈恤，给赐粮种”。

二、官员罪己安抚社会情绪

古代传统观念认为之所以会发生自然灾害，是因为君主不能修德自律。因此，在中国古代社会，每当重大自然灾害暴发后，当社会矛盾过于激化难以调和，甚至有可能引发大规模的社会动荡危及统治阶级的政权时，为了安抚社会情绪，缓和社会矛盾，最高统治者一般会采取“修省”和“罪己”的方式来检讨自己的过失，疏导和化解百姓对政权的不满。明朝时期，自然灾害频繁暴发，民怨沸腾，作为最高统治者的皇帝就频频采取“修省”与“罪己”这一公共危机管理策略。学者李媛根据《明实录》的统计，明景泰以前，皇帝平均每四五年就会修省一次，成化以后，皇帝修省的次数和频率明显增多，平均每一至两年举行一次。嘉靖以后，每年十二月礼部例奏灾异后修省已成惯例。③

如果当“修省”难以安抚社会情绪时，作为最高统治者的皇帝还会“罪己”，即以采取颁布“罪己诏”的方式来昭告天下，言己之过。北魏高祖太和六年（482 年），发生洪灾，孝文帝下发“罪己诏”，诏曰：“朕以寡薄，政缺平和，不能仰缉纬象，蠲兹六诊。去秋淫雨，洪水为灾，百姓嗷然，朕用嗟愍，故遣使者循方赈恤。”④ 在中国古代社会，作为“普天之下，莫非王土”，拥有至高无上权威和尊贵的皇帝，在自然灾害暴发后，以“修省”和“罪己”的方式进行自责，向百姓传递一种请求宽恕的态度，不论其是否发于真心抑或是作秀，在客观上的确能起到宽慰百姓、缓和社会冲突、消解社会敌对情绪和矛盾等作用。

---

① 董皓．全唐文［M］．北京：中华书局，1983：66.

② （南朝梁）沈约．宋书［M］．北京：中华书局，1996：76.

③ 李媛．明代皇帝的修省与罪己［J］．西南大学学报（社会科学版），2010，36（1）：55-61.

④ 魏收．魏书［M］．北京：中华书局，1974：81.

三、动员引导社会力量赈济灾民

在中国古代社会，统治阶级已经认识到动员、引导社会力量来共同应对自然灾害所带来的破坏与危害的重要性。特别是当政权统治晚期，社会动荡、国家积贫积弱，统治集团已经无力救济灾民、安抚百姓，社会力量就更加受到重视。在中国古代社会中，统治阶级动员社会力量参与救灾的主要措施就是“劝分”。所谓“劝分”，就是统治阶级劝谕、引导、鼓励商贾等富庶之户在灾害发生时无偿赈济灾民，或减价出售所积米谷来优惠贫困户。“劝分”措施自春秋时就出现，西汉时期被正式采用，宋朝开始推广，并逐步制度化。汉武帝时，山东发生水灾，“遣使虚郡国仓廪以振贫民，犹不足，又募豪富人相假贷”①。为了保证“劝分”效果，提高富庶之户参与赈灾的积极性，统治集团还采取了一些鼓励措施。如宋代就常常采用“纳粟补官”的办法“劝分”富民参与救灾：“登州年平县学究郑河出粟五千六百石赈饥，乞补第巽，不从。晁回、李维上言，乞特从之，以劝来者，丰稔即止。诏补三班借职。自后，援巽例以请者皆从之。”“诏诸州官吏如能劝诱蓄积之民以廪粟赈恤饥乏，许书历为课。”② 由此观之，宋代统治集团对救灾有功者授予功名官职，就是希望以他们为榜样“以劝来者”，鼓励更多的社会力量参与应对和处置救灾工作。

四、借神灵安抚百姓

在中国古代社会，包括统治阶级在内的广大民众普遍缺乏自然科学知识，“异灾天谴论”颇为盛行，当发生重大自然灾害时，统治者往往采取禳弭祈仙的方式来消解灾难。《晋书·礼志上》曾记载：“武帝咸宁二年，春久旱。四月丁巳，诏曰‘诸旱处广加祈请’。五月庚午，始祈雨于社稷山川。六月戊子，获澍雨。此雩之旧典也。太康三年四月，十年二月，又如之。其雨多则禜祭，赤帻朱衣，闭诸阴，朱索萦社，伐朱鼓焉。”到了宋代，皇帝还请僧道在皇宫内开设道场，祈福、祈雨和祈晴。北宋大臣写过皇帝在皇宫内开坛祈神求雨赐福的文章，如《紫宸殿开启祈雨道场斋文》《集英殿开启祈雨道场斋文》《集英殿开启祈雨粉坛道场斋文》《集英殿接续开启祈雨道场斋文》《紫宸殿开启谢雨道场斋

---

① 马端临．文献通考［M］．上海：商务印书馆，1936：396.

② 李明顺．中国古代赈灾：措施、动因与经验探论［J］．理论学刊，2008（10）：102-106.

文》《集英殿开启谢雨道场斋文》和《集英殿接续开启祈雪粉坛道场斋文》等。①《辽史·礼志》记载："若旱，择吉日行瑟瑟仪以祈雨。前期，皇帝致奠于先帝御容，乃射柳。皇帝再射，亲王、宰执各一射……皇帝、皇后祭东方毕，子弟射柳。"② 统治者亲自主持的迷信活动，是否能对防灾减灾产生效果？从科学的角度来说，这完全没有任何作用，但是，在百姓普遍缺乏自然科学知识却有迷信思想的情况下，统治者组织的各类迷信活动不能说毫无功效，至少使其心理上获得慰藉与希望。

五、放粮减税解决灾民现实困难

自然灾害来临之时，阶级矛盾十分突出，原来隐藏的各类矛盾也全部浮出水面。面对这种错综复杂的情况，统治集团一般会小心翼翼地加以应对，通常的做法是用开仓放粮、减免税款等措施来抚慰百姓，以缓和阶级矛盾。以元朝为例，大德七年（1303年）八月初六辛卯夜，山西洪洞发生地震，依据史料判断，地震级别为8级。地震发生后，统治集团就及时采取了一系列赈济、抚恤和减免税款政策。《元史》写道："遣使分道赈济，为钞九万六千五百余锭。仍免太原、平阳今年差税，山场河泊听民采捕。""以去岁平阳、太原地震，宫观摧圮者千四百余区，道士死伤者千余人，命赈恤之。""四川、云南镇戍军家居太原、平阳被灾者，给钞有差。"③ 从以上史料不难看出，统治阶级不仅认识到灾后对民众救济、减税的重要性，而且还为了特别安抚驻守边塞地区的官兵，政策上采取差别对待，对镇边家属更为优待。面对频繁发生的自然灾害，统治者们常常会"未雨绸缪，积粟备荒"，设立诸如"常平仓""义仓""社仓"等存储积蓄粮食的仓库准备在灾害需要的时候用上。据史料记载，清康熙、雍正二帝，就多次关注、过问备荒仓储之事，清圣祖"前年岁收丰稔，何致一遇灾荒，补救乏术？可见平时积贮，仅存虚名。乃劝谕民间多积米粮，务令终岁所食，常有余储；爱惜物力，不可乐岁狼藉，只顾眼前；劝谕民间捐输常乎、社、义诸仓米谷以备赈济，乃就直隶各村庄设立社仓，以察果否有益于民生，而定推行之当否，卒至终勘效果者"④。雍正三年（1725年）九月二十三日的上谕中指出："古者，视岁之上中为储蓄之节，盖官民经画久远，不为一时苟且之计，

① 王硅．华阳集［M］．上海：上海古籍出版社，1983：191.
② 脱脱．辽史［M］．北京：中华书局，1974：19.
③ 山西省地震局．山西省地震历史资料汇编［M］．北京：地震出版社，1991：36.
④ 高宗敕．皇朝通典［M］．杭州：浙江古籍出版社，1988：2099.

积之于丰年，用之于歉岁，所谓有备无患，法良而意美也。”①

六、整顿吏治回应百姓诉求

受“异灾天谴论”的影响，在中国古代社会，发生了自然灾害后，统治者常常认为与“吏治不修”有关。如明正统十四年（1449 年），英宗敕谕吏部、都察院时说：“时天久不雨，又间有水潦、蝗蝻，深轸朕心。究厥所由，或谓牧守之官未尽得人，贪虐暴刻所在有之。及命官考察，又或狗私捷于科征、巧于谄事者，以为能事。勤于抚字、廉介自守者，以为不称。公道弗明，人怨弗恤。所为如此，何望和气之应?”② 同时，统治阶级为了疏导和化解社会底层对政权统治的不满情绪，防止因自然灾害激化其他社会矛盾，引发社会动荡，也需要采取巡查乡里、查看民生、整顿吏治、疏理地方等措施。早在汉代，统治集团就开始关注应对和处置自然灾害中的吏治问题，统治者除对“州郡隐匿”而三司“既不奏闻，又无举正”之“欺罔罪大”的行为严厉斥责外，还要加以刑罚惩处。如汉桓帝永寿年间，就曾“以司徒掾清诏使冀州，廉察灾害，举奏刺史、二千石以下，所刑免甚众。弃官奔走者数十人”③。南北朝时期，北魏永兴三年（411 年），水旱灾害过后，明元帝“诏北新侯安同等持节循行并、定二州及诸山居杂胡、丁零，问其疾苦，察举守宰不法者”。太安五年（459 年），文成帝下令救灾过程中严肃吏治，“若曲司之官，分职不均，使上恩不达于下，下民不赡于时，加以重罪，无有攸纵”④。到了唐代，皇帝派出官员巡视地方，救助灾民时，一项重要的工作任务即是“兼察人民冤苦、官吏善恶”⑤。为实现统治集团政权的巩固，及时化解和消弭民怨，中国古代社会的典章制度对“涉灾官吏”的治理非常严格，如隋朝有制度规定，“察水旱虫灾，不以实言，枉征赋役，及无灾妄蠲者免”⑥。到了明代，当发生了重大自然灾害时，甚至不等皇帝派人责查，一些官员会主动“因灾祈罢”。如明成化九年（1473 年）夏四月，山东左佥都御史牟俸等奏：“山东自今年二月以来，灾异迭见，盗贼窃发。饿殍流移，

---

① 李鸿章．畿辅通志［M］．上海：上海古籍出版社，1987：34.
② 佚名．明英宗实录：卷四［M］．台北：“中央研究院”历史语言研究所，1962：93.
③ 刘厚秦，李长辉．儒学与汉代灾害吏治机制［J］．咸阳师范学院学报，2009，24（5）：19-21.
④ 李辉．论北朝时期的政治性救灾措施［J］．东北师范大学学报（哲学社会科学版），2009（3）：74-79.
⑤ 李辉．论北朝时期的政治性救灾措施［J］．东北师范大学学报（哲学社会科学版），2009（3）：74-79.
⑥ 魏征．隋书［M］．北京：北京图书馆出版社，1982：696.

日以益众。皆臣等不职所致，乞赐罢黜，而别选贤能，以抚安赈济之。”① 通过考察分析，我们不难发现，在中国古代自然灾害公共危机管理中，统治阶级及其政权所采取的遣使宣慰、修省罪己、整顿吏治等策略，一个重要的目的就是要“得民心”。“得民心”成为中国古代社会自然灾害公共危机管理的根本任务，这也正暗合了中国传统政治文化“得民心者得天下”“水能载舟亦能覆舟”“民为邦本，本固而邦宁”等思想。客观地讲，不论是我们今天应当摒弃的“禳弭祈仙”，还是应当借鉴和发展的“赈济减税”“劝分商贾”等，在当时的历史背景和社会环境下，统治者所采取的一系列自然灾害公共危机管理策略的确起到了安抚民心、维护社会稳定之功效。

七、奢靡消费政策

奢靡消费政策是我国春秋时代的管子提出的政策主张，管子所处的时代生产力并不发达，但管子能够在那个时代提出这一政策，显示其超前的消费思想和卓尔不凡的洞察力。首先，我们知道，管子奢靡消费政策不是常态化的政策，鉴于当时生产力发展水平的低下，勤俭节约仍然是当时的主流价值观，这在管子的文献《管子》一书中是有据可查的。“取于民有度，用之有止，国虽小必安。”② “不知量，不知节，不可谓之有道。”③ 有学者认为，《管子》中主张节俭消费，主要是针对统治集团而言的，其依据是管子在《七臣七主》④ 中将“节用”列为统治者六项必做事情之首。不过，笔者认为《管子》的节俭消费主张不仅是针对统治集团的，对于普通民众、商人、富民阶层等也是提倡节俭消费的，并制定了相应的消费标准来抑制、约束民众的过分消费行为。《管子》指出，人民的根本产业就是发展饲养牲畜，种植粮食，开垦荒地，禁止奢侈品。正如《重令》所说：“何谓民之经产？畜长树艺，务时殖谷，力农垦草，禁止末事者，民之经产也。”⑤ 为达到节俭的目的，《管子》还主张“留民俗”，以达到束缚人们的行为、观念，避免人口的流动，让人们保持纯朴、节俭的风气。《侈靡》载：“乡殊俗，国异礼，则民不流矣；不同法，则民不困；乡丘老不通睹，诛流散，则人不眺安乡乐宅，享祭而讴吟称号者皆诛，所以留民俗也。”⑥ 换言

---

① 佚名．明英宗实录：卷四［M］．台北：“中央研究院”历史语言研究所，1962：2223.
② 房玄龄．管子［M］．上海：上海古籍出版社，2015：12.
③ 房玄龄．管子［M］．上海：上海古籍出版社，2015：24.
④ 房玄龄．管子［M］．上海：上海古籍出版社，2015：349.
⑤ 房玄龄．管子［M］．上海：上海古籍出版社，2015：93.
⑥ 房玄龄．管子［M］．上海：上海古籍出版社，2015：234.

之，尊重各乡不同的风俗和各城不同的礼节，人民就不会流动迁徙；实行不同的法度，人民就不会感到困窘；使各地区老死也不自由流动，并惩罚流散人口，人民就不会外逃。让人们安乡乐宅、祭神祭祖的颂词与称呼不求一致。也就是为了保留民俗的。《管子》认为，节俭对国家和百姓都是有好处的。对于国家来讲，节俭有利于国家财富的积累；对于百姓来说，节俭可以使百姓富足。正如《五辅》所曰："实圹虚，垦田畴，修墙屋，则国家富。节饮食，撙衣服，则财用足……明王之务，在于强本事，去无用，然后民可使富。"① 换言之，移民垦荒，开垦农田，修筑房屋，国家就能富裕；节约饮食，节省衣服，财富就会充足；推举贤良，注重业绩，人才就会得到充分的使用；驱赶奸佞小人，排除谗言邪恶之人，奸人就消失得无影无踪；防备饥荒，救助灾害，社会就会安定。英明君主的当务之急，在于重视农业，引导人民远离无实用的行业，然后百姓就可以富足。

《管子》指出，节俭是君主必须要做的事情之一，君主应以身作则，在宫室、车马等日常生活中都应该节俭，只有这样国家才能富足。《禁藏》曰："故圣人之制事也，能节宫室、适车舆以实藏，则国必富，位必尊。能适衣服、去玩好以奉本，而用必赡，身必安矣。"② 管仲在《管子・重令》中指出，节俭也是君主成就霸业必须具备的条件之一，国家虽然富裕了，但不能没有边际地消费，正所谓"国虽富，不侈泰，不纵欲……此正天下之本而霸王之主也"③。

为什么必须节俭而不能奢靡消费呢？管子从四个方面做了全面的论述。其一，奢靡消费是造成国家贫困的根源，所以要反对奢靡消费，他在《八观》中讲得非常透彻："国侈则用费，用费则民贫，民贫则奸智生，奸智生则邪巧作。故奸邪之所生，生于匮不足；匮不足之所生，生于侈；侈之所生，生于毋度。"④ 其二，奢侈消费有可能导致生产力的衰竭和老百姓的怨恨。《权修》指出："地辟而国贫者，舟舆饰，台榭广也……舟车台榭广，则赋敛厚矣。轻用众，使民劳，则民力竭矣。赋敛厚则下怨上矣，民力竭则令不行矣。"⑤ 其三，奢侈消费还可能伤害民众的身体健康，《五辅》曰："淫声谄耳，淫观谄目，耳目之所好谄心，心之所好伤民，民伤而身不危者，未之尝闻也。"⑥ 其四，奢靡

① 房玄龄．管子［M］．上海：上海古籍出版社，2015：59.
② 房玄龄．管子［M］．上海：上海古籍出版社，2015：359.
③ 房玄龄．管子［M］．上海：上海古籍出版社，2015：94-95.
④ 房玄龄．管子［M］．上海：上海古籍出版社，2015：85.
⑤ 房玄龄．管子［M］．上海：上海古籍出版社，2015：14.
⑥ 房玄龄．管子［M］．上海：上海古籍出版社，2015：60.

消费还会损害农业生产，妨碍教化的正常进行。正如《禁藏》所言："夫冬日之不滥，非爱冰也。夏日之不炀，非爱火也。为不适于身，便于体也。夫明王不美宫室，非喜小也。不听钟鼓，非恶乐也。为其伤于本事，而妨于教也。"①

为了防止奢靡消费，管子认为应该制定消费的标准，敦促不同层级的人执行这些标准（管子与孔子的观点类似，认为不同社会地位的人应有不同的消费水平）。第一，制定消费标准来抑制奢靡行为，并运用法律手段来约束、规范人民的消费行为；第二，通过抑制工商业的发展达到限制奢侈品的生产与流通的目的；第三，以税收杠杆为手段来抑制奢侈消费。纵观管子的消费观，还是以勤俭节约为主基调，当时管子在提到当遇到自然灾害或者经济不景气的时候，才可以开启奢靡消费政策，"美车马而驰，多酒醴而靡，千岁毋出食，此谓本事。""饮食者也，侈乐者也，民之所愿也，足其所欲，赡其所愿，则能用之耳。今使衣皮而冠角食野草，饮野水，庸能用之？伤心者不可以致功。故尝至味，而罢至乐。而雕卵然后瀹之，雕橑然后爨之。丹沙之穴不塞，则商贾不处。富者靡之，贫者为之，此百姓之怠生百振而食非，独自为也，为之畜化。"②

启动消费才能创造出新的劳动力，从现代消费、生产和劳动力的关系看，消费是生产的目的，同时消费也是生产的动力，消费能够为生产创造出新的劳动力。没有消费就没有生产，也就不需要更多的劳动力，所以，在非常时刻，为了促进生产和提供更多的就业机会，超前或者奢靡消费在特殊的时候是切实可行的。管子在 2700 多年前就深刻领悟了三者的关系，可见他的经济思想有多么的深邃。那么，奢侈消费是怎么刺激生产从而有利于缓解灾荒的呢？

其一，奢侈消费在一定情况下能发挥其特有的经济功能。首先，《管子》指出，工商业的存在和发展，能够带动人们的消费能力，从而促进农业生产的发展。反之，如果工商业市场不景气，消费需求减少，则不利于农业生产的发展。《侈靡》曰："市也者，劝也，劝者，所以起。本善而末事起，不侈，本事不得立。"③《揆度》有曰："令诸侯之子将委质者，皆以双武之皮，卿大夫豹饰，列大夫豹幨。大夫散其邑粟与其财物，以市虎豹之皮。故山林之人刺其猛兽，若以亲戚之仇。"④ 高端的服饰只有特殊行业和有充足资金的人才能消费得起，如果启动高端服饰消费，则山里面打猎的猎人都有利可图了。其次，奢靡消费能够为社会提供更多的就业岗位，增加就业，促进社会的稳定。《侈靡》曰："巨

---

① 房玄龄．管子［M］．上海：上海古籍出版社，2015：358.
② 房玄龄．管子［M］．上海：上海古籍出版社，2015：238.
③ 房玄龄．管子［M］．上海：上海古籍出版社，2015：246.
④ 房玄龄．管子［M］．上海：上海古籍出版社，2015：446.

瘗培，所以使贫民也。美垄墓，所以使文明也。巨棺椁，所以起木工也。多衣衾，所以起女工也……作此相食，然后民相利，守战之备合矣。”①

其二，奢侈消费行为在某些情况下能发挥其特殊的政治功能。一定程度上的奢侈消费，能够使得各个阶级效力于统治者，有利于国家稳定和社会团结。关于这点，《侈靡》中多次提及：“通于侈靡，而士可戚……六畜遮育，五谷遮熟，然后民力可得用。”“积者立余食而侈，美车马而驰，多酒醴而靡，千岁毋出食，此谓本事。”“故上侈而下靡，而君臣相上下。相亲，则君臣之财不私藏。”②

其三，奢靡消费行为还具有一定的社会功能。奢靡消费能够满足人民的基本愿望，带动工商业的发展，使得富人生活富足，穷人有事可做，使得国家安定。《侈靡》不止一次提到这一问题：“饮食者也，侈乐者也，民之所愿也。足其所欲，赡其所愿，则能用之耳。今使衣皮而冠角，食野草，饮野水，孰能用之？伤心者不可以致功，故尝至味而罢至乐，而雕卵然后瀹之，雕橑然后爨之。丹沙之穴不塞，则商贾不处。富者靡之，贫者为之，此百姓之怠生，百振而食，非独自为也，为之畜化用。”“长丧以毁其时，重送葬以起身财。一亲往，一亲来，所以合亲也，此谓约。”③ 由此观之，《管子》主张国家要因地因时制宜地调整消费政策，实行适时的奢靡消费，这实际是国家运用宏观调控手段整顿经济，充分发挥消费对生产的反作用。《管子》的奢靡消费主张是在国家遭遇严重困难时提出的，其主张主要是针对富人阶层而言的，本质上是希望富人阶层在国家遇到危机或者灾难时，通过奢靡消费刺激内需，带动生产的发展，帮助国家解决危机。实际上，《管子》提出奢靡消费思想是希望富人阶层能够承担一定的社会责任，仗义疏财，帮助国家渡过难关，缓解社会危机。

八、捐纳赈灾（赈捐）政策

捐纳赈灾是中国为了特定目标所设定的特殊的公共政策，学术上也叫赈捐。捐纳制度主要存在于我国明清两个朝代，作为一种与科举制度对立的“以钱买官”制度之所以能够延续将近 500 年，得到了来自社会，尤其是底层社会的支持，是有其深刻内在逻辑的。

古代将政府出卖官职和爵位的行为称为“鬻爵”，这一制度登上历史舞台是在明代的景泰年间，但捐纳制度不是始于明朝，传统中国的“卖官鬻爵”制度

---

① 房玄龄．管子［M］．上海：上海古籍出版社，2015：254.
② 房玄龄．管子［M］．上海：上海古籍出版社，2015：234-238.
③ 房玄龄．管子［M］．上海：上海古籍出版社，2015：256-261.

从战国时期就已经存在，它的历史几乎与封建王朝的历史一样悠久。

春秋时代的管子将“卖官鬻爵”看作一项会导致国家灭亡的制度，他在《管子·八观第十三》一文中曰：“良田不在战士，三年而兵弱。赏罚不信，五年而破。上卖官爵，十年而亡。倍人伦而禽兽行，十年而灭。”① 但几乎在同一时期（战国），也有肯定“卖官鬻爵”政策的观点，商鞅在《商君书》第四篇《去强》一文中这样写道：“兴兵而伐，则武爵武任，必胜；按兵而农，粟爵粟任，则国富。兵起而胜敌，按兵而国富者王。”② 意思是，如果发兵去打仗，就按照军功的多少授予他们官位和爵位，就一定会取胜；如果按兵不动，从事农耕，那么就按照生产缴纳的粮食多少授予官职和爵位（相当于卖官鬻爵），国家就一定会富裕。换言之可以将“卖官鬻爵”看作一项和平情况下保证“国富”的重要政策之一。

以上是“卖官鬻爵”的经济功能。除此之外，“卖官鬻爵”还有政治功能，因为在国家危急时刻通过“卖官鬻爵”能够迅速地平息国内由于灾荒而凸显的统治阶级与被统治阶级、富裕阶层与贫苦阶层尖锐的矛盾，使得国内政治稳定下来，则本身就是政治功能的体现。“卖官鬻爵”还有社会功能，“卖官鬻爵”能够实现与科举类似的功能，因为捐纳作为社会流动的工具同样会发生十分重要的作用。

从《史记》记录看，鬻爵实施情况的明确记载至少可以上溯到秦王政四年（公元前 243 年），《史记》中说：“蝗虫从东方来，蔽天。天下疫。百姓内（纳）粟千石，拜爵一级。”③ 秦国发生严重蝗灾并暴发瘟疫，嬴政下诏鼓励老百姓纳粟受爵，百姓贡献一千石粟，爵位升一级，这是《史记》最早的捐纳赈灾记录。

可见捐纳赈灾不是明清两代统治者独创的公共政策，据《汉书》记载，西汉文帝和景帝统治时期，为了救助蝗虫和大旱造成的灾害，政府不仅自己出卖爵位，还推出新的政策，允许庶民之间自由买卖爵位。④ 到了唐朝，安史之乱前的一百多年时间里，唐朝没有“卖官鬻爵”记录，但在安史之乱后，又实施了“卖官鬻爵”，这一制度一直延续到元朝。可以说，明清两代统治者正式推出捐纳赈灾政策之前，这一制度就“零星”地存在，而且有合法地位。

捐纳制度本身过于复杂，无疑是造成人民不能正确理解捐纳制度的原因之

---

① 黎翔凤. 管子校注［M］. 北京：中华书局，2004：271.

② 蒋礼鸿. 商君书锥指［M］. 北京：中华书局，1986：34.

③ 司马迁. 史记［M］. 北京：中华书局，1959：224.

④ 班固. 汉书［M］. 北京：中华书局，1962：131.

一。但更为根本的原因是，学术界对这一制度在明清时期曾经产生过的巨大的历史作用和影响缺乏足够的认识。以往的捐纳制度研究者，往往视自己所在的时代为中国历史的一个到达点，将这一制度斥为旧时代（清朝）的弊政，虽然在捐纳制度的构成等方面取得了不少研究成果，但是对该制度的运用没有给予应有的重视，对这一制度的社会影响基本上持批判否定的态度。毫无疑问，捐纳制度是造成政治和社会腐败的重要原因之一。但是，我们不应该忘记，捐纳作为一种国家制度在明清时期延续了大约500年，而其原始形态至少可以上溯到秦统一中国以前的战国时期。在这个意义上，我们在以下领域中尚有进一步探讨的余地，即捐纳作为一种屡屡遭人诟病，甚至皇帝也认为“本非善政”的制度得以长期存在的社会原因。

强调捐纳的非道德性和腐败性忽略了该制度得以存在的制度和社会原因，在此基础上，有人将捐纳资料的“稀少”归功于政府的“虚伪掩饰”。例如，黄仁宇在关于明代财政史的著作中认为，16世纪以后，每年大约40万两的捐纳收入，远远超过了来自其他工商业的税金，换言之，如果没有此项收入，政府几乎难以正常地运转下去。但是，他又认为，明代的捐纳没有制度化，明朝政府考虑到捐纳的“非道德性”，讳莫如深，而事实上，官方又不可能将所有的捐纳记录公之于众。无论是在明清时期的中国社会，还是在现代社会，恐怕无人否认捐纳的非道德性，而且几乎一致认为捐纳是腐败的温床，是一种本不应该存在的“腐恶”。但是，包括不少精英人物（如顾炎武、林则徐等）在内，对这种“可怕而可憎”“腐恶”事物确有依恋之情，不仅自己援例纳捐，而且为亲人援例纳捐。

在中国明清时代，捐纳作为一项国家制度，对社会究竟产生了何种影响呢？关于这一问题笔者需要特别强调的是，尽管捐纳制度存在一定的局限性，是政府腐败的根源之一，且从中国“学而优则仕”的正统观念来说，捐纳入仕似乎缺乏合法性，但任何制度，只要它能够存在下来就有它存在的合理性，捐纳和科举一样，同样具有以下三种属性：

广泛的庶民性。与科举制度相同，除“贱籍”之外的所有民众都能参加捐纳。科举制度不仅要求应考者具有一定的学识，而且要求应考者具有一定经济实力（维持长年求学和赶考的路费）。但是，对于希望利用捐纳制度谋得仕途的人来说，仅仅需要的是捐纳贡生或监生的财力。因此，这里所说“庶民性”是指任何人都可以公平地利用这一制度，甚至可以不依靠科举制度而获得社会地位的提高。无论是科举还是捐纳，各得其所，各展其才。从“各得其所”的观点来看，捐纳与科举同样具有庶民性的特征。

不可或缺性。在清代中央政府以及地方当局的日常财政支出中，总会列入一些用于救济鳏寡孤独和开办善会善堂的经费，但是像用于赈灾救济这一类带有急迫性的庞大的财政支出，中央政府和地方当局均没有考虑在内。所以一旦遇到重大自然灾害，在短时间内集中财力进行大规模赈灾就显得捉襟见肘，可以说基本上是没有应对大规模突发性灾荒的准备。这样一来，通常的征税渠道就远不足以支撑赈济，必须想办法另开财源，例如，截漕、截饷、发帑以及赈捐。作为“官赈”的重要组成部分，赈捐将官职爵位作为奖赏内容来激发报捐者的积极性，以达到“取富民之有余，补灾黎之不足”的成效。赈捐事例中将任官资格、虚衔、封典等项目明码标价后，官员和士民再按标价出资购买，从而使政府筹得救灾资金。以“丁戊奇荒”灾情为例，据统计，在本次灾情中，山西用于救济旱灾的一千四百多万两白银中，有将近一千一百多万两是通过赈捐获得的，占到赈款总数的 78.4%。① 事后曾国荃这样评价：“年来晋中之藉以支持者，实恃捐输为一大宗。”② 赈捐是晚清“官赈”中的重要组成部分，是国家拨款、各省协济、地方当局自筹经费以外的解决救灾及善后经费的方法。通过赈捐筹集到的米粮、赈银以解救灾区民众于水火之中，在当时解决了绝大多数灾民的日常饮食问题，还极大地缓解了国家和受灾地区的财政压力。晚清时期开办的每一次赈捐基本上都起到了赈济救灾、惠及于民的目的。

非排他性。清代一名官僚的出身可以划分为正途和异途。“正途”是通过国家的科举考试或者五贡（恩、拔、副、岁、优贡生）或者荫生（因父辈功勋等获国子监生资格者）入仕的途径。“异途”顾名思义是指除了正途以外的其他进入官场的方法，包括保举、军功以及赈捐。与科举一样，赈捐成为清朝选拔官员的一种手段。普通士民可以通过赈捐来获得做官的资格，使得普通人得以摆脱目前的社会地位，向上层社会流动。由此可见，清代的赈捐还成为社会结构变化以及社会流动的一个有力的杠杆。“清制，入官重正途，自捐例开，官吏乃以资进。”③ 赈捐的施行拓宽了人们的入仕途径，的确给清政府输送了一批人才，如郑观应、李慈铭、谭嗣同、丁日昌等都是通过各类捐纳而进入官场的。

---

① 王轩，曾国荃，等．山西通志［M］．北京：中华书局，1992：765.

② 刚毅．晋政辑要［M］．太原：三晋出版社，2016：328.

③ 赵尔巽．清史稿［M］．北京：中华书局，1976：745.

第三节 《罪己诏》的公关艺术

每当天灾人祸频频出现的时候，帝王们往往会发出《罪己诏》，对自身过错与失败反省忏悔和自我检讨，希望能够消除民怨，得到天下百姓的原谅，以维护政权的稳定，这是古代君王在危急时刻常用的公关手段，在这里，《罪己诏》几乎与当代政府首脑的“全民道歉书”的公关手法有异曲同工之妙，那么，古代帝王的《罪己诏》是如何出台的?《罪己诏》的理论根据、《罪己诏》的实际功效和帝王出台《罪己诏》的心理状况都是我们需要全面分析的对象。

一、帝王颁发《罪己诏》的理论根据

从我们掌握的传统文化内容来看，古代的帝王颁发《罪己诏》有如下四个方面的理论渊源：其一，“天人感应”说。“天人感应”说认为，人类所有的灾荒，都是天对人类过失的有意惩罚，是天人感应，是上天意志的正常表达。把灾异产生的原因全部概括就是君主执政有过失，凡君主执政有过失，在其最初的时候，天便以自然灾害的形式告示于人。但是，如果告示无效，即君主不能及时纠正过失，天会继续以种种怪异现象警示天子，而如果君主对惊骇也无动于衷，还不知道畏惧并改正错误的话，接下来必然是灾祸的到来。如东汉光武帝二十年（53 年）九月戊辰“地震裂”遂制诏曰：“日者地震，南阳尤甚。夫地者，任物至重，静而不动者也。而今震裂，咎在君上。鬼神不顺无德，灾殃将及吏人，朕甚惧焉。”① 此外，帝王还因异常星象、风雨不调、水旱虫灾、疫病流行甚至火灾等颁发《罪己诏》，西汉文帝、元帝、成帝、东汉桓帝、章帝等都颁布过此类诏书。其二，“谶纬”说。帝王的《罪己诏》一方面是“谶纬”之说的体现，另一方面是“阴阳灾异说”的体现。所谓“谶”，便是由巫师、方士运用阴阳术数占卜得出的关于未来的、具有应验性的预言和隐语，如早期的秦谶。而“纬”即纬书，“纬，围也。反覆围绕以成经也”②。比如，早期的“亡秦者胡也”③ 就很诡秘地预测到了“秦”被“胡”灭亡的命运。在西汉结束之后，王莽、光武帝都是利用图谶称帝，并且在政权建设、国家治理、人才

① 范晔．后汉书［M］．北京：中华书局，1965：74.
② 王先谦．释名疏证补［M］．上海：上海古籍出版社，1984：111.
③ 司马迁．史记［M］．天津：天津古籍出版社，2016：202.

选用等方面也多引用谶纬。其三，“敬德保民”说。自夏、商、周以来，中国古代思想观念发生了极大的变化。尤其是在周公摄政时期，“敬德保民”思想的提出标志着中国神权政治逐渐人性化，其既开启了“民惟邦本”的先河，也为中国传统政治统治奠定了基本的思维模式，在汉代《罪己诏》中得到了充分的体现。西周以来，“敬德保民”成为汉代仁政德治、近民安民思想的重要基础，其大意非常明显，帝王只有勤政爱民，其“天命”才会永远地延续下去，否则就会失去继续统治天下的合法性。其四，“修身正己”说。中国传统文化实现了由“神教”向“人本”的蜕变，由此开启了诸子百家对人性、社会、政治伦理关系的探寻。在此过程中，“正己修身”的思想观念逐渐成为君主政权合法性来源之一。儒学道德修养的途径是通过“内省”以“克己”之私，通过自觉内省、自我教育拓展仁爱之心，养成仁爱之行。该理论落实在皇帝身上，就是皇帝要以“诏”的形式“罪己”反省，并多有“罪己”之词、“改正”之策，这就是对反求诸己的修身方法以及“正己”思想的充分继承。不仅皇帝自身要对自己的德行进行反省，而且要对臣民提出德性要求，这就是发挥“圣人”表率作用。

二、《罪己诏》的实际功效

首先，帝王正视自己的过错，承担应有的责任，为天下起表率作用。能够发布《罪己诏》的帝王一定是有勇气的帝王，没有勇气承认错误的帝王是不会发布《罪己诏》的。中国古代颁发《罪己诏》的皇帝很多，顺治皇帝福临是其中的一位，他在位 18 年，但亲政的时间仅有 10 年左右，在其亲政的时间里，做出了许多政绩。革除了前朝的诸多弊政，克服了本民族诸多不利因素，缓和了满汉民族矛盾，实现了一定程度上的“民族大团结”，使得本来空虚的国库逐渐变得充实起来，为后来的“康乾盛世”的到来奠定了坚实的经济基础。然而，正是这位明君，在他颁布的《罪己诏》中，痛陈自己的 14 宗“大罪”，这种发自内心的深刻反省十分难得，这种帝王自我批评的气度不仅不会降低他在民众中的威望，反而会使其在民众中的威望得到进一步的提升。西方学者韦伯认为，如果一个帝王不能对自己的施政过失做深刻的反省，那么他的权威和魅力会慢慢地流失，这是他在《儒教和道教》一书中，将中国帝王的《罪己诏》与西方的“魅力理论”做比较后得出的结论。一个帝王要能够正视自己的缺点，才有可能在未来的执政中改正自己的不足，以免重蹈覆辙。汉武帝就是一个鲜活的案例，征和四年（公元前 89 年），汉武帝颁布《轮台罪己诏》，他在《轮台罪己诏》中开诚布公向自己的子民反省其施政过错，他曾向长期在北边犯事的匈奴发出了“犯我强汉，虽远必诛”的警告，为汉民族争得了安宁和尊严。但长期的边境战争“扰劳天下”，征和四年（公元前89年），当桑弘羊等人上书建议汉武帝继续过往的边境政策时，汉武帝断然驳回桑等人的建议，并下诏反思自己，决定“弃轮台之地，而下哀痛之诏”。他“深陈既往之悔”，不忍心再“扰劳天下”，称“当今务在禁苛暴，止擅赋，力本农。修马政复令以补缺，毋乏武备而已”，“由是不复出军。而封丞相车千秋为富民侯，以明休息，思富养民也”，史称“轮台罪己诏”。汉武帝“轮台罪己诏”的发布，对汉朝政策的影响是巨大的，它使得汉朝重新回到注重经济发展的正确轨道，从而避免了重蹈秦朝之覆辙。

其次，帝王通过《罪己诏》消除民怨，从而达到缓和社会矛盾的政治目的。自然灾害、人祸和自然异象频频发生时，君王一般都会颁发《罪己诏》来安慰民众，其中战争、水灾和旱灾更容易引起民众的怨恨，前者是人祸，明显和君王的施政失策有莫大的关系，后两者是天灾，但朝廷的救助不力也常常导致民怨沸腾，在这三种情况下，帝王是特别需要通过《罪己诏》来消除民怨的。崇祯八年（1635年）正月，农民起义军攻下凤阳城，凤阳皇陵一片惨状，明思宗愤怒之余向天下臣民颁布《罪己诏》曰：“朕以凉德，缵承大统，不期倚任非人，遂至师徒暴露，黎庶颠连，国帑匮绌而征调未已，闾阎雕敝而加派难停，中夜思维，不胜愧愤。今年正月复致上干皇陵，祖恫民仇，责实在朕。”① 在这份《罪己诏》中，明思宗承认自己对此负有主要责任，并主动进行了自我批评。嘉靖二年（1523年）九月，南方地区的水患灾害非常严重，已经对百姓的生产生活甚至是生存造成了极大的困扰，明世宗对此严峻形势十分忧虑的同时向天下百姓颁布《罪己诏》，诏文曰：“自古帝王临御天下，必以敬天勤民为首务，我国家列圣相承，率繇是道……而江西、湖广、广东、广西等处亦有非常水患。内自修省，罔知所措，意者敬天勤民，道有未尽，永惟厥咎，在予一人。”② 崇祯十五年（1642年）闰十一月，明思宗因感自然灾害和连连兵祸对国家人民造成的严重伤害，主动颁布《罪己诏》曰：“比者灾害频仍，干戈扰攘，兴思祸变，宵旰靡宁，实皆朕不德之所致也！罪在朕躬，弗敢自宽。自今日为始，朕敬于宫中默告上帝，修省戴罪视事，以赎罪戾。”③

最后，在《罪己诏》中对灾异发生原因的总结，提出了抚恤百姓的任务，选拔、任用人才。唐高宗永徽二年（651年）春正月曾下《罪己诏》，也是将灾

① 《崇祯实录》卷8，崇祯八年十月癸丑，第264页.

② （明）林尧俞，俞汝楫：《礼部志稿》卷6，《景印文渊阁四库全书》第597册，台北：台湾商务印书馆，1986：85.

③ 《崇祯实录》卷15，崇祯十五年闰十一月庚子，第452—453页.

异的原因归咎于自己的“不德”：“去岁关辅之地，颇弊蝗螟，天下诸州，或遭水旱，百姓之间，致有罄乏。此由朕之不德，兆庶何辜？矜物罪己，载深忧惕。”① 都将灾害发生的矛头指向自己，这种自责在一定程度上表现了帝王勇于反省治理国家的疏漏之处的态度，同时也为缓和灾异之后天下紧张的情绪以及为平息民怨制造一种舆论导向。诏书在“罪己”的同时，还提出了抚恤百姓的具体措施。这是帝王在大灾后解决现实问题的具体措施。灾难来临之时，帝王一方面颁布《罪己诏》，在《罪己诏》中陈述自己的过错，以安抚百姓的情绪，另一方面赈济百姓，避免灾后的瘟疫以及战乱的发生，还有减免天下赋税、释放囚徒的措施。光武帝建武二十二年（46 年）九月，多个行政区群发生地震，其中以南阳最为严重，光武帝在批评自己的同时，也做了大量的具体工作，如减免南阳地区的赋税、囚徒应死罪者免死一等。又如《金史》第 13 卷记载，在大安二年（1210 年）发生大旱，“六月，大旱。下诏罪己，赈贫民缺食者”②。在诏书中除了自责的内容还有选拔、任用人才的内容。帝王将发生大旱的原因归结为自身施政的失误，而挽回失败局面一定需要良臣的辅佐，因此，在大旱发生后，皇帝的《罪己诏》中往往有选拔人才的规定。事实上，在很多灾异发生以后，帝王虽然不颁布罪己诏书，但是仍然有选拔人才之举，其本身的出发点应该与罪己诏书中选拔人才是相同的。从皇帝的罪己诏书所包含内容来看，它并不仅是皇帝的悔过书，而且包含了更深的内容，既有对自己政策失误的追悔，也有解决现实灾难的办法，同时还包含对如何治理国家的设想，体现了封建统治者在面对灾难时安抚百姓，获得社会舆论支持的良苦用心。

三、帝王颁布《罪己诏》的心理状况

第一，反证皇权的合法和合理性。古代的君主都是自认完全合法的，天子替天行道，一定是道德和能力都毋庸置疑的，按照儒家的政治理论，只有贤能之人才有资格治理天下，无能无德之人即使是暂时窃取天下，也是最终要被天下人赶下台的，吾皇（本皇）是贤能之人，是贵为九五之尊的皇帝，是天子，既然“天”与皇权之间有如此密切的关系，那么，当老天要找一个对象进行责罚的时候，首先就要落在“天命之人”头上，如今帝王自我承担罪责，也就同时证明了自己的特殊身份，天灾的责任承担者和皇权的实际拥有者是高度一致

---

① 刘昫．旧唐书［M］．北京：中华书局，1975：68.

② 脱脱．金史［M］．北京：中华书局，1975：292.

的，《罪己诏》的颁布意在安定人心，避免更大的恐慌出现。① 君权神授的政治理念使皇帝通过颁布《罪己诏》而获得身份认证，又同时给予统治者至高无上的权力。君主通过“五行学说”“天谴理论”把对天意的解释权牢牢掌控在自己手中，借由向上苍谢罪的言行把自己和天归入“同一结构体系”，从而使“天子”的身份通过上天的承认得以合理、合法。

第二，通过《罪己诏》中的诚恳言辞获得天下民众的同情、信任和支持。帝王在《罪己诏》中的用词是非常讲究的，所有撰写《罪己诏》的帝王都无一例外地承认责任的唯一性，即使有些帝王知道某些“人祸”的产生有具体的负责人，但他们在《罪己诏》中都将责任通通揽在自己头上，如《罪己诏》文本中的标志性语言是：“天下治乱，在予一人”“百姓有过，在予一人”“天著厥异，辜在朕躬”“厥咎不远，在余一人”“天变娄臻，咸在朕躬”“永思厥咎，在予一人”“灾异屡见，咎在朕躬”“万方有罪，在予一人”等等。明朝的灭亡出现在崇祯皇帝任上，然而明王朝早在万历年间已经植下败亡之根，所以，让崇祯皇帝一个人承担明王朝亡国的责任显然有失公允，纵然崇祯夙兴夜寐，不懈于治也无力挽回败局。1644 年，李自成率领农民军横扫中原大地，明王已经难以阻挡其势如破竹的进攻。此时，崇祯皇帝已经知道明王朝的日子屈指可数，于是绝望之际下《罪己诏》曰：“朕自登基十七年，逆贼直逼京师，虽朕谅德藐躬，上干天咎；然皆诸臣误朕。朕死无面目见祖宗于地下，去朕冠冕，以发覆面，任贼分裂朕尸，勿死伤百姓一人。”该诏书中最容易博得民众同情的话语出现在末尾：“任贼分裂朕尸，勿死伤百姓一人。”宋高宗于建炎元年（1127 年）在奸臣的撺掇下斩杀了伏阙上书的太学生陈东和布衣欧阳澈，两年之后，幡然醒悟的宋高宗追悔莫及之余颁布《罪己诏》曰：“朕以菲躬，遭时多故，举事失当，知人不明。昨以宰臣非才，任用既久，专执己见，壅塞下情，事出仓皇，匹马南渡……言之或失，朕不汝尤，咨尔万邦，钦予至意。”② 言辞恳切，彰显宋高宗痛改前非的决心，很容易获得民众的同情和支持。

第三，《罪己诏》客观上有安定人心的作用。从汉代臣子说灾异之事，以及帝王颁布《罪己诏》的数量和频率看，君臣上下对这种文本形式所发挥的作用以及心理效应当是认可的。臣民既不必对帝王的勇于认罪感激涕零，官吏连带受到处罚也不必觉得冤枉。然而，在后世，帝王颁布《罪己诏》则有时会带来

---

① 郗文倩．汉代的罪己诏：文体与文化［J］．福建师范大学学报（哲学社会科学版），2012（5）：59-62.

② 李心传．建炎以来系年要录［M］．胡坤，点校．中华书局，1956：474.

特殊效应。如唐德宗即位不久，先后有节度使反叛，长安一度失守，德宗仓皇逃亡。次年春，唐德宗痛定思痛颁布《罪己诏》说，自己久居宫中，不明国事，不知居安思危的道理，不知道民众农作之艰辛，不体恤边防战士守卫边疆的艰苦，节度使叛乱造成社会动荡，自己十分后悔造成天怒人怨而不知，表示将来一定发愤图强，制定新的政策改正过去的过错。史书上记载，当此诏传到基层之时“四方人心大悦”“士卒皆感泣”。[①] 民心军心为之大振，不久动乱即告平息。又比如，唐宪宗元和三年（808 年）冬到来年春天持续出现大旱的天气，唐宪宗颁布《罪己诏》求雨，七日之后果然有雨降落，为此，白居易立即作《贺雨》一诗称颂宪宗是心系下民的好皇帝，并感叹唐宪宗颁《罪己诏》是“顺人人心悦，先天天意从”。最后再次盛赞这则诏书的特殊意义：“乃知王者心，忧乐与众同。皇天与后土，所感无不通。”“君以明为圣，臣以直为忠。敢贺有其始，亦愿有其终。”[②] 在白居易的诗中，这份《罪己诏》与其说在描写君王畏惧上天的惩罚，不如说是在描写帝王与民同乐的场景，在这里，《罪己诏》已经成为展示君王自我担当、道德自律等优良品德的平台，通过颁布《罪己诏》甚至可以引发特殊的社会效应，在某种程度上，颁布《罪己诏》已成为一种取悦民众、缓和矛盾、凝聚人心的君王统治权术了。

第四，战时的《罪己诏》有巨大的鼓舞军民士气的作用。宋朝的天下由于其羸弱的军事实力而时刻处于崩盘的状态，皇帝在战乱中颁布罪己诏令有临时抱佛脚之嫌，但这个举措在一定程度上确实可以起到鼓舞军心、安抚百姓的作用，是统治者进行战时动员的一种策略。宋朝从建国到灭亡的三百余年时间里，北部边境时常遭受辽、西夏、金和蒙元的骚扰攻劫。此起彼伏的动荡牵扯着两宋皇帝的神经，使“为民父母”的他们深感忧虑并为此“罪己责躬”以安抚民众。雍熙三年（986 年）春天宋太宗为收复燕云十六州发动北伐，次年正月契丹的反攻造成宋朝军民大量伤亡。宋太宗为此发布《罪己诏》以安抚沿边州军的士民。面对“农桑废业，闾里为墟”的情景，宋太宗颁布诏令主动承担过失：“朕抚理失中，委用乖当。是使边陲之俗，陷于涂炭之灾。咎由眇躬，祸及黎献。永言痛悼，勿忘于怀。”[③] 公开自责悔过的同时许诺收葬阵亡将士并免除战乱地区租赋，同时通过一系列具体举措安抚军民。北宋末年金军大举进攻之际，宋徽宗以一道《罪己诏》结束了其帝王生涯。他回顾自己的统治不由引咎自责：

---

① 司马光．资治通鉴［M］．北京：中华书局，1956：7392.

② 白居易．白居易集［M］．顾学颉，校点．北京：中华书局，1979：1.

③ 佚名．宋大诏令集［M］．北京：中华书局，1962：676.

“虽兢业存于中心，而过咎形于天下。盖以寡昧之资，藉盈成之业，言路壅蔽，导谀日闻，恩幸恃权，贪饕得志。……灾异谪见而朕不悟，众庶怨怼而朕不知。追惟己愆，悔之何及。”承认因自身阻塞言路、用人不当、过度敛财以致天怒人怨。宋徽宗于内忧外患之际颁布罪己诏实属无奈之举，期待借此“少谢天人谴怒之心，保全祖宗艰难之业”①。建炎元年（1127 年）五月初一，宋高宗在应天府（今河南商丘）即皇帝位，建立南宋政权。南宋初年面对金军的持续进攻，高宗为了鼓舞士气、稳定民心，多次颁布罪己诏令引咎悔过。目睹金军向南扩张造成的“衣冠顿踣于道途，帑藏弃捐于兵火”等惨状，宋高宗在建炎三年（1129 年）二月十四日发布《罪己诏》表示甘愿承担所有罪过：“傥以寡昧，难弥凶灾，宜降罚于朕躬，以谢罪于率土。”同时指明“尚以国家历数之未艾，祖宗德泽之在人，未至沦亡，必将恢复”，借此坚定军民对南宋政权的信心。随后，宋高宗保证“益当洗心改事，雪涕输诚。悉去弥文，务从简素。屏斥细务，专事兵戎”②，许下诚意改过、整顿朝政的誓言以感化民心。

本章小结：

中国古代政府危机公关的手法非常的成熟。每当国家出现重大灾难的时候，帝王们往往会发出《罪己诏》，对自身过错与失败反省忏悔和自我检讨，借以消除民怨，得到天下百姓的谅解，这一危机公关手段屡试不爽。帝王的《罪己诏》能够起到与民众情感沟通的作用，这对灾难中的民众是一种莫大的心灵安慰。除此之外，放粮减税解决灾民现实困难，动员引导社会力量赈济灾民，整顿吏治回应百姓诉求便是常用的解决危机的方法。在灾难特别严重的时候，古代政府还制定出特殊的政策应对危机，如实行“奢靡消费”政策拉动消费，帮助国家解决危机，开启捐纳赈灾（卖官捐钱）政策筹集巨额资金帮助国家渡过艰难时刻。

---

① 徐松．宋会要辑稿［M］．郑琳，刁忠民，舒大刚，等，校点．上海：上海古籍出版社，2014：223.

② 徐梦莘．三朝北盟会编［M］．上海：上海古籍出版社，1987：890.

参考文献

古籍著作：

［1］王世舜，王翠叶．尚书［M］．北京：中华书局，2012.

［2］周振甫．诗经译注（修订本）［M］．北京：中华书局，2010.

［3］杨伯峻．论语译注［M］．北京：中华书局，2016.

［4］朱熹．四书章句集注［M］．北京：中华书局，2012.

［5］《法家著作选读》编辑组．《荀子》选注［M］．北京：人民出版社，1976.

［6］皇甫谧，宋翔凤，钱宝塘．帝王世纪·山海经·逸周书［M］．沈阳：辽宁教育出版社，1997.

［7］徐坚．初学记［M］．北京：中华书局，1962.

［8］杨伯峻．孟子译注［M］．北京：中华书局，1960.

［9］郑玄，孔颖达．礼记正义［M］．上海：上海古籍出版社，2008.

［10］司马光．资治通鉴［M］．北京：中华书局，1956.

［11］刘昫．旧唐书［M］．北京：中华书局，1975.

［12］黄怀信，张懋镕，田旭东．逸周书汇校集注［M］．上海：上海古籍出版社，2007.

［13］司马迁．史记［M］．北京：中华书局，1959.

［14］司马迁．史记［M］．长沙：岳麓书社，2001.

［15］姚思廉．梁书［M］．北京：中华书局，1973.

［16］毕沅．续资治通鉴［M］．上海：上海古籍出版社，1987.

［17］吴兢．贞观政要集校［M］．谢保成，集校．北京：中华书局，2003.

［18］吴毓江．墨子校注［M］．孙启治，点校．北京：中华书局，1993.

［19］陈戍国．礼记校注［M］．长沙：岳麓书社，2004.

［20］杨伯峻．论语译注［M］．北京：中华书局，2006.

［21］吴兢．贞观政要［M］．上海：上海古籍出版社，1978.

［22］杜佑．通典［M］．北京：中华书局，1984.

[23] 王钦若．册府元龟［M］．北京：中华书局，1960.

[24] 范祖禹．范太史集［M］．上海：上海印书馆，1935.

[25] 王夫之．宋论［M］．舒士彦，点校．北京：中华书局，1964.

[26] 张廷玉．明史［M］．北京：中华书局，1974.

[27] 康熙．清圣祖仁皇帝御制文集［M］．上海：上海古籍出版社，1987.

[28] 郑玄，孔颖达．礼记正义［M］．上海：上海古籍出版社，1997.

[29] 韩愈．韩昌黎文集校注［M］．马其昶，校注．北京：中华书局，1986.

[30] 何晏．论语注疏［M］．北京：北京大学出版社，2000.

[31] 赵岐．孟子注疏［M］．北京：北京大学出版社，2000.

[32] 赵汝愚．宋朝诸臣奏议［M］．上海：上海古籍出版社，1999.

[33] 李焘．续资治通鉴长编［M］．北京：中华书局，1979.

[34] 胡安国．春秋传［M］．上海：上海书店，1984.

[35] 郝经．陵川集［M］//四库全书．上海：上海古籍出版社，1999.

[36] 周振甫．《诗经》译注［M］．南京：江苏教育出版社，2006.

[37] 高华平，王齐州，张三夕．韩非子［M］．北京：中华书局，2010.

[38] 班固．汉书［M］．北京：中华书局，1962.

[39] 陈广忠．淮南子［M］．北京：中华书局，2012.

[40] 魏征．隋书［M］．北京：中华书局，1973.

[41] 房玄龄．晋书［M］．北京：中华书局，1974.

[42] 脱脱．辽史［M］．北京：中华书局，1974.

[43] 脱脱．元史［M］．北京：中华书局，2016.

[44] 郝经．陵川集［M］．上海：上海古籍出版社，1987.

[45]“中央研究院”历史语言研究所．明太祖实录［M］．台北：中华书局，1962.

[46] 刘基．春秋明经［M］．上海：上海书店据商务印书馆，1989.

[47] 王夫之．读通鉴论［M］．北京：中华书局，1975.

[48] 顾炎武．日知录［M］．上海：上海古籍出版社，1987.

[49] 宋濂．元史［M］．北京：中华书局，1976.

[50] 赵尔巽．清史稿［M］．北京：中华书局，1998.

[51] 司马迁．史记［M］．北京：商务印书馆，2020.

[52] 梁启超．饮冰室合集［M］．上海：上海中华书局，1936.

[53] 冯绍霆．周礼：远古的理想［M］．上海：上海古籍出版社，1997.

[54] 范晔. 后汉书 [M]. 北京：中华书局，1965.

[55] 班固. 汉书 [M]. 北京：中华书局，2005.

[56] 司马彪. 续汉书志 [M]. 上海：上海古籍出版社，1997.

[57] 孔子. 论语 [M]. 上海：上海古籍出版社，1997.

[58] 孟子. 孟子 [M]. 上海：上海古籍出版社，1987.

[59] 司马迁. 史记 [M]. 北京：中华书局，1982.

[60] 高斯得. 耻堂存稿 [M] //文渊阁《四库全书》影印本. 上海：上海古籍出版社，1986.

[61] 苏轼. 苏轼诗集 [M]. 北京：中华书局，1982.

[62] 黄庭坚. 黄庭坚诗集注 [M]. 北京：中华书局，2003.

[63] 陆游. 老学庵笔记 [M]. 北京：中华书局，1997.

[64] 吴处厚. 青箱杂记 [M]. 北京：中华书局，1997.

[65] 郑思肖. 郑思肖集 [M]. 上海：上海古籍出版社，1991.

[66] 苏洵. 嘉祐集笺注 [M]. 上海：上海古籍出版社，1993.

[67] 吴毓江. 墨子校注 [M]. 北京：中华书局，1993.

[68] 冯达甫. 老子译注 [M]. 上海：上海古籍出版社，1991.

[69] 房玄龄，刘绩. 管子 [M]. 刘晓艺，校点. 上海：上海古籍出版社，2015.

[70] 王钦若. 册府元龟 [M]. 南京：江苏古籍出版社，2006.

[71] 刘向. 战国策 [M]. 桂林：广西师范大学出版社，2008.

[72] 司马光. 资治通鉴 [M]. 胡三省，注释. 北京：世界知识出版社，2005.

[73] 王在晋. 三朝辽事实录 [M]. 上海：上海古籍出版社，1996.

[74] 陈子龙. 明经世文编 [M]. 北京：中华书局，1962.

[75] 上海古籍出版社. 二十二子 [M]. 上海：上海古籍出版社，1986.

[76] 杨柳桥. 庄子译注 [M]. 上海：上海古籍出版社，2012.

[77] 郭沫若. 管子集校 [M]. 北京：科学出版社，1956.

[78] 谷应泰. 明史纪事本末 [M]. 北京：中华书局，1977.

[79] 佚名. 清实录卷 4 [M]. 北京：中华书局，1986.

[80] 李焘. 续资治通鉴长编 [M]. 北京：中华书局，2004.

[81] 吴哲楣. 十三经 [M]. 北京：国际文化出版公司，1993.

[82] 张载. 张载集 [M]. 北京：中华书局，1978.

[83] 王弼，魏源. 老子道德经·老子本义 [M]. 上海：上海书店，1986.

［84］墨子．墨子［M］//诸子集成：第4册．上海：上海书店，1986.
［85］王弼．老子注［M］．北京：中华书局，1978.
［86］孙海通．庄子［M］．北京：中华书局，2007.
［87］苏舆．春秋繁露义证［M］．北京：中华书局，1992.
［88］钟肇鹏．春秋繁露校释［M］．石家庄：河北人民出版社，2005.
［89］郑慧生．山海经［M］．开封：河南大学出版社，2008.
［90］马端临．文献通考［M］．北京：中华书局，1986.
［91］顾炎武．日知录［M］．上海：上海古籍出版社，2012.
［92］刘锦藻．清朝续文献通考［M］．杭州：浙江古籍出版社，1988.
［93］崐冈等修．（光绪）清会典事例［A］．北京：中华书局，1996.
［94］刘昫．旧唐书［M］．北京：中华书局，1988.
［95］欧阳询．艺文类聚［M］．汪绍楹，校．上海：上海古籍出版社，1982.
［96］陈镐．阙里志［M］．济南：山东友谊书社，1989.
［97］熊禾．勿轩集［M］．北京：中华书局，1983.
［98］朱彬．礼记训纂［M］．北京：中华书局，1996.
［99］清史列传［M］．北京：中华书局，1987.
［100］钱仪吉．碑传集［M］．台北：文海出版社，1966.
［101］四库全书［M］．上海：上海古籍出版社，2003.
［102］曾布．曾公遗录［M］．顾宏义，点校．北京：中华书局，2016.
［103］宋敏求．唐大诏令集［M］．北京：中华书局，1991.
［104］孔子．诗经［M］．北京：中国华侨出版社，2013.
［105］周公．周礼·仪记［M］．曹海英，译注．哈尔滨：北方文艺出版社，2014.
［106］韩非．韩非子［M］．北京：北京大学出版社，2013.
［107］朱棣．御制神僧传［M］．上海：上海古籍出版社，2013.
［108］柳宗元．柳河东集［M］．上海：上海古籍出版社，2010.
［109］王溥．唐会要［M］．北京：中华书局，1960.
［110］李林甫．唐六典［M］．陈仲夫，点校．北京：中华书局，2014.
［111］蘅塘退士．唐诗三百首［M］．北京：中国文联出版社，2016.
［112］李吉甫．元和郡县图志［M］．贺次君，点校．北京：中华书局，1983.
［113］董诰．全唐文［M］．上海：上海古籍出版社，2010.

［114］宋祁．新唐书［M］．北京：中华书局，1975.
［115］周密．癸辛杂识［M］．上海：上海古籍出版社，1987.
［116］阮元．礼记正义［M］．北京：中华书局，1980.
［117］阮元．春秋左传正义［M］．北京：中华书局，1980.
［118］刘知几．史通通释［M］．上海：上海古籍出版社，2009.
［119］刘知几．史通［M］．上海：上海古籍出版社，2008.
［120］房玄龄．晋书［M］．北京：中华书局，2014.
［121］李林甫．唐六典［M］．陈仲夫，点校．北京：中华书局，1992.
［122］沈约．宋书［M］．北京：中华书局，1974.
［123］萧子显．南齐书［M］．北京：中华书局，1974.
［124］魏征．隋书［M］．北京：中华书局，1982.
［125］范祖禹．唐鉴［M］．白林鹏，陆三强，校注．西安：三秦出版社，2003.
［126］孟子．孟子［M］．长沙：岳麓书社，1998.
［127］荀子．荀子［M］．长沙：岳麓书社，1987.
［128］刘向．战国策［M］．北京：中华书局，2005.
［129］王符．潜夫论［M］．长沙：岳麓书社，2008.
［130］欧阳修．新唐书［M］．北京：中华书局，1975.
［131］宋祚胤．周易注译［M］．长沙：岳麓书社，2000.
［132］吕坤．呻吟语［M］．王国轩，王秀梅，注．北京：学苑出版社，1993.
［133］董仲舒．春秋繁露［M］．上海：上海古籍出版社，1989.
［134］宋敏求．唐大诏令集［M］．北京：商务印书馆，1959.
［135］董皓．全唐文［M］．北京：中华书局，1983.
［136］魏收．魏书［M］．北京：中华书局，1974.
［137］马端临．文献通考［M］．上海：商务印书馆，1936.
［138］王硅．华阳集［M］．上海：上海古籍出版社，1983.
［139］高宗敕．皇朝通典［M］．杭州：浙江古籍出版社，1988.
［140］李鸿章．畿辅通志［M］．上海：上海古籍出版社，1987.
［141］佚名．明英宗实录：卷四［M］．台北："中央研究院"历史语言研究所，1962.
［142］黎翔凤．管子校注［M］．北京：中华书局，2004.
［143］蒋礼鸿．商君书锥指［M］．北京：中华书局，1986.

［144］王轩，曾国荃，等．山西通志［M］．北京：中华书局，1992.

［145］刚毅．晋政辑要［M］．太原：三晋出版社，2016.

［146］王先谦．释名疏证补［M］．上海：上海古籍出版社，1984.

［147］林尧俞、俞汝楫：礼部志稿［M］．台北：台湾商务印书馆，1983.

［148］李心传．建炎以来系年要录［M］．胡坤，点校．上海：上海古籍出版社，1992.

［149］白居易．白居易集［M］．顾学颉，点校．北京：中华书局，1979.

［150］佚名．宋大诏令集［M］．北京：中华书局，1962.

［151］徐松．宋会要辑稿［M］．郑琳，刁忠民，舒大刚，等，校点．上海：上海古籍出版社，2014.

［152］徐梦莘．三朝北盟会编［M］．上海：上海古籍出版社，1987.

现代著作：

［1］杨东莼．中国学术史讲话［M］．北京：东方出版社，1996.

［2］陈子展．诗经直解［M］．上海：复旦大学出版社，1983.

［3］黄仁宇．中国大历史［M］．北京：生活·读书·新知三联书店，1997.

［4］许涤新，吴承明．中国资本主义发展史：第一卷［M］．北京：人民出版社，1985.

［5］中国第一历史档案馆．康熙起居注：第一册［M］．北京：中华书局，1984.

［6］钱穆．中国文化史导论（修订版）［M］．北京：商务印书馆，1994.

［7］李心传．建炎以来系年要录［M］．北京：中华书局，2013.

［8］费孝通．中华民族多元一体格局（修订本）［M］．北京：中央民族大学出版社，1999.

［9］国家民族事务委员会．中央民族工作会议精神学习辅导读本［M］．北京：民族出版社，2015.

［10］中共中央马克思恩格斯列宁斯大林著作编译局．马克思恩格斯论中国［M］．北京：人民出版社，1997.

［11］毛泽东．毛泽东选集：第二卷［M］．北京：人民出版社，1991.

［12］安作璋，熊铁基．秦汉官制史稿［M］．济南：齐鲁书社，1985.

［13］陈直．汉书新证［M］．天津：天津人民出版社，1979.

［14］王棣．宋代经济史稿［M］．长春：长春出版社，2001.

[15] 张静. 基层政权：乡村制度诸问题［M］. 上海：上海人民出版社，2007.

[16] 费孝通. 费孝通选集［M］. 天津：天津人民出版社，1988.

[17] 梁漱溟. 梁漱溟全集：第五卷［M］. 济南：山东人民出版社，1992.

[18] 岑大利. 历史角色丛书：乡绅［M］. 北京：北京图书馆出版社，1998.

[19] 张鸣. 乡村社会权力和文化结构的变迁——1903—1953［M］. 南宁：广西人民出版社，2001.

[20] 费正清. 美国与中国［M］. 北京：商务印书馆，1987.

[21] 徐勇. 非均衡的中国政治：城市与乡村比较［M］. 北京：中国广播电视出版社，1992.

[22] 王孝通. 中国商业史［M］. 北京：团结出版社，2007.

[23] 周秋光. 熊希龄集（下）［M］. 长沙：湖南人民出版社，1996.

[24] 梁其姿. 施善与教化：明清时期的慈善组织［M］. 北京：北京师范大学出版社，2013.

[25] 周秋光，曾桂林. 中国慈善简史［M］. 北京：人民出版社，2006.

[26] 王卫平. 中国慈善史纲［M］. 北京：中国劳动社会保障出版社，2011.

[27] 何芳川. 古今东西之间：何芳川讲中外文化［M］. 桂林：广西师范大学出版社，2008.

[28] 费正清，赖肖尔. 中国：传统与变革［M］. 南京：江苏人民出版社，2012.

[29] 信夫清三郎. 日本外交史（1853—1972）［M］. 天津社会科学院日本问题研究所，译. 北京：商务印书馆，1980.

[30] 王绳祖. 国际关系史：第一卷［M］. 北京：世界知识出版社，1996.

[31] 邓正来. 王铁崖文选［M］. 北京：中国政法大学出版社，2013.

[32] 白寿彝. 中国通史：第1卷［M］. 上海：上海人民出版社，1989.

[33] 张存武. 清韩宗藩贸易［M］. 台北："中央研究院"近代史研究所，1978.

[34] 林剑铭. 先秦史论稿［M］. 北京：三联书店出版社，2010.

[35] 中国社会科学院语言研究所词典编辑室. 现代汉语词典［M］. 北京：商务印书馆，1996.

[36] 王尧. 吐蕃金石录［M］. 北京：文物出版社，1982.

[37] 胡昭曦. 宋蒙（元）关系史［M］. 成都：四川大学出版社，1992.

[38] 王铁崖. 中外旧约章汇编：第一卷［M］. 北京：生活·读书·新知三联书店，1957.

[39] 唐君毅. 唐君毅全集：卷 11［M］. 台北：学生书局，1991.

[40] 季美林. 季美林文集：第 14 卷［M］. 南昌：江西教育出版社，1996.

[41] 詹鄞鑫. 神灵与祭祀［M］. 南京：江苏古籍出版，1992.

[42] 赵尔巽. 清史稿［M］. 北京：中华书局，1977.

[43] 中国第一历史档案馆编. 乾隆朝上谕档：第 11 册［M］. 北京：档案出版社，1991.

[44] 孟德斯鸠. 论法的精神［M］. 张雁深，译. 北京：商务印书馆，1961.

[45] 汪德迈. 礼治与法治——中国传统的礼仪制度与西方传统的 JUS（法权）之比较研究［C］//儒家国际学术讨论会论文集. 济南：齐鲁书社，1989：112.

[46] 陕西省公祭黄帝陵工作委员会办公室，西北大学中国思想文化研究所. "黄帝陵·文化自信"清明学术交流会论文选集［M］. 西安：西北大学出版社，2017.

[47] 曲英杰. 炎黄汇典·祭祀卷［M］. 长春：吉林文史出版社，2002.

[48] 王钟翰. 中国民族史［M］. 北京：中国社会科学出版社，1994.

[49] 童翼. 孔庙缺典疏［M］. 台北：台湾商务印书馆，1986.

[50] 骆承烈. 石头上的儒家文献［M］. 济南：齐鲁书社，2001.

[51] 孔继汾. 阙里文献考［M］. 济南：山东友谊出版社，1989.

[52] 王化雨. 面圣：宋代凑对活动研究［M］. 北京：生活·读书·新知三联书店，2019.

[53] 刘广生，赵梅庄. 中国古代驿站与邮传［M］. 北京：人民邮电出版社，1999.

[54] 严耕望. 唐代交通图考［M］. 上海：上海古籍出版社，2007.

[55] 方汉奇. 中国新闻传播史［M］. 北京：中国人民大学出版社，2004.

[56] 梁启超. 中国历史研究法［M］. 商务印书馆，1930.

[57] 梁启超. 中国历史研究法［M］. 北京：中华书局，2014.

[58] 吴怀祺，林晓平. 中国史学思想通史：总论 先秦卷［M］. 合肥：黄山书社，2005.

[59] 牛润珍. 汉至唐初史官制度的演变 [M]. 石家庄: 河北教育出版社, 1999.

[60] 徐复观. 两汉思想史 [M]. 北京: 生活·读书·新知三联书店, 1962.

[61] 陈荣. 应急管理史鉴: 上 [M]. 杭州: 浙江人民出版社, 2012.

[62] 罗冬阳. 明太祖礼法之治研究 [M]. 北京: 高等教育出版社, 1998.

[63] 马林诺夫斯基. 巫术科学宗教与神话 [M]. 李安宅, 译. 北京: 中国民间文艺出版社, 1986.

[64] 翦伯赞. 先秦史 [M]. 北京: 北京大学出版社, 1988.

[65] 何星亮. 图腾文化与人类诸文化的起源 [M]. 北京: 中国文联出版公司, 1991.

[66] 林河. 中国巫傩史 [M]. 广州: 花城出版社, 2001.

[67] 金景芳. 中国奴隶社会史 [M]. 上海: 上海人民出版社, 1983.

[68] 山西省地震局. 山西省地震历史资料汇编 [M]. 北京: 地震出版社, 1991.

[69] 张立文. 和合学——21 世纪文化战略的构想 [M]. 北京: 中国人民大学出版社, 2006.

[70] 严耕望. 中国地方行政制度史上编: 秦汉地方行政制度 [M]. 台北: "中央研究院" 历史语言研究所, 1974.

[71] 黄兴涛. 重塑中华: 近代中国 "中华民族" 观念研究 [M]. 北京: 北京师范大学出版社, 2017.

期刊:

[1] 王泽民. 春秋民本思想述论 [J]. 西北民族学院学报 (哲学社会科学版), 1999 (2).

[2] 陈贻汉. 试析中国历代富民思想 [J]. 财会月刊, 2000 (2).

[3] 刘雪河, 涂筱辉. 墨子富民思想初探 [J]. 广州大学学报 (社会科学版), 2003 (6).

[4] 何芳. 墨子 "民本" 平等思想的现代审思 [J]. 枣庄学院学报, 2009, 26 (1).

[5] 王保国. 老庄民本思想发微 [J]. 甘肃社会科学, 2006 (4).

[6] 刘彤, 张等文. 论中国共产党民本思想对传统民本思想的传承与超越 [J]. 马克思主义研究, 2012 (12).

［7］王德礼．“一条鞭法”与农村税费改革［J］．经济研究参考，2003（64）．

［8］钟鸿业．孔孟的仁政思想与现代民主政治［J］．国学论衡，1998（00）．

［9］张晓红，谢云．宋人笔记中的宋仁宗形象［J］．兰州工业学院学报，2021，28（6）．

［10］胡岩涛，徐卫民．论夷夏观与汉武帝时期的汉匈战争［J］．内蒙古社会科学（汉文版），2015，36（6）．

［11］冯敏．唐代前期开放天下观与入华粟特人的文化认同［J］．地域文化研究，2019（6）．

［12］李万晖，唐建尧．浅谈唐朝时期的民族观念［J］．才智，2012（13）．

［13］王航．唐中期以来的华夷之辨及其对佛教的影响［J］．南昌工程学院学报，2013，32（2）．

［14］杜光熙．从华夷之辨到古今之辨——关于中唐古文运动发生背景的再思考［J］．北京社会科学，2015（4）．

［15］李克建．论道统思想对宋代民族观的影响［J］．西南民族大学学报（人文社科版），2016，37（8）．

［16］韩星．“华夷之辨”及其近代转型［J］．东方论坛，2014（5）．

［17］万明．明代外交观念的演进——明太祖诏令文书所见之天下国家观［J］．古代文明，2010，4（2）．

［18］黄松筠．明清在东北治边政策之比较［J］．社会科学战线，2003（2）．

［19］方铁．古代“守中治边”“守在四夷”的治边思想初探［J］．中国边疆史地研究，2006（4）．

［20］吕文利．中国古代天下观的意识形态建构及其制度实践［J］．中国边疆史地研究，2013，23（3）．

［21］尤淑君．清代“天下秩序观”的建立、解构及其转化［J］．文化纵横，2016（6）．

［22］费孝通．中华民族的多元一体格局［J］．北京大学学报（哲学社会科学版），1989（4）．

［23］龚友德．中华民族大一统思想的形成及其特征［J］．云南学术探索，1994（2）．

[24] 徐兴菊．浅论李白边塞诗中的民族观念［J］．乐山师范学院学报，2003（3）．

[25] 吴逢箴．试论杜甫的民族观——以杜甫有关唐蕃关系的诗为例［J］．杜甫研究学刊，1995（1）．

[26] 汪高鑫．司马迁大一统思想析论［J］．淮北煤师院学报（哲学社会科学版），2001（5）．

[27] 马戎．费孝通先生的民族问题研究［J］．西北民族研究，2016（4）．

[28] 费孝通．与时俱进 继往开来——写在《民族团结》更名为《中国民族》之际［J］．中国民族，2001（1）．

[29] 潘乃谷．费先生讲"武陵行"的研究思路［J］．北京大学学报（哲学社会科学版），2008（5）．

[30] 杨国安．"天高皇帝远"？古代基层社会如何治理［J］．人民论坛，2020（3）．

[31] 韩秀桃．中国古代乡里基层组织特征［J］．法学杂志，1998（1）．

[32] 黄博．传统社会"乡村自治"模式的机理分析［J］．中共南京市委党校学报，2015（6）．

[33] 韩鼎基．苏洵哲学思想研究［J］．四川文理学院学报，2015，25（1）．

[34] 潘静，李欣，温彩铃，等．浅析磁州窑古代广告文化的意义［J］．邯郸职业技术学院学报，2014，27（1）．

[35] 徐明文，李德恩．中国古代广告发展述评［J］．商业研究，2001（8）．

[36] 童恬甜．中国古代广告传播方式变革历程浅析［J］．新闻研究导刊，2016，7（5）．

[37] 司马云杰．中国古代商业文化与商业精神［J］．商业文化，2015（13）．

[38] 谢维营，张志荣．我国民间慈善事业的历史、现状及其发展对策［J］．山西师大学报（社会科学版），2007（6）．

[39] 王卫平．唐宋时期慈善事业概说［J］．史学月刊，2000（3）．

[40] 宋晓芹．试论中国在东亚朝贡体系中的地位和作用［J］．大连大学学报，2017（4）．

[41] 徐国利．传统儒商义利观及其近代转型与文化取向［J］．学术界，

2020 (9) .

[42] 徐祖澜. 清末民初国家权力与绅权关系的历史嬗变——以乡村自治为背景的考察 [J]. 中外法学, 2014, 26 (3) .

[43] 何芳川. 文明视角下的郑和远航 [J]. 北京大学学报 (哲学社会科学版), 2004 (5) .

[44] 陈英娟. 论朝贡体系的平等与和平 [J]. 哈尔滨学院学报, 2018, 39 (1) .

[45] 杨永红. 使者往来与唐蕃军事 [J]. 西藏大学学报 (社会科学版), 2009, 24 (2) .

[46] 何芳川. "华夷秩序"论 [J]. 北京大学学报 (哲学社会科学版), 1998 (6) .

[47] 廖大珂. 试论明朝与东南亚各国朝贡关系的性质 [J]. 南洋问题研究, 1989 (3) .

[48] 周德钧. 合纵: 中国古代地缘政治论 [J]. 湖北大学学报 (哲学社会科学版), 1998 (1) .

[49] 陆离. 论唐蕃长庆会盟后吐蕃与回鹘、南诏的关系 [J]. 中国边疆史地研究, 2019, 29 (3) .

[50] 崔明德. 中国古代民族关系研究二题 [J]. 中央民族大学学报, 1995 (2) .

[51] 姜春晖. 宋人拒绝和亲之原因分析 [J]. 湖北师范学院学报 (哲学社会科学版), 2009, 29 (2) .

[52] 金元山. 试论努尔哈赤、皇太极与科尔沁部的联姻关系 [J]. 沈阳师范学院学报, 1986 (1) .

[53] 钱穆. 中国文化对人类未来可有的贡献 [J]. 中国文化, 1991 (1) .

[54] 曾繁仁. "天人合一"——中国古代的"生命美学" [J]. 社会科学家, 2016 (1) .

[55] 张德寿. "天人合一"与生态观 [J]. 学术探索, 2014 (4) .

[56] 苗俊玲. "天人合一"思想与生态文明的渊源 [J]. 人民论坛, 2010 (14) .

[57] 丁虎. 浅析"天人合一"的三个层面及其悖论 [J]. 理论界, 2022 (1) .

[58] 周广友. 儒家"天人合一"思想的生态意蕴 [J]. 人民论坛, 2017

(36).

[59] 王炜民. 中国古代的祈谷礼 [J]. 阴山学刊, 1998 (3).

[60] 方光华. 黄帝陵祭典千年回顾 [J]. 华夏文化, 2016 (2).

[61] 田卫丽. 浅谈黄帝祭祀与中华民族的礼仪文化 [J]. 社科纵横, 2015, 30 (4).

[62] 赵永春, 刘月. 多民族"中国"的构建: 司马迁《史记》的"中国"观 [J]. 西南民族大学学报 (人文社科版), 2020, 41 (2).

[63] 刘莉. 从明清几道圣旨看封建社会之覃恩封赠 [J]. 东方收藏, 2012 (8).

[64] 高荣. 本世纪秦汉邮驿制度研究综述 [J]. 中国史研究动态, 1999 (6).

[65] 陈燮阳, 乔惠英. 中国古代邮驿沿革 [J]. 汽车研究与开发, 1999 (3).

[66] 张涛. 论西汉"木简报" [J]. 新闻与传播研究, 2001 (2).

[67] 黄春平. 汉代邸报问题辨析——兼论戈公振的"邸报说" [J]. 中国社会科学院研究生院学报, 2009 (4).

[68] 江向东. 对中国古代报纸产生于先秦或两汉之说的质疑 [J]. 福建论坛 (文史哲版), 1990 (5).

[69] 黄春平. 从出土简牍看汉帝国中央的信息发布——兼评张涛先生的"府报"说 [J]. 新闻与传播研究, 2006 (4).

[70] 何捷. 中国古代史官制度的历史沿革及史官精神探索 [J]. 贵阳学院学报 (社会科学版), 2014, 9 (3).

[71] 胡百精. 真相与自由: 艾维·李与现代公共关系的诞生 [J]. 新闻春秋, 2013 (4).

[72] 毛阳光. 遣使与唐代地方救灾 [J]. 首都师范大学学报 (社会科学版), 2003 (4).

[73] 李媛. 明代皇帝的修省与罪己 [J]. 西南大学学报 (社会科学版), 2010, 36 (1).

[74] 李明顺. 中国古代赈灾: 措施、动因与经验探论 [J]. 理论学刊, 2008 (10).

[75] 郗文倩. 汉代的罪己诏: 文体与文化 [J]. 福建师范大学学报 (哲学社会科学版), 2012 (5).

[76] 刘厚琴, 李长辉. 儒学与汉代灾害吏治机制 [J]. 咸阳师范学院学

报，2009，24（5）.

［77］李辉．论北朝时期的政治性救灾措施［J］．东北师范大学学报（哲学社会科学版），2009（3）.

论文：

［1］张文超．孔子政治伦理思想初探［D］．上海：上海师范大学，2006.

［2］王园园．孟子民本思想及其当代价值研究［D］．北京：首都师范大学，2014.

［3］徐靖诗．中国传统民本思想及启示［D］．重庆：西南大学，2009.

［4］周淑芸．论明朝对西北边境的经略［D］．银川：宁夏大学，2014.

［5］孙雪．论清世宗“天下一统，华夷一家”思想与边疆实践［D］．沈阳：辽宁大学，2014.

［6］陈志鹏．黄帝祭祀文化与黄帝陵研究——黄帝陵遗产保护初探［D］．西安：西安建筑科技大学，2008.

［7］乐媛．黄帝陵祭祀文化的当代德育价值研究［D］．西安：西安理工大学，2018.

［8］邬文玲．汉代赦免制度研究［D］．北京：中国社会科学院大学，2003.

［9］孟玉莹．清前期赦宥制度研究［D］．长沙：湖南师范大学硕士学位论文，2020.

后 记

虽然时代不同，但现代政府仍然需要面对与古代政府相同的问题，如政府与民众的关系问题、民族关系问题、国际关系问题等，而中国古代政府处理上述问题正反两方面的历史经验值得现代政府吸取。

在政府与民众的关系方面，“天命观”与宗教仪式证明统治者的合法性已经被时代所淘汰，但“以民（人）为本”“民贵君轻（古代的人民至上思想）”等思想仍然没有过时，现代政府处理与民众关系仍然要秉持“以人民为中心”的思想理念，发展好本国经济，切实提高人民的生活水平仍然是当代政府的主要任务，任何搞“意识形态建设”（“天命”是古代的意识形态），或者搞所谓的“政绩工程”（泰山封禅是古代的政绩工程），或者片面追求所谓的“地区霸权”（或者“世界霸权”）的政府都同样会被民众推翻。

在民族关系处理方面，“贵中华贱夷狄”或“贵夷狄贱中华”的民族歧视政策已经被时代所淘汰，以血缘、地缘或者其他标准将国家的民众分成三六九等在法律上已经失去合法性。在多民族的国家政府中，以某个民族（如汉族）为中心的公共政策已经彻底失去了合法性，各民族人民不仅仅在法律上人人平等，而且在实际的生活中（包括教育、择业、婚姻、社保等各个方面）也应该享有完全平等的权利。

在政府与基层组织关系方面，“皇权不下县”观念已经不合时宜，但古代政府让基层政府组织有充分的自主权，让底层民众有自己处理自己事务的权力的观念至今仍然没有过时。“儒家义利观”已经过时，但古代社会商业组织的诚信文化没有过时，“博施于民而能济众”的儒商社会责任思想没有过时。古代政府垄断慈善事业思想已经过时，但让民众积极参与社会慈善事业的思想没有过时。

在国家关系（外交关系）方面，“朝贡”思想已经过时，这种以某个国家为中心，以其他国家为附庸的外交体系在当代世界已经失去了合法合理性（取而代之的是新型的平等互利外交体系）。但在处理国际关系问题上，“以和为贵，好战必亡”的思想没有过时。在处理外交问题上“合纵连横”与“和亲”政策已经过时，但“盟友”和“广交朋友”的思想没有过时。

在处理人与自然的关系方面，政治和哲学意义上的“天人合一”思想已经过时，但生态意义上的“天人合一”思想永远不会过时，现代社会仍然需要将生态意义上的“天人合一”思想运用在生产上，按照自然规律进行生产，按照“天人合一”的思想处理与世界万物的关系，如此才使得世界万物都能和谐相处。古代社会的统治者大肆推广的“祈谷”“祈雨”等公关手段在现代社会中已经失去意义，但古代政府统治者关注民生、体恤民情的思想没有过时。传统意义上的“祭孔（子）”“祭黄（帝）”思想已经过时，但现代意义的“祭孔（子）”“祭黄（帝）”思想仍然有现实意义。

在信息管理方面，由统治者垄断信息的思想已经不合时宜，但现代意义上为整个社会服务的、开放的信息管理思想没有过时，古代社会高效运转的邮驿系统只为古代封建君主专制提供信息支撑有很大的局限性，古代社会的“邸报”只为统治者服务的封闭思想有很大的局限性，现代报纸应该是全方位、开放、民主的信息媒介，应该为整个现代社会提供政治、经济、文化等多方面的信息支撑。

在政府形象管理方面，以“曲书历史”“篡改历史”和“大赦天下”等手法为统治者形象服务的思想已经不合时宜，但“书法无隐，秉笔直书”的史官精神，“以史鉴今”的哲学思想没有过时。当政府因为政策失误而出现形象受损时，不是通过隐瞒歪曲事实来欺骗民众，而是需要有承认错误的勇气，并通过及时纠错手段达到提高政府形象的目的。

在危机管理方面，通过帝王“罪己”和借助“神灵”安抚百姓的公关手法已经过时，但危机来临的时候，传统政府一系列诸如“放粮减税”“派遣官员至灾区安抚灾民”“动员引导社会力量赈济灾民”等救灾政策没有过时，“捐纳赈灾”政策已经不合时宜，但灾荒时期启动“奢靡消费”政策至今仍然可以借鉴。